Marco Arteaga, Annekatrin Veit, Manuel Baroch Castellvi
Praxishandbuch zum Betriebsrentenstärkungsgesetz
De Gruyter Praxishandbuch

Marco Arteaga, Annekatrin Veit,
Manuel Baroch Castellvi

Praxishandbuch zum Betriebsrentenstärkungsgesetz

Die neue betriebliche Altersversorgung

DE GRUYTER

Zitiervorschlag: *Arteaga/Veit/Baroch Castellvi* Teil B Rz. 79

Hinweis:
Alle Angaben in diesem Werk sind nach bestem Wissen unter Anwendung aller gebotenen Sorgfalt erstellt worden. Trotzdem kann von dem Verlag und den Autoren keine Haftung für etwaige Fehler übernommen werden.

ISBN 978-3-11-057311-4
e-ISBN (PDF) 978-3-11-057477-7
e-ISBN (EPUB) 978-3-11-057371-8

Library of Congress Control Number: 2018954533

Bibliografische Information der Deutschen Nationalbibliothek
Die Deutsche Nationalbibliothek verzeichnet diese Publikation in der Deutschen Nationalbibliografie; detaillierte bibliografische Daten sind im Internet über http://dnb.d-nb.de abrufbar.

Einbandabbildung: Vesnaandjic/iStock/Getty Images
Datenkonvertierung/Satz: jürgen ullrich typosatz, Nördlingen
Druck: CPI books GmbH, Leck
♾ Gedruckt auf säurefreiem Papier

www.degruyter.com

Vorwort

Zum 1.1.2018 trat das Betriebsrentenstärkungsgesetz in Kraft. Es sieht eine Fülle von Änderungen im Recht der betrieblichen Altersversorgung sowie in zahlreichen benachbarten Rechtsgebieten vor. Das neue Gesetz schafft vielfältige rechtliche Erleichterungen und weitreichende Verbesserungen der steuerlichen und beitragsrechtlichen Rahmenbedingungen. Hinzu kommen Entlastungen von Betriebsrenten im Bereich der Grundsicherung, vor allem aber erheblich erweiterte Gestaltungsspielräume für die Sozialpartner. Mit diesem Füllhorn an Neuerungen hat der Gesetzgeber zugleich angekündigt, dass dies sein letzter Versuch sei, auf rein freiwilliger Basis eine flächendeckende Verbreitung der betrieblichen Altersversorgung in Deutschland zu erreichen.

Für die Praxis der betrieblichen Altersversorgung bedeutet das einen großen Gestaltungsauftrag. Viele Verantwortliche bei Tarifparteien, Unternehmen und Beratungshäusern müssen sich in die neuen Gestaltungsmöglichkeiten hineindenken und praktikable, kosteneffiziente und massenhaft einsetzbare Modelle entwickeln. Dieses Praxishandbuch will dabei eine Hilfe sein. Das Buch ist in drei große Themenschwerpunkte unterteilt, nämlich

A. Neuerungen im Betriebsrentenrecht
B. Verbesserungen der steuerlichen Förderung und der Riesterförderung
C. Versicherungsaufsichtsrechtliche Aspekte der „reinen Beitragszusage".

An zahlreichen Stellen des Buches werden die für das richtige Verständnis aus anderen Kapiteln benötigten Darstellungen in knapper Form wiederholend zusammengefasst. Teilweise entstanden dabei gewisse Überschneidungen. Diese sind jedoch sinnvoll, weil der Text dadurch deutlich besser lesbar wurde. Allzu umfangreiche Verweisungen konnten so vermieden werden.

Das Buch berücksichtigt alle Entwicklungen bis zum Redaktionsschluss Mitte Juli 2018. Es entstand vor dem Hintergrund des jahrzehntelangen Erfahrungsschatzes aller drei Autoren im Bereich der betrieblichen Altersversorgung sowie der unmittelbaren Einbindung eines der Verfasser als Berater der Bundesregierung im Verlaufe des Gesetzgebungsverfahrens für das Betriebsrentenstärkungsgesetz. Wir wünschen allen Nutzern, dass ihnen die Lektüre bei der Verwirklichung neuer bAV-Versorgungsmodelle eine Hilfe sein möge.

Frankfurt, München, Köln im Juli 2018

Die Verfasser

https://doi.org/10.1515/9783110574777-202

Informationen zu den Bearbeitern

Dr. Marco Arteaga

Rechtsanwalt Dr. Marco S. Arteaga studierte Betriebswirtschaft und Rechtswissenschaften in Oestrich-Winkel, Wiebaden, Mainz und Köln und promovierte über die Insolvenzsicherung von Unternehmer-Pensionszusagen. Er ist als Rechtsanwalt spezialisiert auf Fragen der betrieblichen Altersversorgung. Aufgrund seiner jahrzehntelangen wissenschaftlichen und praktischen Tätigkeiten auf diesem Gebiet beauftragte ihn das Bundesarbeitsministerium im Jahr 2015 gemeinsam mit Prof. Dr. Peter Hanau (Universität zu Köln) mit der Weiterentwicklung der vom Ministerium zuvor veröffentlichten Vorschläge zur Schaffung von tarifvertraglich organisierter betrieblicher Altersversorgung in Deutschland. Das Gutachten wurde im April 2016 vorgestellt. Wesentliche neue Gestaltungsvorschläge daraus für die Weiterentwicklung der nur unzureichend verbreiteten betrieblichen Altersversorgung wurden in das Betriebsrentenstärkungegesetz übernommen. Hierzu zählen unter anderem die garantiefreie Zielrente sowie das Optionssystem. In seiner langjährigen Berufspraxis war Dr. Arteaga geschäftsleitend in mehreren der großen Beratungsunternehmen auf dem Gebiet der betrieblichen Altersversorgung tätig. Außerdem verantwortete er auch bei mehreren Lebensversicherungsunternehmen die Geschäftsaktivitäten in der bAV.

Dr. Annekatrin Veit

Annekatrin Veit ist Rechtsanwältin und Steuerberaterin. Sie ist spezialisiert auf alle arbeitsrechtlichen, steuerrechtlichen und bilanziellen Fragestellungen zur betrieblichen Altersversorgung. Nach Stationen in Wirtschaftsprüfungsgesellschaften, Anwaltskanzleien und Beratungshäusern für betriebliche Altersversorgung ist sie bei der internationalen Rechtsanwaltskanzlei DLA Piper in München tätig. Sie berät Mandanten aller Größen und Branchen in Fragen der betrieblichen Altersversorgung, insbesondere im Rahmen von Unternehmenstransaktionen und -umstrukturierungen. Sie ist dem Fachpublikum durch zahlreiche Veröffentlichungen und Vorträge bekannt. Sie ist Mitautorin des Kommentars von Höfer/Veit/Verhuven zum Steuerrecht der betrieblichen Altersversorgung, des Kommentars zum Einkommensteuergesetz von Korn sowie der Publikation von Hanau/Arteaga/Rieble/Veit zur Entgeltumwandlung. Sie erhielt Lehraufträge der Fachhochschulen Kaiserlautern, Köln und der Universität Ulm und ist Mitglied im Fachausschuss Steuerrecht der Arbeitsgemeinschaft für betriebliche Altersversorgung (aba) sowie im Fachkreis Steuern der Arbeitsgemeinschaft Zeitwertkonten (AGZWK). Ferner gehört sie dem Eberbacher Kreis an, einem Zusammenschluss von Rechtsanwälten aus Großkanzleien, die sich auf die betriebliche Altersversorgung spezialisiert haben.

Manuel Baroch Castellvi

Rechtsanwalt Manuel Baroch Castellvi war nach anfänglicher Anwaltstätigkeit in einer renommierten Großkanzlei mehr als 20 Jahre als Syndikus in der Versicherungswirtschaft tätig. Ein Schwerpunkt lag dabei im Bereich der Lebensversicherung, insbesondere im Versicherungsvertragsrecht und im Versicherungsaufsichtsrecht. Aus dieser Tätigkeit ist er auch mit allen versicherungsbasierten Formen der betrieblichen Altersversorgung vertraut. Unter anderem begleitete er 2002 die Gründung und danach den laufenden Betrieb eines der ersten in Deutschland aktiven Pensionsfonds. Er war während seiner Unternehmenstätigkeit in diversen Verbandsgremien tätig und besitzt einen Lehrauftrag zum Versicherungsaufsichtsrecht an der Technischen Hochschule in Köln. Im Jahr 2016 wechselte er wieder in Anwaltstätigkeit zur internationalen Rechtsanwaltskanzlei DLA Piper in Köln. Dort berät er unter anderem Einrichtungen der betrieblichen Altersversorgung zu versicherungsaufsichtsrechtlichen und versicherungsvertragsrechtlichen Fragen. Er ist für eine Vielzahl von rechtswissenschaftlichen Veröffentlichungen verantwortlich, insbesondere zuletzt als Mitherausgeber des 2018 erschienenen Handkommentars zum VAG von Brand/Baroch Castellvi.

Inhaltsübersicht

Inhaltsverzeichnis

Literaturverzeichnis

aba und IVS, Ergebnisbericht „Die reine Beitragszusage gemäß dem Betriebsrentenstärkungsgesetz", 2017, www.aba-online.de
Ahrendt, Martina: Zum Schutz vor Diskriminierungen in der betrieblichen Altersversorgung durch das Allgemeine Gleichbehandlungsgesetz, RdA 2016, 129 ff.
Blomeyer/Rolfs/Otto: Betriebsrentengesetz, Kommentar, 6. Aufl. 2015
Brand/Baroch Castellvi: VAG, Kommentar, 2018
Bürkle, Jürgen: Governance in bAV-Versorgungseinrichtungen und Einflussnahme der Sozialpartner – Eingriff in das interne Kompetenzgefüge der Organe, BB 2017, 713
Droßel, Sebastian: Das neue Betriebsrentenrecht, 2018
Grote, Joachim: Direktversicherung im Sozialpartnermodell, BetrAV 2017, 382 ff.
Hagemann/Krönung: Die reine Beitragszusage und ihre Puffer, BetrAV 2017, 665
Heck, Harald: Möglichkeiten und Grenzen tariflicher Regelungen im Sozialpartnermodell, BetrAV 2017, 556
Herdter, Fabian: Der Gruppenversicherungsvertrag, 2010
Höfer/de Groot/Küpper/Reich: BetrAVG, Bd. 1, 21. EL Januar 2018
Kisters-Kölkes/Meissner: Leitfaden bAV: Betriebsrentenstärkungsgesetz, 2. Aufl. 2017
Langohr-Plato, Uwe: Betriebliche Altersversorgung durch Entgeltumwandlung, ZAP 2013, 1015 f.
Larenz, Karl: Methodenlehre der Rechtswissenschaft, 2. A. (Kurzfassg. d. 6.A.), 1992
Preis,Ulrich: Altersdiskriminierung im Betriebsrentenrecht, BetrAV 2010, 513
Reich/Rutzmoser: Wertgleichheit bei Entgeltumwandlungen in der betrieblichen Altersversorgung, DB 2007, S. 2314 ff.
Reinhard, Frank: Konfusion bei Lebensversicherungsverträgen zur betrieblichen Altersversorgung für Arbeitnehmer von Lebensversicherungsunternehmen, VersR 1999, 1196 ff.
Reinecke, Gerhard: Informations- und Beratungspflichten in der betrieblichen Altersversorgung, insbesondere bei Entgeltumwandlung: NZA 2015, 1153 ff.
Rengier, Bernhard: Betriebliche Altersversorgung und Allgemeines Gleichbehandlungsgesetz, NZA 2006, 1251
Rolfs, Christian: Für die betriebliche Altersvorsorge gilt das Betriebsrentengesetz – Über das schwierige Verhältnis von AGG und BetrAVG, NZA 2008, 553
Rolfs, Christian: Stärkung der Betriebsrenten, NZA 2017, 1225 ff.
Rößler, Nicolas: New Deal in der betrieblichen Altersversorgung, DB 2017, 367 ff.
Roth, Markus: Private Altersvorsorge – Betriebsrentenrecht und individuelle Vorsorge. Tübingen, 2009
Rüffer/Halbach/Schimikowski: VVG, 3. Aufl. 2015
Schimikowski, Peter: Informationspflichten des Versicherers bei echten Gruppenversicherungen und Kollektivversicherungen, FS Wälder, 2009, 51
Schobert, Larissa: Die reine Beitragszusage: Überlegungen zur Stärkung der arbeitgeberfinanzierten betrieblichen Altersversorgung, 2017
Schulze/Dörner u.a.: BGB, Kommentar, 9. Aufl. 2016
Wenning, Marius: Betriebsrenten, Reine Beitragszusage: Gesetz verabschiedet, BaFinJournal 7/2017, 19, 21

https://doi.org/10.1515/9783110574777-206

Teil A – Neuerungen im Betriebsrentenrecht

I. Einmaliger Gestaltungsauftrag für die bAV

Durch das Betriebsrentenstärkungsgesetz (BRSG) wird die betriebliche Alters- 1 versorgung (bAV) mit einer Erwartung konfrontiert, die in dieser Klarheit vom Gesetzgeber seit Langem nicht mehr so formuliert wurde: Die betriebliche Altersversorgung soll sich möglichst weit ausbreiten, damit ganz besonders auch Beschäftigte in kleinen Unternehmen und mit niedrigem Einkommen in den Genuss einer Betriebsrente gelangen.

Genauso ist es gleich eingangs des Gesetzentwurfs der Bundesregierung for- 2 muliert.[1] Und an selber Stelle weist der Gesetzgeber darauf hin, dass es durchaus Alternativen gäbe, nämlich obligatorische Systeme oder ein gesetzliches Optionssystem. Solche Systeme besäßen jedoch eine „höhere Eingriffsintensität für Arbeitgeber und Beschäftigte". Deshalb sollen vordringlich die Möglichkeiten für einen weiteren freiwilligen Ausbau der betrieblichen Altersversorgung ausgeschöpft werden.

Und in der Tat steht mit der von der hessischen Landesregierung vorgeschla- 3 genen „Deutschlandrente" ein konkretes Modell parat, welches mit gewissen Parallelen zu dem englischen Modell unter Einschaltung der Arbeitgeber – dann allerdings als reine Durchleitstelle – Beiträge für eine private Altersversorgung sammelt und in einem Einheitsmodell einem staatlich organisierten Megafonds zuführt.[2]

Solche Lösungen können jedoch keinem gefallen, der im unternehmeri- 4 schen Bereich die Vorzüge der betrieblichen und/oder tarifvertraglichen Gestaltungsfreiheiten kennen- und schätzen gelernt hat. Hier ist betriebliche Altersversorgung viel mehr als die Lösung einer sozialpolitischen Bedarfssituation. Die unternehmenseigene bAV ist ein Instrument der Entgeltpolitik und häufig ein wichtiger identitätsstiftender Baustein im sog. „Personalmarketing", also der Art und Weise, wie sich ein Arbeitgeber insgesamt auf dem Arbeitsmarkt präsentiert und selbst interessant macht.

Während bislang die bAV fast für jedes Unternehmen einem Maßanzug 5 gleich ein eigenes Design aufwies, geht das BRSG einen anderen Weg. Das Gesetz zielt auf den Aufbau großer unternehmensübergreifender Versorgungslösungen. Zwar sind dabei immer noch in erheblichem Umfang betriebsindivi-

---

1 S. BT-Drucks. 18/11286, S. 1.

2 Vgl. Entschließungsantrag des Bundesrats zur Stärkung der ergänzenden kapitalgedeckten Altersvorsorge. BR-Drucks. 65/18 vom 8.3.2018.

https://doi.org/10.1515/9783110574777-001

duelle Ausprägungen möglich. Aber im Hintergrund werden dennoch enorme Skaleneffekte erzielt. Das Vorgehen könnte man vergleichen mit der Plattformstrategie in der Automobilindustrie, wo auf einer für den Endkunden kaum zu erkennenden vereinheitlichten (produktions-)technischen Basis ganz unterschiedliche Fahrzeugmodelle hergestellt werden.

6 Gleichzeitig will das BRSG durch die Einführung der reinen Beitragszusagen eines der Kardinalprobleme der bAV lösen und für die Unternehmen völlige Kostensicherheit schaffen. Das bedeutet spiegelbildlich die Beseitigung der uneingeschränkten Arbeitgeberhaftung. Hierdurch wird der Versorgungsträger praktisch völlig frei in der Kapitalanlage. Anders als in den bisherigen Systemen, die allesamt Mindestleistungen garantieren, können so die enorm langen Anlagedauern für eine ganz andere, deutlich sinnvollere Kapitalanlage als bisher genutzt werden. Die Vermögenserträge lassen deshalb deutlich günstigere Ergebnisse erwarten. Es ist damit zu rechnen, dass bei gleichem Aufwand die späteren Renten das Zwei- bis Vierfache gegenüber herkömmlichen Finanzierungsformen betragen dürften.[3]

7 Diese hocheffizienten Altersvorsorgeformen stehen bislang nur Großunternehmen zur Verfügung. Sie ziehen im Bereich der Optimierung der Kapitalanlagen meist bereits alle Register. Ein kleines Unternehmen kann das nicht, weil es am Kapitalmarkt überhaupt nicht die Nachfragemacht besitzt, solche Konditionen auszuhandeln. Tun sich jedoch viele Kleinunternehmen zusammen und organisieren sie sich in einem Branchen-Versorgungswerk, dann erreichen die Versorgungskapitalien Dimensionen, die ein völlig anderes Agieren ermöglichen. Man muss sich hierbei vergegenwärtigen, dass ein ganz wesentlicher Kostentreiber bei der Altersversorgung die Kosten der Kapitalanlage sind. Und es ist keineswegs unvernünftig, hierbei mindestens von einer Zehntelung (!) der Kosten eines institutionellen Anlegers gegenüber den Kosten eines individuellen Sparers auszugehen. Das ist die Kostenseite.

8 Auf der Ertragsseite ist es ähnlich. Hier ermöglicht die sehr lange Anlagedauer in der bAV von mehreren Jahrzehnten – anders als beim Sparen in der dritten Säule – eine viel stärkere Anlage in Produktivvermögen und auch in illiquiden Anlageklassen. Entsprechend höher ist die Ertragserwartung. Denn angesichts der in der bAV bestehenden umfassenden Verfügungsverbote ist ein vorzeitiger Abruf des Sparvermögens nur in Ausnahmefällen möglich. Die (mindestens teilweise) kollektive Anlage reduziert die Wirkungen schwankender Vermögenswerte weiter.

3 Dies gilt freilich dort nicht, wo einzelne (Groß-)Unternehmen z.B. über Pensionsfonds- oder CTA-Strukturen insbesondere in der Kapitalanlage diese Vorteile bereits nutzen.

Mit der Hilfe von Branchenversorgungswerken, denen sich viele Unterneh- 9
men anschließen können bzw. durch Tarifvertrag angeschlossen werden, werden diese Effekte auch für kleine und mittlere Unternehmen nutzbar. Sie können damit erstmals mit den Großunternehmen auf diesem wichtigen Gebiet gleichziehen. Sie kommen so in der bAV auf das gleiche Leistungsniveau und brauchen im Kampf um Arbeitskräfte zumindest in diesem Punkt nicht mehr zurückzustehen.

Und der neue vom BRSG geschaffene Rechtsrahmen lässt dennoch ausrei- 10
chend Raum für Individualisierungen auf der betrieblichen Ebene. Denn je nach Ausgestaltung des Tarifvertrages könnten den Unternehmen ohne weiteres Spielräume belassen werden für die Ausgestaltung im eigenen Unternehmen. Einzelne Arbeitgeber könnten dauerhafte, befristete oder ergebnisabhängige Zuschläge zum tarifvertraglich festgelegten Arbeitgeberbeitrag zahlen. Oder sie könnten im Unternehmen einen zusätzlichen, eigenen Beitrag von einer entsprechenden Beitragsbeteiligung des Arbeitnehmers abhängig machen. Solcherlei Prämienvariationen hätten für den im Hintergrund tätigen Versorgungsträger überhaupt keine Auswirkungen. Denn er nimmt nur die Prämien an und legt das Geld für die Altersversorgung an. Für ihn ist die Relation zu den Gehältern der jeweiligen Begünstigten völlig irrelevant.

Es ist verständlich, wenn in den ersten Monaten nach dem Inkrafttreten des 11
BRSG noch keine großen Tarifabschlüsse zu Sozialpartnermodellen vorliegen. Denn auch für die Tarifparteien ist das alles Neuland. Sie haben nahezu keine Erfahrung mit dem Aufbau und dem Betrieb von eigenen Branchen-Versorgungswerken, sieht man von wenigen Ausnahmen wie etwa im Bau- und Baunebengewerbe oder im Bankwesen ab. Außerdem wird von einigen Tarifpolitikern die Frage gestellt, ob diese sozialpolitische Aufgabe wirklich bei den Tarifvertragsparteien richtig angesiedelt ist. Andere hingegen sehen die Chance, in einem sehr wichtigen Lebensbereich mutig vorangehen zu können und für die eigenen Mitglieder bzw. deren Beschäftigte etwas erreichen zu können, was diese alleine in aller Regel so nicht verwirklichen können.

Kurz: Das Betriebsrentenstärkungsgesetz bietet große Gestaltungsmöglich- 12
keiten, vorrangig für die Sozialpartner. Sie haben es in der Hand, die ihnen vom Gesetzgeber zugedachte Aufgabe anzunehmen und auf einer Ebene, die bisher überwiegend nicht ihr Gestaltungsfeld war, etwas Positives zu bewirken. Dabei können sie auf umfangreiche Erfahrungen aus dem Ausland zurückgreifen. Ein Risiko ist vorhanden. Aber es ist gering. Der Nutzen für die eigene Mitgliedschaft ist hingegen unschätzbar.

II. Grundverständnis und Entstehungsgeschichte des Gesetzes

13 In der Gesetzesbegründung[4] fasste die Bundesregierung die Problemlage zusammen, die die weitreichenden gesetzlichen Änderungen notwendig machte. Denn es hätten nur knapp 60% aller sozialversicherungspflichtig Beschäftigten eine Betriebsrentenanwartschaft. Und besonders in kleinen Unternehmen und bei Beschäftigten mit niedrigem Einkommen sei die bAV besonders schwach verbreitet. Dies läge vor allem an dem hohen Kosten- und Verwaltungsaufwand der bAV, an dem langfristig kaum zu kalkulierenden Haftungsrisiko für den Arbeitgeber und der hohen Komplexität der Materie. All dies zusammen bewirke offenbar das fehlende Interesse.

1. Leitgedanken

14 Das Gesetz will mit einem ganzen Bündel von Maßnahmen und entsprechenden Änderungen von nicht weniger als 14 Gesetzen und Rechtsverordnungen eine höhere Verbreitung der betrieblichen Altersversorgung erreichen. Ausdrücklich gibt der Gesetzgeber dabei – vorläufig – weiterhin den freiwilligen Systemen den Vorrang vor obligatorischen Systemen wie etwa einem alle Arbeitgeber verpflichtenden „Opting-Out-System".[5] Allerdings wird die Bundesregierung verpflichtet, „den gesetzgebenden Körperschaften geeignete Maßnahmen vor[zu]schlagen, wenn sich zeigt, dass durch die freiwillige zusätzliche Altersvorsorge eine ausreichende Verbreitung nicht erreicht wurde".[6]

a) Breite Förderung der bAV und Privilegien für die Sozialpartner

15 Das Gesetz schafft eine Fülle von zusätzlichen Förderungen oder verbesserten steuerlichen und sozial(versicherungs)rechtlichen Entlastungen. Diese stehen allen Formen der betrieblichen Altersversorgung zur Verfügung. Daneben werden wesentliche neue Gestaltungen zugelassen, die allerdings nur von den Sozialpartnern im Rahmen von Tarifverträgen eingesetzt werden können. Im Wesentlichen geht es um folgende Schwerpunkte:

4 Vgl. BT-Drucks. 18/11286, S. 31ff.
5 Ebenda, S. 34.
6 Ebenda, S. 41.

- Im Einkommensteuergesetz wird eine neues steuerliches Fördermodell spezifisch für Geringverdiener eingeführt (sog. „bAV-Förderbetrag" in § 100 EStG)
- Die jährlichen Höchstbeträge für steuerfreie Zahlungen an Pensionskassen, Pensionsfonds und Direktversicherungen werden einheitlich auf 8% der Beitragsbemessungsgrenze in der gesetzlichen Rentenversicherung angehoben.
- Mit Blick auf Geringverdiener wird im Sozialrecht ein Anreiz für den Aufbau einer eigenen Altersversorgung gesetzt, indem dort in der relevanten Höhe eine Nichtanrechnung selbst ersparter Altersversorgung auf die Grundsicherung erfolgt.
- Die gerade für Geringverdiener besonders wertvolle Zulagenförderung („Riester-Rente") wird verbessert. Außerdem werden die Renten aus sog. „bAV-Riesterverträgen" genau wie private Riester-Verträge von der Beitragspflicht zur Krankenversicherung der Rentner freigestellt.
- Die Arbeitgeber werden verpflichtet, bei Entgeltumwandlungen die bei ihnen entstehende Sozialversicherungs-Beitragsersparnis fast vollständig an den Arbeitnehmer weiterzugeben.
- Die Sozialpartner können eine automatische Entgeltumwandlung vereinbaren, bei der zunächst alle Beschäftigten eines Tarifgebiets oder eines Unternehmens in die Entgeltumwandlung einbezogen werden. Dabei darf der einzelne Arbeitnehmer wahlweise wieder herausoptieren („Optionssystem").
- Und vielleicht am wichtigsten: Die Sozialpartner erhalten die Möglichkeit, auf tariflicher Grundlage reine Beitragszusagen einzuführen. Arbeitsrechtlich schuldet der Arbeitgeber hier nur die *Beitrags*leistung. Eine *Versorgungs*leistung im Sinne der späteren Rente verspricht und schuldet er nicht und hat dafür auch nicht einzustehen. Auch die Zusage einer Mindestleistung entfällt. Unsicherheiten über den effektiven Aufwand gibt es für den Arbeitgeber nicht („pay and forget").

b) Nutzung des Kapitalmarkts und der „Equity-Risk-Premium"

Die vorstehend letztgenannte Neuerung, nämlich die Möglichkeit zur Einführung von Zusagen, die keinerlei Mindestleistung garantieren, ist vielleicht der revolutionärste Teil des Betriebsrentenstärkungsgesetzes. Zwar wirkt das vordergründig so, als würde hier auf besonders rüde Art und Weise der Arbeitnehmerschutz ausgehöhlt. Denn immerhin bedeutet die Abwesenheit einer Garantie, dass in Abhängigkeit von der Wertentwicklung des aus den Beitragszahlungen gebildeten Versorgungskapitals das Endergebnis höher oder 16 niedriger sein wird als Jahrzehnte vorher (!) angenommen. Aber nach der rechtlichen Konstruktion könnte es eben auch „Null“ sein. Die Skepsis bei Arbeitnehmervertretungen und in der Presse ist daher verständlicherweise zunächst groß.[7]

17 Und doch ist es für die betriebliche Altersversorgung eine Befreiung, wenn sie keine Mindestleistungen versprechen muss. Denn in den vorzugswürdigen externen Finanzierungsformen (Pensionsfonds, Pensionskasse, Direktversicherung) zwingt jedwede Garantie den Versorgungsträger aufgrund der sich am Verbraucherschutz orientierenden versicherungs(aufsichts)rechtlichen Vorschriften über Jahrzehnte hinweg in unvorteilhafte Kapitalanlageformen. Hierbei gehen in großem Umfang Kapitalerträge verloren, die anderenfalls die Altersversorgung ganz entscheidend verbessern würden. Selbst bei Zugrundelegung vorsichtiger Annahmen, breiter Anlagestreuung und bei Vermeidung jedweder exotischer Anlageformen ist es vernünftig anzunehmen, dass allein aus der verbesserten Kapitalanlage und bei gleichem jährlichen Aufwand die doppelte Rente oder mehr im Vergleich zu den typischen, bislang eingesetzten Instrumenten erreicht wird.

18 Ursache für diese große Differenz ist die sich aus der Abwesenheit einer formalen Garantie ergebende Möglichkeit, über viele Jahre hinweg einen nennenswerten Teil des Versorgungskapitals in Realvermögen, insbesondere in Produktivvermögen, also Aktien anzulegen. Diese Anlagen sind in ihrer Wertentwicklung schwankend bzw. volatil. Und während man als einzelner Privatanleger solche Anlagen vorsichtig angeht, vor allem wenn eine lange Anlagedauer nicht sicher vorhergesagt werden kann, ist die Situation bei institutionellen Anlegern wie den Altersvorsorgekassen aller Art völlig anders. Sie können die Anlagen aufgrund des großen Volumens sehr breit streuen. Und sie können in der bAV wegen der für den Arbeitnehmer bestehenden umfassenden Verfügungsverbote das Geld über Jahrzehnte anlegen. Dabei relativiert sich die Volatilität, denn sie nimmt mit steigender Anlagedauer typischerweise ab.

19 Die erhöhte Anlage in der prinzipiell volatileren und stärker risikobehafteten Anlage wird jedoch durch eine höhere Rendite belohnt. Die Ökonomen sprechen von der sog. „Equity-Risk-Premium“ bzw. der „Marktrisikoprämie“. Gemeint ist damit die zusätzliche Rendite, die ein Investment im Aktienmarkt gegenüber einer risikofreien Anlage erzielt. Über die Höhe dieser Mehr-Rendite gibt es unterschiedliche Ansichten. Aber auch zurückhaltende, langfris-

7 S. etwa die satirische Darstellung in der „heute-show“ des ZDF vom 2. Juni 2017 direkt im Anschluss an die Verabschiedung des Gesetzes.

tige historische Untersuchungen, die auf empirischen Zeitreihen bis zurück in das 19. Jahrhundert beruhen, geben die Equity-Risk-Premium meist mit 3–5% an.[8]

Wenngleich freilich in den meisten Fällen nicht das gesamte Anlageportfo- 20
lio eines Versorgungsträgers aus Aktien bestehen wird, sollte man sich die rein mathematischen Konsequenzen aus dem Zinseszinseffekt bei einer um 3–5% höheren jährlichen Verzinsung vergegenwärtigen[9]:

Annahme: Sparvorgang monatlich € 100,- konstant bis zum Schlußalter 67					
		EA (Laufzeit)			
Zins / Zinsdifferenz		**27 (40)**	**37 (30)**	**47 (20)**	**57 (10)**
0,00%		48.000	36.000	24.000	12.000
0,50%		53.124	38.831	25.235	12.302
1,00%	**+53,01%**	58.989	41.963	26.556	12.615
1,50%		65.715	45.429	27.968	12.938
2,00%		73.444	49.273	29.480	13.272
2,50%		82.342	53.537	31.097	13.617
3,00%	**+60,9%**	92.606	58.274	32.830	13.974
3,50%		104.467	63.541	34.687	14.343
4,00%		118.196	69.405	36.677	14.725
4,50%		134.115	75.939	38.812	15.119
5,00%	**+68,5%**	152.602	83.226	41.103	15.528
5,50%		174.104	91.361	43.563	15.951
6,00%		199.149	100.452	46.204	16.388
6,50%		228.362	110.618	49.042	16.840
7,00%		262.481	121.997	52.093	17.308

Die Zeile „0,00%“ zeigt die Summe der Einzahlungen über den jeweiligen Zeit- 21
raum an. Aus den darunterliegenden Zeilen kann man ablesen, welches Endvermögen aus einer solchen Einzahlungsreihe entstehen würde, wenn jedes Jahr kontinuierlich der in der linken Spalte ausgewiesene Zins erzielt würde.

Die Tabelle zeigt auch, dass die Steigerung des Endvermögens als Folge ei- 22
ner Zinserhöhung davon abhängt, von welcher Basis aus der höhere Zins erzielt wird. Dies wird durch die Hervorhebungen verdeutlicht, die in drei Stufen jeweils eine Zinserhöhung um 2% abbilden. Man sieht, dass der absolute Zuwachs beim Endvermögen trotz identischer Steigerung des Zinssatzes immer größer wird. Das liegt an der exponentiellen Wirkung des Zinseszinseffekts.

---

8 Stehle, Richard, Wissenschaftliches Gutachten zur Schätzung der Marktrisikoprämie (Equity Risk Premium) im Rahmen der Entgeltregulierung, Berlin, 2016, S. 41 (et passim), m. umfangr. Nachw., zu finden unter www.bundesnetzagentur.de; zum Begriff www.investopedia.com/terms/e/equityriskpremium.asp.

9 Der Tabelle liegt eine monatliche, nachschüssige Zinsgutschrift zugrunde.

23 Anders gewendet: Die angestrebte verbesserte Verzinsung des Versorgungskapitals, die vorerwähnte „Marktrisikoprämie“ von 3–5% bewirkt in absoluten Zahlen einen umso größeren Effekt, je höher die Ausgangsbasis, also der risikofreie Zins, angesetzt wird. Angesichts dieser wissenschaftlich fundierten historischen Erkenntnisse, die zudem ohne weiteres mit dem gesunden Menschenverstand nachvollzogen werden können, wirkt der Einstieg in eine Zusageform, die auf die Garantie von Mindestleistungen verzichtet, kaum besonders mutig. Die Fragen dürften sich eher in umgekehrter Richtung stellen, nämlich warum die sog. „kapitalgedeckte Altersversorgung“ in Deutschland diese Erkenntnisse bislang nicht genutzt hat.

c) Schutz durch Flächentarifvertrag

24 Das erwünschte stärkere Engagement der Sozialpartner auf dem Gebiet der betrieblichen Altersversorgung hat zahlreiche Facetten. Sie übernehmen eine große Verantwortung, indem sie aktiv im Rahmen ihrer Tarifpolitik Barlohn in Versorgungslohn umleiten und zugleich etwa bei Vereinbarung von reinen Beitragszusagen dauerhaft und intensiv in die „Durchführung und Steuerung“ der betrieblichen Altersversorgung eingebunden werden. Ein solcher bAV-Tarifvertrag berührt damit in erheblichem Umfang auch die Verbands- und Reputationsinteressen der Sozialpartner als Ganzes.

25 Diese Tatsache hat Auswirkungen auf den Grad der im Rahmen eines bAV-Tarifvertrages gewährten Freiheiten und Wahlrechte für die Mitgliedsunternehmen bzw. die betroffenen Arbeitnehmer. Ein bAV-Tarifvertrag muss daher insbesondere bei Vereinbarung reiner Beitragszusagen sinnvolle, verantwortungsvolle Strukturen vorzeichnen und darf nicht etwa durch Einräumung beliebiger Freiheiten die Relevanz des Flächentarifvertrages konterkarieren. Vielmehr muss für die betroffenen Unternehmen und ihre Arbeitnehmer deutlich zu erkennen sein, dass die Sozialpartner die neuen vorteilhaften Strukturen in deren Interesse und zu deren Gunsten vorgeprägt haben.

d) Berücksichtigung bestehender Systeme

26 Ein bAV-Tarifvertrag, der die im Gesetz vorgesehenen neuen reinen Beitragszusagen einführt, muss berücksichtigen, dass vor allem in den größeren Unternehmen durchweg bAV-Systeme bereits implementiert sind. Und auch in kleineren Unternehmen sind häufig zumindest Gehaltsumwandlungs-Direktversicherungen anzutreffen. Ein bAV-Flächentarifvertrag, der optional oder verpflichtend bAV-Systeme bereitstellt, muss daher so ausgestaltet sein, dass dieser Bestand unbeschadet fortbestehen kann (§ 21 Abs. 2 BetrAVG). Denn ein

zwangsweiser Eingriff in bestehende Systeme dürfte häufig auf Widerstände stoßen und damit die Akzeptanz für den bAV-Tarifvertrag insgesamt unterminieren. Die Möglichkeit für ein wahlweises, freiwilliges Reagieren bestehender Systeme auf die neuen tariflichen bAV-Lösungen wäre hingegen akzeptanzfördernd.

e) Ausgewogenheit

Jedwede Überlegung für einen späteren bAV-Tarifvertrag, der erstmals reine 27
Beitragszusagen zulassen würde, müssen von dem Bewusstsein getragen sein, dass die Tarifparteien gleichberechtigte Gesellschafter einer die Versorgung tragenden gemeinsamen Einrichtung sind. Daraus ergibt sich die Forderung nach ausgewogenen, möglichst konsensfähigen Lösungsansätzen.

2. Gesetzgebungshistorie

Das Betriebsrentenstärkungsgesetz hat eine recht lange Vorgeschichte. Denn 28
bereits im Verlauf der 17. Legislaturperiode (2009 bis 2013) war deutlich zu erkennen, dass der mit dem Altersvermögensgesetz 2002 angestrebte Ausbau der betrieblichen Altersversorgung nicht im gebotenen Umfang vorankam. Der darauf 2012 vom BMAS gegründete „Arbeitskreis betriebliche Altersversorgung“, der unter Beteiligung von BMF sowie von aba, BDA und DGB Lösungsvorschläge erarbeiten sollte, bewirkte leider nur wenig. Das Thema tauchte daher erst im Koalitionsvertrag von CDU/CSU und SPD in der 18. Legislaturperiode wieder auf. Dort heißt es: „[Wir werden] die betriebliche Altersvorsorge stärken. Sie muss auch für Mitarbeiterinnen und Mitarbeiter in Klein- und Mittelbetrieben selbstverständlich werden. Daher wollen wir die Voraussetzungen schaffen, damit Betriebsrenten auch in kleinen Unternehmen hohe Verbreitung finden. Hierzu werden wir prüfen, inwieweit mögliche Hemmnisse bei den kleinen und mittleren Unternehmen abgebaut werden können.“

Als wesentliches „Hemmnis“ für die weitere Verbreitung der bAV in klei- 29
nen und mittelständischen Unternehmen wurde die völlig uneingeschränkte Arbeitgeberhaftung identifiziert. Es war und ist sehr leicht verständlich, dass der Inhaber eines Kleinunternehmens nur selten Verpflichtungen eingehen will, die ihn über viele Jahrzehnte und noch dazu in unbekannter Höhe binden.

Sowohl im Interesse einer möglichst raschen Breitenwirkung jedweder Re- 30
formmaßnahmen sowie auch aus ganz grundsätzlichen Erwägungen setzte die SPD-Arbeitsministerin Andrea Nahles dabei von Anfang an auf das Engagement

der Tarifparteien. Ihr Ziel war es, gleichzeitig die bAV und die Tarifbindung aller Beschäftigten zu fördern.[10]

a) Der erste § 17b Vorschlag

31 Nach diversen Beratungen mit den beteiligten Verbänden legte das BMAS Ende 2014 einen ersten konkreten Vorschlag vor. Diese „ersten Überlegungen" des Ministeriums enthielten eine nochmalige Ausweitung der im BetrAVG ohnehin bereits bestehenden, weitreichenden Tarifdispositivität. Der Formulierungsvorschlag für einen neu in das Gesetz aufzunehmenden § 17b lautete wie folgt:

> „§ 17b Gemeinsame Einrichtungen der Tarifvertragsparteien
>
> (1) Von § 1 Abs. 1 Stz 3 und Absatz 2 Nummer 1 und 2 BetrAVG kann in Tarifverträgen abgewichen werden, wenn der Arbeitgeber sich verpflichtet, Beiträge zur Finanzierung von Leistungen der betrieblichen Altersversorgung an eine gemeinsame Einrichtung der Tarifvertragsparteien zu zahlen. Die gemeinsame Einrichtung muss als Pensionskasse oder Pensionsfonds organisiert sein. Sofern die Einstandspflicht des Arbeitgebers nach § 1 Absatz 1 Satz 3 ausgeschlossen wird, ist die gemeinsame Einrichtung Pflichtmitglied in einem Sicherungsfonds nach Teil 3 des Versicherungsaufsichtsgesetzes.
> (2) Für die gemeinsame Einrichtung gelten die §§ 4a und 6 entsprechend."

32 Dieser Vorschlag begegnete in der Fachwelt großer Zurückhaltung. Im Arbeitnehmerlager wurde der erstmalige öffentliche Ausspruch einer Überlegung zur Beschränkung der Arbeitgeberhaftung rundweg abgelehnt. Es war die Rede davon, dass doch gerade die Arbeitgeberhaftung „das Wesen der bAV" sei. Mit der Entlassung des Arbeitgebers aus der Haftung entziehe sich dieser seiner sozialen Verantwortung. Im Arbeitgeberlager gab es viel Ablehnung für die Idee gemeinsamer Einrichtungen. Und seitens der Lebensversicherer war die Ablehnung erst recht verständlich, sollten hier doch per Tarifvertrag und ohne Beteiligung der Lebensversicherungswirtschaft völlig neue Versorgungsträger geschaffen werden. Erst recht wurde daher die Einbindung solcher Träger in den von den Lebensversicherern finanzierten Sicherungsfonds abgelehnt.

b) Der modifizierte Vorschlag für ein „Sozialpartnermodell"

33 Angesichts dieser Kritik entwickelte das BMAS seinen Vorschlag zügig weiter. Zusammen mit der Einladung für die Sitzung des interministeriellen Arbeits-

---

10 Vgl. Interview mit Andrea Nahles in der FAZ v. 19.11.2016: „Wer tariflich gebunden ist, wird privlegiert".

kreises betriebliche Altersversorgung[11] machte das Ministerium seine Überlegungen zu einem „Neuen Sozialpartnermodell Betriebsrente" publik. Der Wortlaut für den neu in das Gesetz einzufügenden § 17b BetrAVG lautete nunmehr wie folgt:

> „§ 17b – Gemeinsame Einrichtungen der Tarifvertragsparteien
>
> (1) In Tarifverträgen kann abweichend § 1 Absatz 2 Nummer 1 und 2 eine Beitragszusage des Arbeitgebers vorgesehen werden, wenn die betriebliche Altersversorgung über eine gemeinsame Einrichtung der Tarifvertragsparteien gemäß § 4 des Tarifvertragsgesetzes durchgeführt wird.
> (2) Die abweichenden Bestimmungen gelten auch für nicht tarifgebundene Arbeitgeber und Arbeitnehmer, wenn zwischen ihnen die Anwendung der tariflichen Regelung vereinbart ist.
> (3) Die Rechte und Pflichten des Arbeitgebers nach diesem Gesetz gehen im Fall einer Beitragszusage nach Absatz 1 sinngemäß auf die gemeinsame Einrichtung über. Die gemeinsame Einrichtung muss dem Versorgungsberechtigten mindestens eine Leistung garantieren, die einer Beitragszusage mit Mindestleistung entspricht. Die auf den Beiträgen beruhende Anwartschaft ist sofort unverfallbar. Von § 16 kann in Tarifverträgen abgewichen werden.
> (4) Die gemeinsame Einrichtung nach Absatz 1 muss als Pensionskasse oder Pensionfonds organisiert sein.
> (5) Wird die gemeinsame Einrichtung nach Absatz 1 insolvent oder kommt sie ihren Versorgungsverpflichtungen nicht nach, hat der Versorgungsberechtigte einen Anspruch gegen den Träger der Insolvenzsicherung. Der Anspruch ist begrenzt auf den Leistungsumfang einer Beitragszusage mit Mindestleistung. Die gemeinsame Einrichtung ist verpflichtet, Beiträge an den Träger der Insolvenzsicherung zu zahlen; die Beitragsbemessungsgrundlage beträgt bei einer Pensionskasse (...) Prozent, bei einem Pensionfonds (...) Prozent des entsprechend nach § 10 Abs. 3 Nummer 1 ermittelten Betrages. Im Übrigen gelten die §§ 7 bis 11 entsprechend."

Aber auch dieser modifizierte Vorschlag fand in der Fachwelt nur wenig Zu- 34
stimmung. Eher im Gegenteil: Nun reihte sich auch noch der PSVaG angesichts der ihm zugedachten Rolle in die Reihe der Kritiker ein.

c) Das Rechtsgutachten zum „Sozialpartnermodell Betriebsrente"

Angesichts der breiten Ablehnung der bis dahin seitens des BMAS in die Dis- 35
kussion eingebrachten Vorschläge beauftragte das Ministerium Ende 2015 Peter Hanau und Marco Arteaga mit der Erstellung eines Gutachtens, welches folgende Fragen beantworten soll:

11 Schr. d. BMAS v. 26.1.2015, Az. IVb4-42109-10.

- Ist das BMAS-Sozialpartnermodell ein geeigneter Vorschlag zur Stärkung der betrieblichen Altersversorgung im Sinne des Koalitionsvertrages?
- Wie könnte das Modell weiterentwickelt werden, damit dieses Ziel noch besser erreicht werden kann und wie müssten entsprechende Änderungen im Betriebsrentengesetz aussehen?
- Dabei sollen auch denkbare Sicherungslinien für auf reinen Beitragszusagen beruhender Betriebsrenten erörtert werden.
- Wenn sich mehrere Varianten zur Weiterentwicklung anbieten, welche Vor- und Nachteile bieten sie?

36 Das im April 2016 veröffentlichte Gutachten[12] sieht im Kern vor, dass bei reinen Beitragszusagen auf die Forderung nach einer Mindestleistung vollständig verzichtet wird. Es soll tatsächlich nur eine Beitragsleistung versprochen werden, die spätere Versorgungsleistung soll jedoch nur als ein unverbindlicher Erwartungswert, als sog. „Zielrente" in Aussicht gestellt werden. Soweit überhaupt ein Sicherungsmechanismus für etwaige Leistungskürzungen geschaffen werden soll, könne dies nur über zuvor gebildete, interne oder externe Puffermechanismen erfolgen.

37 Ein solcher externer Puffermechanismus, so der Vorschlag im Rechtsgutachten, könnte als neues Segment des Pensions-Sicherungsvereins ausgestaltet werden, aus dem stets nur nach Maßgabe der vorhandenen Mittel geleistet wird.

38 Ferner soll den Tarifparteien die Möglichkeit an die Hand gegeben werden, auf der Grundlage von Tarifverträgen eine automatische Einbindung aller Beschäftigten einer Branche, eines Unternehmens oder eines Betriebs in ein Entgeltumwandlungssystem zur bAV vorzusehen. Dabei solle der zunächst ohne Willensbetätigung Eingebundene das Recht haben, ohne Angabe von Gründen aus dem bAV-System wieder herauszuoptieren (sog. „Optionssystem").

d) Der Referentenentwurf

39 Am 4. November 2016 sandte das BMAS den gemeinsamen Referentenentwurf[13] von BMAS und BMF an insgesamt rund 90 Verbände mit einer kurzen Frist zur

---

12 Hanau/Arteaga, Rechtsgutachten zu dem „Sozialpartnermodell Betriebsrente" des Bundesministeriums für Arbeit und Soziales. Herunterzuladen über die Website des BMAS (www.bmas.de).

13 Referentenentwurf des Bundesministeriums für Arbeit und Soziales und des Bundesministeriums der Finanzen, Entwurf eines Gesetzes zur Stärkung der betrieblichen Altersversorgung und zur Änderung anderer Gesetze. Herunterzuladen über die Website des BMAS (www.bmas.de).

Stellungnahme. Der Referentenentwurf sah Änderungen von insgesamt 15 Gesetzen bzw. Rechtsverordnungen und umfasste 67 Seiten. Die ganz wesentlichen Neuerungen, die wie oben bereits erwähnt, später auch Gesetz wurden, waren

- die Einführung der reinen Beitragszusage auf tarifvertraglicher Grundlage, ohne jedwede Garantie und unter Verzicht auf jedwede institutionalisierte Insolvenzsicherung (§ 1 Abs. 2 Nr. 2a RefE zum BetrAVG);
- die Einführung eines Optionssystems für die automatische Einbindung ganzer Belegschaften in die Entgeltumwandlung auf tarifvertraglicher Grundlage (§ 20 Abs. 2 RefE zum BetrAVG);
- die Vereinfachung und Erhöhung der steuerlichen Höchstgrenzen für die Beitragszahlungen zur bAV (RefE zu § 3 Nr. 63 EStG);
- die Schaffung eines Freibetrags bei der Anrechnung von Renten auf die Grundsicherung, wenn diese zusätzliche Altersvorsorge auf freiwilliger Grundlage gebildet wurde (RefE zu § 82 Abs. 4 SGB XII);
- die Schaffung eines bAV-Förderbetrags für Arbeitgeber, die zugunsten von geringverdienenden Arbeitnehmern eine bAV gewähren (§ 100 EStG);
- die Befreiung von bAV-Riester-Renten von der Krankenversicherungs-Beitragspflicht (§ 229 Abs. 1 Nr. 5 SGB V).

Der Entwurf spiegelt im Kern die Prinzipien wieder, die in der vorangegangenen 40
Debatte bereits deutlich zutage getreten waren: Im Bereich des Steuer- und Sozialrechts wurden vielfältige Verbesserungen geschaffen, die sich auf alle Formen der betrieblichen Altersversorgung beziehen. Im Arbeitsrecht hingegen wurden in erster Linie die Rechtsgrundlagen für völlig neue Gestaltungsinstrumente in der betrieblichen Altersversorgung eingeführt, die allerdings exklusiv den Sozialpartnern zur Verfügung stehen.

e) Der Gesetzentwurf der Bundesregierung

Nach der Verabschiedung im Kabinett am 21. Dezember 2016 erhielt der Bundes- 41
rat die Möglichkeit zur Stellungnahme.[14] Überwiegend lehnte die Bundesregierung die darauf geäußerten Änderungswünsche des Bundesrats allerdings ab.[15] Damit wurde der Referentenentwurf in allen entscheidenden Punkten zum Gesetzentwurf der Bundesregierung.

14 BT-Drucks. 18/11286, S. 81 ff.

15 Ebenda, S. 84 f.

f) Die Endfassung des Gesetzes

42 Nennswerte Änderungen ergaben sich jedoch im anschließenden parlamentarischen Verfahren. Im Anschluss an die Anhörung der Sachverständigen durch den Bundestags-Ausschuss Arbeit und Soziales am 27. März 2017 kam es zu zahlreichen Änderungen. Sie wurden abschließend durch Beschluss des Bundesrats in die Endfassung des Gesetzes übernommen.[16] Die wichtigsten davon sind:

- der Zwang für Arbeitgeber, bei einer Entgeltumwandlung wegen der (meist) entstehenden Sozialversicherungs-Beitragsersparnis 15% des umgewandelten Entgelts als Arbeitgeberzuschuss an den Versorgungsträger zu zahlen (§ 1a Abs. 1a BetrAVG).
- Diese Vorschrift erhielt eine Übergangsregelung in § 26a BetrAVG, wonach die Zuschusspflicht zwingend für alle ab dem 1.1.2019 neu vereinbarten Entgeltumwandlungen gilt. Für vorher vereinbarte Entgeltumwandlungen soll sie ab dem 1.1.2022 gelten.
- Im neuen Abschnitt des Gesetzes über die reinen Beitragszusagen wurden in § 21 zwei neue Absätze eingefügt. Sie enthalten Anweisungen an die Tarifparteien, was sie bei der Vereinbarung von reinen Beitragszusagen zu berücksichtigen haben. Dabei *sollen* sie bestehende Betriebsrentensysteme angemessen berücksichtigen. Und sie *müssen* prüfen, ob auch andere Zusageformen als reine Beitragszusagen verwendet werden können. Und schließlich *sollen* sie nichttarifgebundenen Arbeitgebern und Arbeitnehmern den Zugang zu dem ausgewählten Versorgungsträger nicht verwehren.
- Es erfolgten Klarstellungen in der Pensionsfonds-Aufsichtsverordnung, die aufgekommene Zweifel an der Zulässigkeit von kollektiven Finanzierungspuffern bzw. einem kollektiven Versorgungskapital beseitigten (§ 35 PFAV).

3. Prototypischer Aufbau einer tarifvertraglichen Altersversorgung

43 Es ist offensichtlich, dass die beiden zentralen Elemente, um die das Betriebsrentenrecht durch das Betriebsrentenstärkungsgesetz erweitert wurde, nämlich die

- reine Beitragszusage und das
- „Optionssystem“ zur automatischen Einbindung ganzer Belegschaften in die Entgeltumwandlung, verbunden mit einem individuellen Widerspruchsrecht,

16 BR-Drucks. 447/17.

eine mehrgliedrige Struktur des Gesamtbeitrags für entsprechende betriebliche Versorgungssysteme nahelegen. Namentlich lassen sich Arbeitgeberbeiträge mit Arbeitnehmerbeiträgen kombinieren. Und aus beiden Quellen können außerdem ergänzende, freiwillige, individuelle Aufstockungen gespeist werden, wenn das im Tarifvertrag vorgesehen und für den mit der Durchführung betrauten Versorgungsträger verwaltungstechnisch möglich ist. Hinzukommen könnten außerdem Zulagen im Rahmen von bAV-Riester Verträgen, sofern die Netto-Entgeltumwandlung im Tarifvertrag nicht ausgeschlossen ist und der Versorgungsträger auch das in der Verwaltung meistert. Denkbar wären ferner rein private Sparanteile, die ebenfalls aus dem Nettoeinkommen zu entnehmen wären und ggf. die Voraussetzungen für eine Basisrente nach § 10 EStG erfüllen.

Das insgesamt aus diesen Beiträgen erzeugte Mittelaufkommen wird im 44
Rahmen der tariflichen Versorgungslösung an einen von den Sozialpartnern ausgewählten oder sogar selbst betriebenen Versorgungsträger fließen. Dieser wiederum wird gegenüber herkömmlichen kommerziellen Vorsorgeprodukten auf der Kapitalanlage- bzw. Ertragsseite wie auch kostenseitig wesentliche Optimierungen erzielen können. Die erzielte Versorgung wird damit regelmäßig bei gleichem Aufwand deutlich attraktiver als in den herkömmlichen Versorgungsvehikeln sein.

a) Arbeitgeberfinanzierter Basis-Baustein

Am Ausgangspunkt des Betriebsrentenstärkungsgesetz stand der Wunsch nach 45
einer Wiederbelebung der arbeitgeberfinanzierten betrieblichen Altersversorgung. Dies geht einher mit einer offenbar vorhandenen Bereitschaft der Sozialpartner, gewisse Volumina des zur Verfügung stehenden Verteilungsspielraums angesichts des rückläufigen Leistungsniveaus in der gesetzlichen Rentenversicherung künftig anstelle von Barlohn in der Form von Versorgungslohn zu verwenden. Angesichts der Minderung der Barlohnanpassung durch jede anderweitige Verwendung des Verteilungsspielraums dürften hierbei für eine widerspruchsfreie Einführung einer solchen arbeitgeberfinanzierten Versorgung nur eher enge Spielräume bestehen. Möglicherweise kann rein tatsächlich angesichts der hohen Barlohnpräferenz auf Arbeitnehmerseite ein Rahmen von 0,3% bis 0,5% an jährlicher Umwidmung nicht überschritten werden.

Aber auf einer solchen Basis könnte eine arbeitgeberfinanzierte betriebli- 46
che Altersversorgung im Flächentarifvertrag vereinbart werden. Denkbar wäre auch, künftig die Nutzung z.B. des Volumens der altersvorsorgewirksamen Leistungen und bei Geringverdienern als weitere Finanzierungsquelle den im

BRSG vorgesehenen neuen Förderbeitrag nach § 100 EStG heranzuziehen. Es erscheint vorstellbar, dass über einen Zeitraum von z.B. fünf bis zehn Jahren auf diesem Wege sukzessive ein Aufwandsniveau für die arbeitgeberfinanzierte bAV aufgebaut werden kann, welches nach und nach den steuerlichen und den beitragsrechtlichen Förderrahmen von 4% bzw. 8% der Beitragsbemessungsgrenze in der Rentenversicherung ausschöpft und so in absehbarer Zeit tatsächlich einen ins Gewicht fallenden Beitrag zur Alterssicherung leistet.

b) Entgeltumwandlungs-Zusatzbaustein durch Optionsmodell

47 Es ist naheliegend, den vom Arbeitgeber finanzierten Vorsorgebaustein zu ergänzen um Altersvorsorgeleistungen, die der Arbeitnehmer durch Umwidmung seines Bruttolohns im Wege der Entgeltumwandlung aufbaut. Das Betriebsrentenstärkungsgesetz sieht hierfür in § 20 Abs. 2 BetrAVG n.F. die automatische Einbindung von Gruppen von Arbeitnehmern oder ganzer Belegschaften eines Unternehmens oder Betriebs vor. Dem Einzelnen soll ein Widerspruchsrecht ermöglichen, die in seinem individuellen Fall möglicherweise nicht gewollte, nicht benötigte oder u.U. finanziell nicht tragbare Umwidmung des Bruttolohns abzuwenden.

48 Es sei bereits an dieser Stelle darauf hingewiesen, dass die arbeitgeberfinanzierte bAV teilweise oder vollständig daran geknüpft werden kann, dass der Arbeitnehmer an der (ggf. durch ein Optionssystem eingeführten) Entgeltumwandlung teilnimmt. Das bedeutet, dass der Arbeitgeber seinen eigenen Beitragsanteil nur dann leistet, wenn der Arbeitnehmer sich auch selbst an der Finanzierung des Aufbaus seiner eigenen Altersversorgung beteiligt (sog. „Matching System").

c) Freiwillige Aufstockungen durch Arbeitgeber und/oder Arbeitnehmer

49 Wie oben bereits erwähnt wurde, dürften die tariflichen Versorgungsmodelle aus mehreren Gründen gegenüber privaten Vorsorgeprodukten finanziell deutlich vorteilhafter sein. Es wird daher auf Arbeitnehmerseite vermutlich ein großes Interesse daran bestehen, das Beitragsaufkommen zu dieser Versorgung möglichst zu erweitern. Dies könnte, entsprechende tarifvertragliche Öffnung vorausgesetzt, für viele Arbeitgeber ein Motiv bilden, freiwillige Zusatzbeiträge zu gewähren. Ebenso könnten Arbeitnehmer, finanzielle Leistungsfähigkeit vorausgesetzt, daran interessiert sein, ihren im Wege der automatischen Einbindung im Rahmen des Optionsmodells zu leistenden Vorsorgebeitrag über den im Tarifvertrag vorgesehenen Betrag hinaus freiwillig

weiter zu erhöhen. Vermutlich würden viele zulageberechtigte Arbeitnehmer auch die Riester-Förderung im Rahmen einer Netto-Entgeltumwandlung wählen.

Damit könnte sich die Gesamtleistung aus einem bAV-Tarifvertrag für eine mehrgliedrige reine Beitragszusage zunächst aus insgesamt sechs Komponenten speisen: 50
- arbeitgeberfinanzierter Pflichtbeitrag gemäß Festlegung im Tarifvertrag,
- freiwilliger Aufstockungsbetrag des Arbeitgebers über den tariflichen Pflichtbeitrag hinaus,
- arbeitnehmerfinanzierter Beitrag aus automatischer Einbindung in die Entgeltumwandlung (Optionssystem),
- freiwilliger Aufstockungsbetrag des Arbeitnehmers über Standardbetrag aus automatischer Einbindung in die Entgeltumwandlung hinaus,
- vom Arbeitgeber weitergegebene Sozialversicherungs-Beitragsersparnisse aus der Entgeltumwandlung,
- Staatliche Zulagen im Rahmen des „bAV-Riester".

Den nachfolgenden Kapiteln liegt gedanklich im Wesentlichen ein solcher prototypischer Aufbau eines neuen tariflichen Versorgungssystems zugrunde. 51

4. Große Gestaltungsbandbreite für die Tarifvertragsparteien

Insgesamt bietet sich den Tarifparteien eine sehr große Gestaltungsbandbreite. Sie können im Tarifvertrag sehr detailliert mögliche Arbeitgeberbeiträge festlegen und sogar eine Pflicht für alle Arbeitgeber zur Durchführung eines Optionssystems zur Entgeltumwandlung bestimmen. Sie können den Unternehmen und den Arbeitnehmern jedoch auch Gestaltungs- und Wahlrechte belassen. Und sie können entscheiden, inwieweit nicht tarifgebundene Arbeitgeber die tarifliche Versorgung z.B. per Betriebsvereinbarung übernehmen und auch Mitglied in einem von ihnen organisierten Branchen-Versorgungswerk werden dürfen. Es sind dabei vielfältige Gestaltungen möglich. 52

Dabei könnten trotz fast völlig einheitlichen Produktdesigns Gestaltungsmöglichkeiten für die betriebliche Ebene vorgesehen werden, die sich allerdings letztlich nur auf die Höhe des Mittelaufkommens auswirken. So wäre eine Individualisierung auf betrieblicher Ebene möglich und trotzdem bliebe der darunterliegende, versicherungstechnische Mechanismus unberührt: 53
- reine Beitragszusagen mit Arbeitgeber-Pflichtbeiträgen (Höhe wählbar),
- Wahlmöglichkeit für befristete oder ergebnisabhängige Beitragszahlung,
- gewisse Kapitalanlage-Wahlrechte für Anwärter in der Ansparphase,

- obligatorische, kollektive Erwerbsminderungs- und Hinterbliebenenabsicherung,
- zusätzlich je Arbeitgeber Möglichkeit für Optionssystem zur Entgeltumwandlung,
- Matching-Möglichkeit (ArbG zahlt nur, wenn ArbN an Entgeltumwandlung teilnimmt),
- Möglichkeit für zusätzliche, aufstockende Brutto-Entgeltumwandlung mit Weitergabe der arbeitgeberischen Sozialversicherungs-Beitragsersparnis (mind. 15%),
- individuelles Wahlrecht für Riester-bAV in der Entgeltumwandlung, ggf. sogar als „Invertierte Entgeltumwandlung“, mit impliziter vorgeschalteter Rückwandlung eines Arbeitgeberbeitrags in Barlohn[17],
- Möglichkeit für Aufbau einer Basisrente für Firmeninhaber im selben Modell,
- Möglichkeit der Unterbrechung der Beitragszahlung bei negativem Geschäftsergebnis.

54 Anders als bei klassischen Versicherungsprodukten, bei denen jede Beitragsänderung sofort eine Neukalkulation der Versicherungsleistung auslöst, kann bei den Versorgungsmodellen auf der Grundlage von reinen Beitragszusagen die Beitragsaufbringung rein technisch gesprochen nahezu beliebig variiert werden.

tarifgebundene Arbeitgeber							tarifungebundene ArbG
arbeitgeberfinanzierte bAV				Entgeltumwandlung			
I.	ArbG Pflichtbeitrag	Alter, Invalidität u. Hinterbliebene	Keine Wahlrechte	Festlegung Versorgungsträger	Pflicht zum Optionsmodell	Vorgabe Betrag und Leistungen	Ausschluß vom Versorgungsträger
II.	ArbG Pflichtbeitrag	Alter, Invalidität u. Hinterbliebene	Keine Wahlrechte	Festlegung Versorgungsträger	Pflicht zum Optionsmodell	ArbN erhält Wahlrechte	Zulassung zum Versorgungsträger
III.	ArbG Pflichtbeitrag	Alter, Invalidität u. Hinterbliebene	Keine Wahlrechte	Festlegung Versorgungsträger	Optionsmodell wahlweise	ArbN erhält Wahlrechte	Zulassung zum Versorgungsträger
IV.	ArbG Pflichtbeitrag	Alter, Invalidität u. Hinterbliebene	Keine Wahlrechte	Völlig freie Wahl Versorgungsträger	Optionsmodell wahlweise	ArbN erhält Wahlrechte	Zulassung zum Versorgungsträger
V.	ArbG Pflichtbeitrag	Altersrente	Wahlrechte EM, BU, Zuzahlg.	Auswahlpalette Versorgungsträger	Optionsmodell wahlweise	ArbN erhält Wahlrechte	Zulassung zum Versorgungsträger
VI.	ArbG Pflichtbeitrag	Anrechnung existierende bAV	entf.	Auswahlpalette Versorgungsträger	Optionsmodell wahlweise	ArbN erhält Wahlrechte	Zulassung zum Versorgungsträger
VII.	entf.	entf.	entf.	Auswahlpalette Versorgungsträger	Optionsmodell wahlweise	ArbN erhält Wahlrechte	Zulassung zum Versorgungsträger
VIII.	ArbG Matchingbeitrag	entf.	entf.	Auswahlpalette Versorgungsträger	Pflicht zum Optionsmodell	ArbN erhält Wahlrechte	Zulassung zum Versorgungsträger

55 Die Grafik veranschaulicht, dass die Tarifvertragsparteien eine ganze Fülle von Gestaltungselementen kombinieren können. Es ergeben sich daraus fast beliebig viele Varianten, angefangen von einer sehr restriktiven, eng reglementierten

17 S.u. A. Rz. 107.

Fassung (Variante I.) bis zu Modellen mit vielfältigen Wahlrechten (Variante IV.), die sogar die dringend zu meidende völlige Freigabe des Versorgungsträgers enthalten, bis hin zu selektiven Gestaltungen. Eine Anpassung auf die Bedürfnisse der jeweiligen Branche und ihrer Unternehmen ist daher ohne weiteres möglich.

III. Die reine Beitragszusage

Das Betriebsrentenstärkungsgesetz beseitigt keine der bisher im Betriebsren- 56
tengesetz vorgesehenen Formen der betrieblichen Altersversorgung. An dieser Stelle sind jedoch von alleinigem Interesse die neu hinzukommenden Gestaltungsformen der reinen Beitragszusage und des Optionsmodells. Beide können gemäß der neuen gesetzlichen Regelung nur unmittelbar durch Tarifvertrag oder, bei nichttarifgebundenen ArbeitnehmerInnen, nur aufgrund eines Tarifvertrages durch Übernahme in einem entsprechenden Einzelvertrag oder ggf. – Öffnungsklausel vorausgesetzt – durch eine entsprechende Betriebsvereinbarung zur Anwendung gelangen.

Zwar sind schon bisher Tarifverträge über betriebliche Altersversorgung 57
möglich und existieren auch in sehr großer Zahl. Allerdings sind dies außerhalb des öffentlichen Dienstes und der Baubranche ganz überwiegend Tarifverträge über freiwillige, auf individueller Entscheidung der Versorgungsberechtigten beruhende Formen der Entgeltumwandlung, also arbeitnehmerfinanzierte Versorgungsformen. Hingegen erhofft sich der Gesetzgeber durch die Zulassung der reinen Beitragszusage eine Renaissance der arbeitgeberfinanzierten bAV. Die nachstehenden Ausführungen beziehen sich daher zunächst auf die Strukturmerkmale aller reinen Beitragszusagen, unabhängig davon, ob eine arbeitgeberfinanzierte reine Beitragszusage oder eine arbeitnehmerfinanzierte Entgeltumwandlung in der Form der reinen Beitragszusage betrachtet wird.

1. Zulässige Durchführungswege

Das Gesetz sieht gemäß § 1 Abs. 2 Nr. 2a BetrAVG für die reine Beitragszusage 58
als Durchführungswege ausschließlich den Pensionsfonds, die Pensionskasse und die Direktversicherung vor. Dies ist konsequent, denn hier handelt es sich um drei externe Versorgungsträger, die das Versorgungskapital außerhalb des Trägerunternehmens bilden. Ihr wirtschaftliches Schicksal ist damit zunächst einmal von demjenigen des Trägerunternehmens vollständig getrennt.

59 Diese Durchführungswege bzw. Versorgungsträger haben ferner gemeinsam, dass sie der staatlichen Versicherungsaufsicht durch die Bundesanstalt für Finanzdienstleistungsaufsicht (BaFin) unterliegen. Weite Bereiche ihrer Geschäftstätigkeit sind im Versicherungsaufsichtsgesetz geregelt, und das übrigens in sehr ähnlicher, teilweise sogar in identischer Form. Damit hat sich der Gesetzgeber bewusst gegen andere externe Finanzierungsformen der bAV entschieden wie etwa Unterstützungskassen oder vertragliche Treuhandkonstruktionen (sog. „Contractual Trust Arrangements“ oder kurz „CTAs“), die gerade nicht der staatlichen Aufsicht unterworfen sind.

60 Die gemeinsame und deshalb auch ähnliche Regelung der drei für die Verwirklichung der reinen Beitragszusage zur Verfügung stehenden Durchführungswege erfolgt in dem neu in das Versicherungsaufsichtsgesetz einzufügenden Teil 4a des Gesetzes. Die Konsequenz dieser strukturell ähnlichen Grundsätze bzw. Regelungen ist, dass sich die dabei erzielbaren ökonomischen Ergebnisse nicht mehr zwingend und schon gar nicht substantiell unterscheiden werden. Letztlich könnten alle drei Vehikel ökonomisch so gestaltet werden, dass sie letztlich fast völlig identisch sein werden.

61 Diese Feststellung ist bedeutsam. Denn sie bedeutet von Anfang an, dass sich aus der unterschiedlichen Art des Trägers nicht von vornherein ein Vor- oder Nachteil gibt. Es ist daher nicht erforderlich, eine akribische Suche nach Pro und Contra der drei zur Verfügung stehenden Trägertypen anzustellen. Sie unterscheiden sich nur in Feinheiten, von denen die wesentlichen in dieser Untersuchung dargestellt werden. Letztlich ist die parallele Zulassung aller drei Vehikel nicht mehr als die schlichte Anerkennung der Tatsache, dass derzeit diese drei staatlich beaufsichtigten Trägerformen bereits existieren und dass man sich von allen Dreien ein aktives Engagement im Bereich der neuen tarifvertraglich organisierten bAV wünscht.

62 Dies hat für die Tarifparteien in ihrer Entscheidung für die Trägerwahl eine bedeutende Auswirkung. Denn es wird a priori nicht darauf ankommen, in welchem Gewand ein sich anbietender Versorgungsträger daherkommt. Etwa im Falle von Ausschreibungen kann dieser Aspekt daher bewusst offengehalten werden. Eine Verengung etwa auf einen ganz bestimmten Durchführungsweg könnte möglicherweise den Blick auf eine attraktive Alternative versperren.

a) Pensionsfonds

63 Unbeschadet der vorstehenden Ausführungen würde man im Falle der Neugründung eines Versorgungsträgers für den Zweck der Durchführung von reinen Beitragszusagen vermutlich in der Mehrzahl der Fälle auf einen Pensionsfonds zurückgreifen. Denn Pensionsfonds, Pensionskassen und andere Lebensversi-

cherungsunternehmen dürfen nach § 244b Abs. 1 Nr. 1 VAG reine Beitragszusagen nur dann durchführen, wenn sie keine Verpflichtungen eingehen, die garantierte Leistungen beinhalten (sog. „Garantieverbot"). Damit befindet sich der Pensionsfonds schon heute am nächsten an der reinen Beitragszusage, denn bereits nach geltendem Recht ist der Pensionsfonds dadurch charakterisiert, dass er höchstens einen Teil der Leistungen bzw. nur für einen Teil der für diese Leistungen zu entrichtenden künftigen Beiträge versicherungsförmige Garantien zusagen darf (§ 236 Abs. 1 Nr. 2 VAG). Mehr noch, ein Pensionsfonds kann bereits nach geltendem Recht vollständig auf Versicherungsförmigkeit verzichten und ausschließlich nicht-versicherungsförmige Leistungen in Aussicht stellen. Somit bildet in finanzierungstechnischer Hinsicht schon derzeit der vollständig nicht-versicherungsförmige Pensionsfonds das Muster für die Finanzierung von reinen Beitragszusagen. Führt ein Pensionsfonds reine Beitragszusagen durch, dann bewirkt das o.g. Garantieverbot lediglich, dass der Pensionsfonds sich insoweit nicht-versicherungsförmig organisieren muss. Dies ist aber seinem Wesen inhärent und im Gesetz bereits heute so vorgesehen.

b) Pensionskasse

Eine Pensionskasse ist ein rechtlich selbständiges Lebensversicherungsunter- 64
nehmen (§ 232 VAG). Es betreibt Lebensversicherungsgeschäfte im Sinne von Nr. 19 der Anlage 1 zum Versicherungsaufsichtsgesetz für die charakteristisch ist, dass einer festen Prämie eine feste, also garantierte Leistung gegenübersteht. Mit anderen Worten: Die Pensionskasse ist praktisch der Prototyp des exakten Gegenteils des nicht-versicherungsförmigen Pensionsfonds. Denn der Pensionsfonds nimmt zwar ebenfalls einen definierten Beitrag entgegen, stellt aber im Gegensatz zur Pensionskasse – prototypisch – sein Leistungsversprechen nur unverbindlich in Aussicht. Wenn nun das BRSG den Pensionskassen erlaubt, reine Beitragszusagen durchzuführen und ihnen zugleich dafür in § 244b Abs. 1 Nr. 1 VAG verbietet, feste Leistungsversprechen zu erteilen, so ist das für Pensionskassen praktisch eine völlig neue Rechtslage. Und es ist für sie auch eine neue Produktgattung. Aus diesem Grund stellt § 244 a Abs.1 VAG klar, dass die Vorschriften des neuen Teiles 4a des Versicherungsaufsichtsgesetzes als sog. lex specialis den übrigen Vorschriften des Gesetzes vorgehen.

Für die Praxis ist diese gesetzestechnische Konstruktion, die auf den ersten 65
Blick kurios wirken mag, letztlich nicht relevant. Denn der Unterschied zwischen einer garantierten Leistung und einer rechtlich nur unverbindlich in Aussicht gestellten Leistung sind im Text einer Versicherungs- oder Aufnahmebescheinigung jedes einzelnen Arbeitnehmers nur wenige Worte. An dem dahinterliegenden

Verwaltungsapparat, also der eigentlichen Versorgungstechnik sowie der dafür erforderlichen Sachkunde bleibt für die Pensionskasse vieles gleich oder zumindest sehr ähnlich. Die Regelung im BRSG ist daher zweckmäßig, nämlich diese etablierten Träger betrieblicher Versorgungen von Gesetzes wegen auch für die Durchführung tariflicher bAV auf der Grundlage von reinen Beitragszusagen zuzulassen. Wie bereits oben erwähnt ist es für die Tarifparteien wichtig zu erkennen, dass insoweit kein struktureller, wesentlicher Unterschied zum Pensionsfonds mehr besteht. Pensionskassen sollten daher als gleichwertige mögliche Versorgungsträger in Betracht gezogen werden, insbesondere, falls man sich Dritter für die Durchführung der betrieblichen Altersversorgung bedienen möchte.

c) Direktversicherung

66 Sinngemäß gilt für die Direktversicherung genau das gleiche wie für die Pensionskasse. Sie trägt die Versicherungsförmigkeit sogar im Namen. Wenn sie nun aufsichtsrechtlich durch das BRSG zu einem nicht-versicherungsförmigen Vehikel mutieren darf, dann ist das erst recht in begrifflicher Hinsicht kurios. Aber das schadet rein sachlich nicht. Denn aus der Zulassung der Direktversicherung für die Durchführung reiner Beitragszusagen resultiert die Möglichkeit für Lebensversicherungsunternehmen, sich ebenfalls in den Reigen der Dienstleister einzureihen, die den Tarifparteien die Durchführung der tariflichen, also garantiefreien Altersversorgung ermöglichen.

67 Sofern es dabei unverändert wie in § 244c VAG vorgesehen bei einer strikten Trennung der Vermögensmassen bleibt, entsteht für das von den Tarifparteien initiierte Versorgungswerk ein vollständig isolierter Abrechnungskreis. Das z.B. von Verbraucherschützern mitunter warnend vorgetragene Bedenken, dass die bloße Einschaltung eines Lebensversicherers quasi automatisch zu einer (nachteiligen) Vermengung der Vermögensmassen und vor allem auch zu einer ungerechtfertigten Kostenbelastung führen würde, greift damit nicht bzw. nicht ohne weiteres durch.

68 Hingegen könnte eine besondere, im BRSG vorgesehen Gestaltungsvariante der Direktversicherung eine besondere Attraktivität verleihen. Denn in § 21 Abs. 4 BetrAVG n.F. wird exklusiv für die Direktversicherung die Möglichkeit geschaffen, dass eine von den Tarifparteien gegründete gemeinsame Einrichtung i.S.v. § 4 des Tarifvertragsgesetzes (TVG) als Versicherungsnehmerin an die Stelle des üblicherweise an dieser Stelle erscheinenden Arbeitgebers tritt. Damit bietet sich die Möglichkeit für die Tarifparteien, über das Vehikel der Direktversicherung den betroffenen Arbeitgebern jedwede Mitgliedschaft bzw. Versicherungsnehmerstellung im Versorgungswerk zu vermeiden. Potentiell ist also eine noch weitere Verwaltungsentlastung für die Arbeitgeber zuguns-

ten einer Zentralisierung der gesamten Administration bei der Gemeinsamen Einrichtung möglich. Eine Administrationsleistung, die übrigens auftragshalber von einem beauftragten spezialisierten Dienstleister oder sogar von dem Versicherer übernommen werden könnte. Für die Tarifparteien wiederum hieße das noch mehr Gestaltungsfreiheit bei der Frage, inwieweit sie tatsächlich selbst in die Durchführung der bAV unmittelbar selbst eingebunden sein wollen.

Ein weiterer ins Gewicht fallender Aspekt der Direktversicherung betrifft die 69 beitragsrechtliche Behandlung der Leistungen. Wird nämlich eine Direktversicherung nach Ausscheiden aus dem Unternehmen privat fortgeführt, werden die auf diesen privaten Beiträgen beruhenden Leistungsanteile wie diejenigen aus einer privaten Lebensversicherung behandelt. Die Belastung der Rentenzahlung mit Beiträgen zur Krankenversicherung der Rentner unterbleibt insoweit. Dies ist bei Pensionskassen und Pensionsfonds anders. Nach der Rechtsprechung des Bundessozialgerichts werden Rentenleistungen von Pensionskassen generell vollständig der Beitragspflicht unterworfen, auch wenn sie teilweise auf rein privaten Beitragsleistungen beruhen (BSG, Urteil vom 23. Juli 2014 – B 12 KR 28/12 R).

Dieser Rechtsauffassung hat das Bundesverfassungsgericht (BVerfG)[18] nun- 70 mehr eine Absage erteilt. Das BVerfG sah einen Verstoß gegen das Gleichheitsgebot darin, dass auf Pensionskassenleistungen Sozialversicherungsbeiträge erhoben werden, die auf einer privaten Fortführung des mit der Pensionskasse geschlossenen Lebensversicherungsvertrags beruhen, während Leistungen aus *privaten* Lebensversicherungen *nicht* zur Beitragsbemessung in der Sozialversicherung herangezogen werden.

Eine ganz andere Frage bei der Wahl einer Direktversicherung als Vehikel 71 für die Durchführung der tariflichen Versorgung betrifft die subjektive Wirkung des Begriffs. Es ist häufig zu hören, dass die Tarifparteien für die tarifliche Versorgung ein neues, bisher (eher) unbekanntes und auch in der öffentlichen Wahrnehmung möglichst nicht mit nachteiligen Assoziationen konnotiertes Label tragen sollte. In dieser Hinsicht könnten der Verwendung von Direktversicherungen tatsächlich psychologische Hindernisse im Wege stehen. Dies ist von den Tarifparteien ggf. abzuwägen. Rein versorgungstechnisch und auch in rechtlicher Hinsicht gibt es jedenfalls keine Gründe dafür, in einem Anbieter- oder Leistungsvergleich a priori Direktversicherungslösungen auszuschließen. Wie bereits oben erwähnt, sind die ökonomischen Unterschiede zwischen den drei zur Verfügung stehenden Vehikeln gering.

18 BVerfG, Beschl. v. 8.8.2018 XII ZB 25/18 = BetrAV 2018, 564 ff.

2. Die Plangestaltung

72 Bei der tarifvertraglichen Festlegung der Versorgungsleistungen ist vieles zu bedenken. Keiner weiteren Vertiefung bedarf sicherlich die Feststellung, dass die Höhe der Versorgungsleistung unmittelbar von der Höhe der Beiträge abhängt. Und der Streit um die richtige Höhe der Beiträge dürfte der Kernbereich der tariflichen Verteilungsauseinandersetzung sein und muss an dieser Stelle daher nicht weiter erläutert werden. Aber es gibt zu den prinzipiell zur Verfügung stehenden Leistungsarten einige grundsätzliche Überlegungen, die für die Tarifparteien bedenkenswert erscheinen.

a) Zielrenten

73 Sieht der Tarifvertrag eine reine Beitragszusage vor, hat dies eine gravierende Konsequenz im Hinblick auf die innere Struktur des Leistungsangebots des Versorgungsträgers. Denn gemäß § 244b Abs. 1 Nr. 1 des Versicherungsaufsichtsgesetzes (VAG) n.F. darf der Versorgungsträger keine Verpflichtungen eingehen, die garantierte Leistungen beinhalten.

74 An dem Regime für die Eigenkapitalanforderungen der Versorgungsträger ändert sich mit der reinen Beitragszusage nichts. Pensionskassen und Pensionsfonds unterliegen als Einrichtungen der betrieblichen Altersversorgung weiterhin den weniger rigiden Anforderungen von Solvency I[19]. Andere Lebensversicherungsunternehmen hingegen bleiben – vorausgesetzt, sie unterschreiten nicht die gesetzlichen Größenschwellen – vollständig unter dem Regime von Solvency II. Allerdings sind die Eigenkapitalanforderungen wegen der Abwesenheit von garantierten Leistungen erheblich reduziert.

75 Vor allem aber ermöglicht die Zielrente hinsichtlich der Kapitalanlage die Übertragung der für den Pensionsfonds geltenden weniger strengen Vorschriften auf Pensionskassen und andere Lebensversicherungsunternehmen. Und erst durch diese Herauslösung aus dem aufsichtsrechtlichen Rahmen, der für die langfristige Kapitalanlage in der betrieblichen Altersversorgung letztlich nicht geeignet ist, erschließen sich die vollen Potentiale der kapitalgedeckten Altersvorsorge. Denn es ist nur auf diesem Wege mit substantiell höheren Kapitalerträgen zu rechnen. Die entsprechenden Versorgungsträger bzw. -modelle werden leistungsseitig einen deutlichen Abstand zu den bis dato bekannten Altersvorsorgemodellen aufweisen.[20]

---

19 Vgl. hierzu ausf. C. Rz. 179.

20 Vgl. Oecking u.a., Bericht der aus Vertretern von aba, IVS und BaFin gebildeten Arbeitsgruppe Zielrente, in BetrAV 2017, S. 164 ff.

b) Lebenslange Renten

Alle drei Vehikel, Pensionskassen, Pensionsfonds und Lebensversicherungsunternehmen, dürfen im Falle der reinen Beitragszusage nur laufende Leistungen vorsehen, insbesondere also lebenslange Renten. Aus der Besonderheit der Zielrente ergibt es sich, dass im Falle einer rückläufigen Entwicklung des Versorgungskapitals auch Leistungskürzungen – auch in der Rentenbezugsphase – möglich wären. Diese Leistungskürzungen würden allerdings nur zu dem Zweck erfolgen, dass die lebenslange Zahlung tatsächlich erbracht werden kann. Dies entspricht im Wesentlichen auch der heute schon geltenden Regelung in § 236 Abs. 2a VAG, die es Pensionsfonds mit Zustimmung der Tarifvertragsparteien erlaubt, auch laufende Pensionszahlungen zu reduzieren. 76

c) Kapitalwahlrechte

Aus der Sicht der Versorgungsempfänger wäre es durchaus wünschenswert, wenn die Versorgungseinrichtung zum Zeitpunkt des Rentenbeginns oder auch später wenigstens ein teilweises Kapitalwahlrecht zuließe. Denn so könnten Versorgungsberechtigte im Bedarfsfall auch auf Notfälle (Einkauf in Senioren-Wohnanlage, behindertengerechter Umbau von Haus oder Wohnung o.ä.) reagieren, zumal im höheren Alter ohne aktives Erwerbseinkommen eine Kreditaufnahme oftmals kaum möglich ist. 77

Solche teilweisen oder vollständigen Kapitalwahlrechte sind jedoch nach dem Gesetz bei Einsatz reiner Beitragszusagen nicht möglich. Zwar spricht die Legaldefinition der reinen Beitragszusage in § 1 Abs. 2 Nr. 2a BetrAVG n.F. lediglich von „Leistungen der betrieblichen Altersversorgung", ohne dies näher zu erläutern. Damit wären zunächst alle für den Zweck der Versorgung gedachten Leistungen umfasst. Das wären nach bisherigem Verständnis ohne weiteres auch Kapitalleistungen. 78

Allerdings legt § 22 Abs. 1 BetrAVG n.F. fest, dass die Versorgungseinrichtung „laufende Leistungen der betrieblichen Altersversorgung zu erbringen [hat]". Das sind unzweifelhaft ausschließlich Rentenleistungen. Auch die mit dieser Vorschrift korrespondierende aufsichtsrechtliche Regelung in § 244b Abs. 1 Nr. 3 VAG n.F. verlangt die Verwendung des planmäßig zuzurechnenden Versorgungskapitals „für laufende Leistungen". Noch deutlicher wird die Gesetzesbegründung, die auf Seite 52 sogar davon spricht, „dass das planmäßig zuzurechnende Versorgungskapital ausschließlich für laufende Leistungen (Renten) zu verwenden ist". Dieses grundsätzliche Gebot für laufende Leistungen steht selbst einer maßvollen, teilweisen Kapitalisierung der Versorgungsleistung entgegen. 79

[*einstweilen frei*] 80

81 Etwas anderes ergibt sich auch nicht aus den Regelungen im Einkommensteuerrecht. Zwar bleiben nach § 3 Nr. 63 EStG Beiträge zu Direktversicherungen, Pensionskassen und Pensionsfonds zum Aufbau einer kapitalgedeckten betrieblichen Altersversorgung steuerfrei, wenn die Auszahlung der zugesagten Alters-, Invaliditäts- oder Hinterbliebenenversorgungsleistungen die Voraussetzungen von § 1 Absatz 1 Satz 1 Nummer 4 des Altersvorsorgeverträge-Zertifizierungsgesetzes (AltZertG) erfüllen. Und letzteres ist der Fall, wenn entweder lebenslange Leibrenten oder Ratenzahlungen im Rahmen eines Auszahlungsplans mit einer anschließenden Teilkapitalverrentung ab spätestens dem 85. Lebensjahr vorgesehen sind. Unschädlich sind nach der genannten Vorschrift im AltZertG jedoch Auszahlungen außerhalb der monatlichen Leistungen von bis zu 30 Prozent des zu Beginn der Auszahlungsphase zur Verfügung stehenden Kapitals. Dennoch steht auch einer solchen, maßvollen Teilkapitalisierung von maximal 30 Prozent des Versorgungskapitals die betriebsrentenrechtliche und die aufsichtsrechtliche Forderung nach einer laufenden Leistung entgegen.

82 Selbst wenn der mit dem Betriebsrentenstärkungsgesetz festgelegte Grundsatz der laufenden Leistungen im Interesse der Versorgungsberechtigten einmal gelockert werden sollte, müssten bei der Festlegung von Kapitalwahlrechten auch finanzielle Restriktionen für den Träger beachtet werden. Denn der Versorgungsträger muss davor geschützt sein, jemals auf eine theoretisch denkbare, massenhafte Anforderung von Kapitalzahlungen reagieren zu *müssen*. Ein kontinuierliches, weitgehend gleichbleibendes Niveau von Kapitalauszahlungen wäre für den Versorgungsträger finanzierungstechnisch im Beharrungszustand des Versorgungswerkes nicht anders als die ratierliche Auszahlung der Renten. Eine Pulsation bei der Anforderung von Kapitalzahlungen („Sturm auf die Banken") könnte den Versorgungsträger jedoch zur Unzeit zur Liquidierung an sich illiquider Vermögensanlagen zwingen. In diesem Fall würde für die Gesamtheit der Versorgungsberechtigten wegen der dabei (vermutlich) eintretenden Verluste ein großer Schaden ausgelöst.

83 Sollte das Verbot von Kapitalleistungen jemals gelockert werden, wäre es immer noch erforderlich, dass sowohl tarifvertraglich als auch in der Satzung bzw. den Allgemeinen Versicherungsbedingungen (AVB) die individuelle Gewährung der Kapitalzahlung immer unter den Zustimmungsvorbehalt des Versorgungsträgers gestellt würde. Dabei könnte man den Versorgungsberechtigten erlauben, ihren Antrag z.B. bis zu 24 oder 36 Monate vor dem entsprechenden Termin zu stellen. Damit erhielten die Versorgungsempfänger eine vernünftige Planungssicherheit, während der Versorgungsträger seinerseits den tatsächlichen Mittelabfluss aus Kapitalzahlungen vernünftig steuern könnte.

Wie bereits erwähnt ist nach derzeit geltendem Recht allerdings im Falle reiner Beitragszusagen ein teilweises oder vollständiges Kapitalwahlrecht für die Altersrenten nicht zulässig. Wie aus Kreisen der BaFin zum Zeitpunkt der Drucklegung zu vernehmen ist, neigt die Versicherungsaufsicht offenbar dazu, Kapitalzahlungen für Hinterbliebenenrenten zuzulassen.[21] Dies könnte für die Praxis eine begrüßenswerte Verwaltungsvereinfachung für die neuen tarifvertraglichen Versorgungsmodelle bzw. ihre Träger darstellen. Soweit im Einzelfall in Abwesenheit einer entsprechenden Verwaltungsvorschrift („Merkblatt“) der BaFin hiervon Gebrauch gemacht werden soll, ist eine verbindliche Absprache mit der Versicherungsaufsicht unbedingt ratsam. Eine spätere Kollision von tarifvertraglichen Festlegungen und aufsichtsrechtlichen Restriktionen ist unbedingt zu vermeiden. 84

d) Leistungen bei Berufsunfähigkeit, Erwerbsminderung und Tod

Ein bedeutender Aspekt der tarifvertraglichen, kollektiven Gestaltung der betrieblichen Altersversorgung liegt in der Chance, eine substantielle, bedeutende Existenzabsicherung für alle Begünstigten im Bereich der sog. „vorzeitigen Risiken“ Invalidität, also Erwerbsminderung, Berufsunfähigkeit und Tod bzw. Hinterbliebenenabsicherung zu gewährleisten. 85

Der Tarifvertrag könnte auch im Rahmen eines Zielrentenmodells somit hohe Versorgungsleistungen für die Fälle der vorzeitigen Risiken in Aussicht stellen. Diese könnten z.B. 50%, 60% oder sogar 70% des regulären Bruttoeinkommens (bis zu einer definierten Höchstgrenze) betragen. Solche Versorgungsleistungen, die der Versorgungsträger ohne Garantie verspricht, werden typischerweise durch kollektive Risikoversicherungen eines Lebensversicherers rückgedeckt. Diese Versicherungen haben ähnlich wie eine Schadenversicherung meist eine einjährige Laufzeit. In Abhängigkeit von dem Leistungs- bzw. Schadenverlauf besitzt der Versicherer die Möglichkeit, die Prämie für das Folgejahr anzupassen. Spiegelbildlich dazu hätten die Tarifvertragsparteien die Möglichkeit, im Falle einer Prämienerhöhung durch den Versicherer entweder das Absicherungsniveau zu reduzieren oder ggf. einen höheren Anteil des zur Verfügung stehenden Gesamtbeitrags in die Absicherung der vorzeitigen Risiken zu lenken. Immerhin: Sollte der Schadenverlauf höher sein als erwartet, dann ist der Absicherungsbedarf offensichtlich vorhanden. 86

Auf Risikoversicherungen dieser Art werden typischerweise gesetzliche Versorgungsleistungen (Rentenversicherung, Berufsgenossenschaft) angerechnet, 87

---

21 Vgl. C. Rz. 35.

um Fehlmotivationen zu vermeiden, die aus einer Überversicherung entstehen könnten. Außerdem werden diese Versicherungsmodelle regelmäßig seitens des beteiligten Lebensversicherers von einem aktiven Wiedereingliederungsmanagement begleitet. Denn auch bei diesen privaten Versicherungen gilt genau wie in der gesetzlichen Rentenversicherung das Prinzip: „Rehabilitation vor Rente".

88 Die beiden herausragenden Merkmale dieser kollektiven Risikoversicherungen sind jedoch die meist verblüffend geringe Prämienhöhe sowie ihre Fähigkeit, bei größeren Kollektiven den gesamten Bestand in den vereinbarten Versicherungsschutz einzubeziehen, und zwar völlig losgelöst von jedweden Gesundheitsfragen, -prüfungen, Attesten oder Arbeitsfähigkeitsbescheinigungen. Diese bemerkenswerte Risikoabsicherung ist das Resultat der Kollektivversicherung. Der einzelne Begünstigte wird eingebunden, ohne dass es einer Willensbetätigung von seiner Seite bedarf. Damit wird aber versichererseitig die sog. „negative Risikoauslese" vermieden. Damit meint man das Phänomen, dass Versicherungsschutz signifikant häufiger von denjenigen angestrebt wird, die vermuten, dass sie ihn auch tatsächlich brauchen werden, oder es sogar bereits wissen. Aus diesem Grund ist der Schadenverlauf in freiwillig zustande gekommenen Versichertenbeständen fast immer deutlich ungünstiger als im Gesamtbestand.

89 In kollektiv gebildeten Versichertengemeinschaften gibt es hingegen meist keinen Unterschied zum Schadenverlauf im Gesamtbestand. Der Lebensversicherer kann daher solche Gruppen vergleichsweise leicht in eine entsprechende Deckung nehmen. Hinzu kommt dann noch die einjährige Deckungszusage, die versicherungstechnisch die Gefahr einer Fehleinschätzung des Versicherungsrisikos drastisch reduziert. Und anders als bei privaten Berufsunfähigkeitsversicherungen sind wegen der meist einjährigen Versicherungsdauer Prämienanpassungen möglich. Die Einrechnung hoher Sicherheitszuschläge kann deshalb weitgehend unterbleiben. Die Prämien liegen daher oftmals um die Hälfte oder sogar um drei Viertel unter denjenigen individueller Risikoversicherungen.

90 Zusagetechnisch würde man nicht im Rahmen der reinen Beitragszusage die Zahlung individueller Versicherungsprämien versprechen, sondern die Versicherungsleistung als Rückdeckungsversicherungsleistung im Rahmen der Kapitalanlage unterbringen.

91 Noch aus einem weiteren Grund sollten die Tarifparteien über die Aufnahme eines solchen Schutzes vor den vorzeitigen Risiken nachdenken. Und zwar aus Gründen der Kommunikation des Gesamtpakets an ihre Mitglieder, ganz besonders aber an die Begünstigten. Denn die Vereinbarung der Zielrente dürfte auch auf Skepsis stoßen, und es ist bereits das Wort von der „Casinorente" geprägt worden (MdB Matthias Birkwald, DIE LINKE). Die Zusage einer so hohen

Absicherung im Invaliditätsfall, wie oben beschrieben, bzw. einer vergleichbaren Hinterbliebenenrente wäre im Gegensatz zur vermeintlich ungewissen oder „unsicheren“ Alters-Zielrente sofort vorhanden, also ab der ersten Minute. Und leider ist bei entsprechend großem Geltungsbereich des Tarifvertrags nach der Statistik bedauerlicherweise sicher, dass die entsprechenden Leistungsfälle nach kurzer Zeit schon vorliegen werden. Tritt das Versorgungswerk in diesen Fällen schnell und unkompliziert mit Hilfe der entsprechenden Rückdeckungsversicherung ein, wird das ohne irgendein Zutun qua Natur der Sache ein Notfall sein, der jeden berührt.

Dies ist sicherlich bei angemessener und respektvoller Berichterstattung 92
eine Tatsache, die, z.B. mitgeteilt in den einschlägigen Mitgliederzeitschriften oder sonst zur Verfügung stehenden Medien, den konkreten Wert der neuen tariflichen bAV verdeutlicht. Das sollte die Akzeptanz des neuen Versorgungssystems rasch günstig beeinflussen.

Ein weiteres Argument für die kollektive Absicherung vorzeitiger Risiken 93
könnte für die Tarifvertragsparteien in den Jahren 2018 und 2019 darin bestehen, bis zur Ingangsetzung einer möglicherweise aufwendigeren Altersversorgung im engeren Sinne eine vorläufige, kurzfristige, befristete Risikoschutzlösung als Interimslösung zu installieren, die wenig später bereits durch eine umfassendere Lösung ersetzt wird. Damit ließen sich einige Schadenfälle bereits auffangen (s.o.) und zumindest teilweise die wohl ab dem 1.1.2018 bereitstehenden steuerlichen Arbeitgeberzuschüsse sinnvoll einsetzen.

e) Mindest- und Höchstaufnahmealter

Je nach Ausgestaltung des Leistungspakets des Versorgungswerkes müssen aus 94
versicherungstechnischen Gründen sinnvolle Altersgrenzen beachtet werden. Zum Schutz des Versichertenkollektivs müssen in Abstimmung mit dem Träger der Rückdeckungsversicherung für die Absicherung des Invaliditäts- und des Todesfallrisikos möglicherweise Höchstaufnahmealter vorgesehen werden, um die Gefahr einer gezielten Inanspruchnahme der Versichertengemeinschaft zu reduzieren.

Ähnlich verhält es sich im Hinblick auf die Aufnahme von Versicherten in 95
die Altersversorgung im engeren Sinne. Hier sollte eine gesonderte Zielrente formuliert werden, wenn etwa zum Zeitpunkt der Aufnahme in das Versorgungswerk bis zum erwarteten Eintritt in den Ruhestand weniger als 10 Jahre verbleiben. Hier muss sich die in die Berechnung der Zielrente einfließende Erwartung an die Verzinsung der Kapitalanlagen stärker an der kürzeren Verbleibedauer orientieren. Widrigenfalls würde möglicherweise ein unerwünschter Anreiz für Missbräuche bzw. Zinsarbitrage zu Lasten des Versichertenkollektivs

gesetzt. Dies war in den letzten Jahren bei den Lebensversicherungsgesellschaften im Bereich der Einmalbeitragsversicherungen zu beobachten.

96 Risiko- oder Arbitrageüberlegungen sind i.d.R. im Hinblick auf ein Mindestaufnahmealter nicht von Bedeutung. Hier gibt es vielmehr wie in allen Versorgungssystemen zu bedenken, dass die Aufnahme in das Versorgungswerk während der Berufsausbildung und/oder der Probezeit zahlreiche aufrechtzuerhaltende Bagatellanwartschaften hervorbringt, die meist in der Summe kaufmännisch nicht sinnvoll sind. Es dürfte daher sinnvoll sein, Anmeldungen zum Versorgungswerk etwa an die endgültige Übernahme in ein befristetes oder unbefristetes Beschäftigungsverhältnis zu koppeln. Das pauschale Anknüpfen an ein bestimmtes Lebensalter ist nicht mehr zeitgemäß.

f) Unverfallbarkeit und Portabilität

97 Gemäß § 22 Abs. 2 S. 1 BetrAVG n.F. sind Ansprüche auf Altersrente aus einer reinen Beitragszusage von Anfang an unverfallbar. Diese Formulierung verdient besondere Aufmerksamkeit, denn sie beschränkt die sofortige Unverfallbarkeit ausdrücklich auf die Altersrentenanwartschaften. Die übrigen Leistungsarten sind in dem neuen siebten Abschnitt des BetrAVG nicht geregelt. Für sie gelten damit die allgemeinen Unverfallbarkeitsregeln.

98 Diese wurden zum 1. Januar 2018 gegenüber der bisherigen Rechtslage ohnehin modifiziert. Denn zu diesem Termin trat die bereits 2015 verabschiedete Änderung des Betriebsrentengesetzes in Kraft, die wegen der Transformation der EU-Mobilitätsrichtlinie in deutsches Recht erforderlich wurde. Danach wird für alle ab diesem Termin erteilten Versorgungszusagen die Unverfallbarkeitsfrist von bisher fünf auf drei Jahre abgesenkt. Die gesetzliche Unverfallbarkeit kann künftig bereits mit Vollendung des 21. Lebensjahres erreicht werden (bislang war das vollendete 25. Lebensjahr die maßgebliche Altersgrenze).

99 Darüber hinaus müssen die unverfallbaren Anwartschaften ausgeschiedener Mitarbeiter künftig dynamisiert werden. Hierdurch soll eine Benachteiligung gegenüber noch betriebstreuen Arbeitnehmern vermieden werden. Nach der Gesetzesänderung kann die Anpassung dadurch gewährleistet werden, dass sie entweder fest auf eine jährliche Anpassung von einem Prozent festgelegt wird, oder sie wird an die Anwartschaften oder Nettolöhne vergleichbarer aktiver Arbeitnehmer gekoppelt. Alternativ kann die Indexierung auch im gleichem Umfang wie die Erhöhung der laufenden Renten bzw. des Verbraucherpreisindex für Deutschland erfolgen.

100 Es drängt sich daher für die Tarifparteien auf, die Unverfallbarkeit für alle vorgesehenen Leistungen, die nicht die Altersrente betreffen, wie auch die Dy-

namisierung der unverfallbaren Anwartschaften im Tarifvertrag zu regeln. Hierzu sind sie befugt (§ 19 Abs. 1 BetrAVG n.F.).

Im Ergebnis dürfen aus der Sicht des Versorgungswerks unverfallbare Anwartschaften auf vorzeitige Leistungen nur in der Höhe entstehen, wie sie ausdrücklich nach dem jeweiligen Finanzierungsverfahren auch gedeckt sind. Namentlich dann, wenn vorzeitige Leistungen vollständig durch kollektive Risikoversicherungen gedeckt werden sollen, um den Versorgungsträger so vor jedweden Risiken aus solchen Versprechen zu schützen, ist besondere Aufmerksamkeit vonnöten. Denn typischerweise bieten diese Versicherungsformen lediglich eine kurze, meist einjährige Deckung und meist auch nur für Aktive, also nicht für Ausgeschiedene. Damit könnte im Falle der Beendigung des Versicherungsvertrages bzw. im Falle des Ausscheidens mit unverfallbarer Anwartschaft ein Versorgungsanspruch auf vorzeitige Leistungen fortbestehen, der u.U. ganz oder teilweise nicht durch die ursprünglich für die Finanzierung dieser Leistungen vorgesehene Rückdeckungsversicherung gedeckt ist. Aus diesem Grund sollte die Höhe solcher Leistungen nach Eintritt der Unverfallbarkeit im Tarifvertrag herabgesetzt werden, so dass eine Kongruenz zum Versicherungsvertrag hergestellt wird. Dabei ist zu beachten, dass die Gestaltungsbandbreite auf der Seite der Versicherungstarife groß ist. Es existiert bei einigen Versicherern die Möglichkeit, bereits in der Aktivenzeit die erwarteten späteren unverfallbaren Anwartschaften auf vorzeitige Leistungen durch einen Zuschlag zur Prämie versichert zu behalten, so dass auch nach Ende der Beitragspflicht Versicherungsschutz fortbesteht. 101

Auch die Dynamisierung der unverfallbaren Anwartschaft muss entsprechend begrenzt bzw. ausgeschlossen werden. In der Regel dürfte sich hier allerdings eine Koppelung an die Wertentwicklung der Kapitalanlagen aufdrängen. Außerdem könnte aus dem vorhandenen Versorgungskapital immer ein Teil für die Finanzierung der späteren Dynamik zurückbehalten werden. Dabei wird man die Vorgaben der Mobilitätsrichtlinie stets im Blick haben. 102

Im Hinblick auf die Portabilität ist offensichtlich, dass prinzipiell eine Übertragung des vorhandenen (anteiligen) Versorgungskapitals auf einen eventuellen neuen Versorgungsträger, in dessen Zuständigkeitsbereich der ausgeschiedene Mitarbeiter tätig wird, erstrebenswert wäre. Dies gilt ganz besonders, wenn beim bisherigen Versorgungsträger sehr kleine Anwartschaften von z.B. weniger als € 50 Monatsrente verbleiben würden. Hier wäre für alle Beteiligten eine Bündelung des Kapitals bei einem Versorgungsträger sinnvoll. Den Versorgungsträgern von Sozialpartnermodellen ist zu raten, hierfür ein geeignetes „Übertragungsabkommen" zu schaffen, welches eine sehr schnelle Abwicklung, möglichst ohne Abzug jedweder Kosten ermöglicht. Dem Arbeitnehmer sollte man allerdings ein Widerspruchsrecht einräumen. Denn aus dem Ausland 103 ist bekannt, dass Arbeitnehmer oftmals einen Verbleib ihrer Anwartschaft beim bisherigen Versorgungsträger wünschen. Insbesondere nach langer Unternehmens- bzw. Branchenzugehörigkeit ist das gehäuft zu beobachten.

3. Nutzung der verbesserten „Riester-Förderung“

104 Gemäß § 1a Abs. 3 BetrAVG kann ein Arbeitnehmer, der einen Anspruch auf Entgeltumwandlung nach den Vorschriften des Gesetzes besitzt, verlangen, dass die Voraussetzungen für die sog. „Riester-Förderung“ nach den §§ 10, 82 Abs. 2 des Einkommensteuergesetzes erfüllt werden. Mit anderen Worten: Das Gesetz schafft einen individuellen Anspruch auf bAV-Riester in der Entgeltumwandlung.

105 Angesichts der beachtlichen positiven Hebelwirkung, die die Riesterzulagen bei den Betroffenen auslösen können, drängt es sich auf, soweit irgend möglich im Rahmen der tarifvertraglichen Vereinbarungen Lösungen anzustreben, die möglichst jedem Arbeitnehmer zumindest wahlweise die Nutzung der Riesterförderung erlauben. Dies gilt vor allem für die Bezieher unterdurchschnittlicher Einkommen und für Arbeitnehmern mit Kindern.

106 Das bedeutet zunächst, dass im Tarifvertrag das individuelle Recht auf Inanspruchnahme der Riesterförderung nicht abbedungen sein darf. Denn das wäre im Rahmen der allgemeinen Tariföffnungsklausel in § 19 Abs. 1 BetrAVG durchaus zulässig. Und hiervon wurde in der Vergangenheit in einigen bedeutenden Branchen-Tarifverträgen auch Gebrauch gemacht. Erforderlich ist allerdings eine gewisse Kanalisierung der Wahlrechte sowie eine Optimierung der Verwaltungsabläufe, damit der mit der Riester-Förderung einhergehende Beratungs- und Verwaltungsaufwand bei allen Beteiligten so gering wie möglich gehalten werden kann.[22]

a) Invertierte Entgeltumwandlung

107 Gelingt es, für die Durchführung der Riester-Förderung Abläufe bereitzustellen, die den Arbeitgeber nicht belasten, dann könnten im Tarifvertrag auch Regelungen vorgesehen werden, die (indirekt) sogar für die arbeitgeberfinanzierte bAV die Tür zur Inanspruchnahme der Riester-Förderung öffnen. Denn natürlich wäre es ohne weiteres möglich, dass Arbeitnehmer und Arbeitgeber bzw. die den rechtlichen Rahmen vorgebenden Sozialpartner festlegen, dass ein bestimmter, an sich im Tarifvertrag für die Altersversorgung vorgesehener Arbeit-

22 Vgl. B. Rz. 106.

geber-Bruttobeitrag stattdessen zunächst dem Bruttolohn zugeschlagen wird und ein solcher Betrag (oder ein bestimmter, pauschal festgelegter Prozentsatz davon) anschließend aus dem Nettoeinkommen entnommen und in ein Riesterprodukt eingespeist wird. Dies mag auf den ersten Blick ungewohnt und kompliziert klingen, ist es aber nicht.

Angenommen, die zugrundeliegende tarifvertragliche Regelung sähe vor, dass das tarifvertraglich vereinbarte Entgelt „Bruttobeitrag zur bAV" (hier € 40,–) aufgrund des ebenfalls im Tarifvertrag geregelten individuellen Wahlrechts des Arbeitnehmers nach riestergeförderter Netto-Entgeltumwandlung, zunächst in eine Erhöhung des Bar-Bruttolohns transformiert wird. Sodann wird wegen des Riester-Verlangens des Arbeitnehmers aus dem Nettolohn der entsprechende Beitrag zugunsten des bAV-Riester-Vorsorgeprodukts entnommen. Das nachstehende Schema illustriert die Funktionsweise am Beispiel eines Geringverdieners, für den der Arbeitgeber zusätzlich auch den Förderbetrag nach § 100 EStG in Anspruch nehmen kann: 108

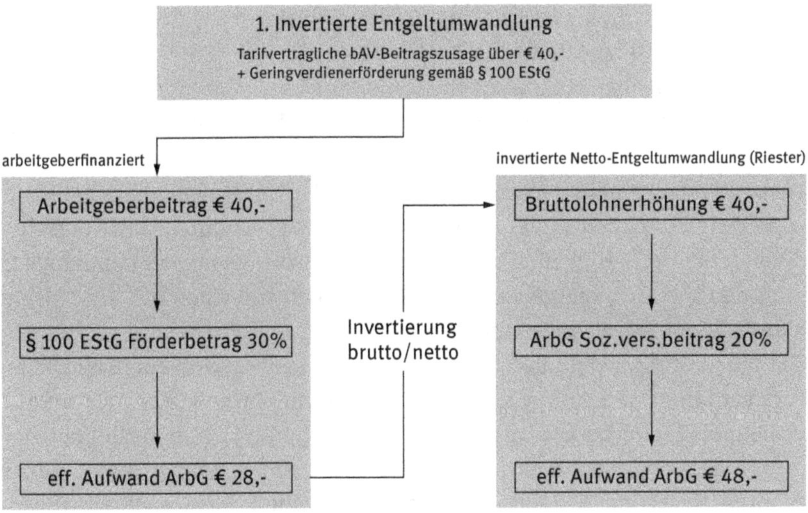

Die Verfasser schlagen für eine solche Umwandlung eines ursprünglich als Arbeitgeberbeitrag vorgesehenen steuer- und beitragsfreien bAV-Beitrages in eine Bruttolohnerhöhung, verbunden mit einer unmittelbar nachfolgenden Netto-Entgeltumwandlung den Begriff der „invertierten Entgeltumwandlung" vor. „Invertiert" deshalb, weil anders als bei der typischen Entgeltumwandlung nicht Barbezüge in Altersversorgung umgewandelt werden, sondern ein Brutto-bAV-Beitrag des Arbeitgebers in eine Netto-bAV-Entgeltumwandlung mit Riester-Förderung transformiert wird. 109

110 Mit anderen Worten: Der Tarifvertrag sieht vor, dass eine Bruttoentgeltkomponente (bAV-Beitrag) in einem gedanklichen Zwischenschritt zunächst in Barbezüge verwandelt und daraus dann eine Netto-Entgeltumwandlung gespeist wird. Eine solche Ausgestaltung begegnet keinen rechtlichen Bedenken. Denn die gesetzliche Definition der Entgeltumwandlung erlaubt grundsätzlich die Umwandlung *jeder* Entgeltkomponente in bAV. Und das umfasst auch die Umwandlung einer Entgeltkomponente „Brutto-bAV" in „Netto-Entgeltumwandlung". Der Arbeitnehmer hätte somit nach dem Tarifvertrag das vom Gesetz an sich gewollte Wahlrecht zur Inanspruchnahme der Riester-Förderung durch Netto-Entgeltumwandlung.

111 Soweit ersichtlich kamen derartige invertierte Entgeltumwandlungen bisher nicht vor. Denn wieso sollte man eine Form der bAV in eine andere Form der bAV umwandeln? Schließlich war das Interesse an bAV-Riester bisher generell gering, da bei bAV-Riester, anders als bei Privat-Riester, in der Leistungsbezugsphase Beitragspflicht in der Krankenversicherung der Rentner (KVdR) bestand. Aber das ist nun anders. Diese KVdR-Beitragspflicht bei bAV-Riester ist seit dem 1.1.2018 entfallen. Es drängt sich daher im Gegensatz zu der Vor-BRSG Zeit die Frage auf, welche bAV-Variante die individuell Günstigste ist. Und gerade bei zulageberechtigten Beziehern unterdurchschnittlicher Einkommen wird die Wahl durchweg auf den förderfähigen bAV-Riester fallen.[23]

112 Diese Wahlentscheidung wird im Rahmen der unter dem Betriebsrentenstärkungsgesetz möglichen Versorgungsmodelle auch dadurch noch entscheidend verstärkt werden, weil die gleichen attraktiven neuen Kapitalanlageformen mit den gleichen niedrigen Kostensätzen auch bei Wahl von bAV-Riester unverändert zum Einsatz gelangen können.[24]

113 Die obige Grafik zeigt allerdings ein grundsätzliches Problem, welches bei dieser invertierten Entgeltumwandlung automatisch entsteht: Der Aufwand für den Arbeitgeber wird bei betragsidentischer Invertierung des ursprünglich vorgesehenen bAV-Bruttobeitrags erheblich größer. Denn selbst, wenn der steuerliche Förderbetrag nach § 100 EStG den arbeitgeberischen Beitragsaufwand nicht reduzieren sollte, würde durch das erhöhte, beitragspflichtige Barentgelt der Nettoaufwand des Arbeitgebers steigen. Im obigen Beispiel würde unter Berücksichtigung des bAV-Förderbetrags (§ 100 EStG) der Aufwand für den Arbeitgeber effektiv nicht € 28,–, sondern € 48,– betragen. Das wäre ein um rund 70% höherer Aufwand!

---

23 Vgl. ausf. zur Abschaffung der Doppelverbeitragung unten B. Rz. 82.

24 Ausf. zur Kostentransparenz u. C. Rz. 127.

Das gleiche Modell der invertierten Entgeltumwandlung könnte jedoch auch so ausgestaltet werden, dass der Nettoaufwand des Arbeitgebers unverändert bleibt, unabhängig davon, ob der Arbeitnehmer sein tarifvertragliches Wahlrecht ausübt oder nicht. Es liegt auf der Hand, dass dies nur dann möglich ist, wenn im Falle der Ausübung des Wahlrechts der transformierte bAV-Bruttobeitrag zu einem reduzierten, also gerade nicht zu einem betragsidentischen Aufschlag beim Bruttolohn führt. Das nachstehende Schema verdeutlicht diese Gestaltung: 114

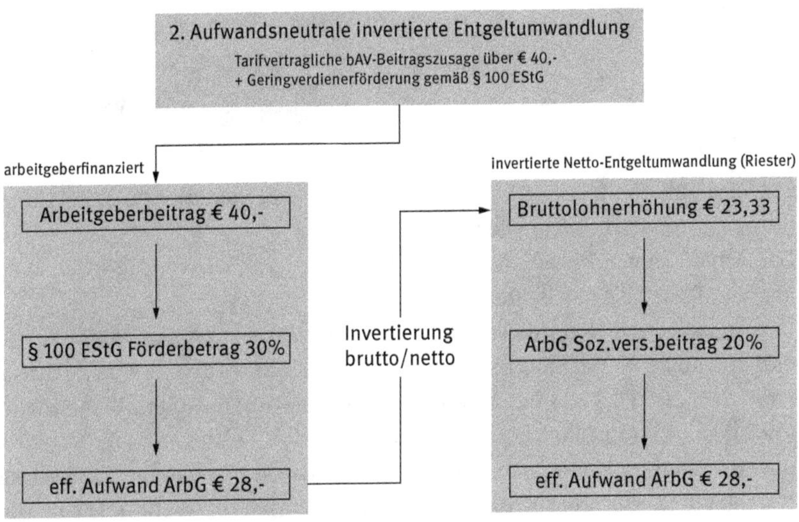

Diese Darstellung nur der Verdeutlichung des Prinzips. Denn natürlich haben die Tarifparteien einen großen Verhandlungs-, Gestaltungs- und Optimierungsspielraum und es sind viele Ausprägungen denkbar. Aber selbst wenn das obige Zahlenbeispiel übernommen würde, und statt eines ursprünglich vorgesehenen Brutto-Arbeitgeberbeitrags zur bAV von € 40,– nur eine – scheinbar paradoxerweise – für den Arbeitgeber aufwandsgleiche Bruttolohnerhöhung von € 23,33 erfolgt, könnte für den betroffenen Arbeitnehmer die invertierte Netto-Entgeltumwandlung zu einem weitaus besseren Ergebnis führen. Dies wäre dann der Fall, wenn entsprechende Zulagen zu dem (deutlich niedrigeren) Bruttobeitrag hinzukämen. 115

Für den Begünstigten stehen somit folgende beide Varianten mit völlig unterschiedlichen Förderungen zur Auswahl: 116

Auswirkungen auf das Nettoeinkommen beim Begünstigten

arbeitgeberfinanziert

- ArbN netto bleibt unverändert
- Einzahlung durch ArbG ist steuer- und beitragsfrei
- Spätere Rente steuerpflichtig
- Beitragspflicht KVdR

invertierte Netto-Entgeltumwandlung (Riester)

- Riester-Zulagen bewirken viel höheren Gesamtbeitrag (je nach indiv. Zulagenberechtigung)
- Viel geringerer „ArbG-Beitrag“
- Netto sinkt ca. um ½ Beitrag
- Rente (in der Regel) steuerfrei
- Keine Beitragspflicht KVdR

117 Kurz gefasst: Im Tarifvertrag wird eine Regelung zur invertierten Entgeltumwandlung getroffen, die etwa wie folgt lauten könnte:

– Der Arbeitgeber zahlt einen Brutto-bAV-Beitrag zur tarifvertraglichen bAV von z.B. € 20,– bis € 40,– im Monat.
– Der Arbeitnehmer hat das Recht zu wählen, dass der an sich vorgesehene und gemäß § 3 Nr. 63 EStG brutto und steuerfrei auszuzahlende bAV-Beitrag (oder z.B. 80–85% davon) stattdessen den Barbezügen zugeschlagen wird und dieser Betrag (oder je nach tarifvertraglicher Festlegung z.B. 60–90% davon) aus dem Nettoeinkommen entnommen und in das im Tarifvertrag festgelegte Riesterprodukt eingezahlt wird. Mit anderen Worten: Die simultane Vereinbarung einer Entgeltumwandlung (brutto-bAV in Barbezüge) und einer bAV-Netto-Entgeltumwandlung.
– Eine Retrovertierungklausel im Tarifvertrag würde im Fall der Beendigung des riestergeförderten Netto-Vorsorgesparens durch den Arbeitnehmer das Brutto-Vorsorgesparen wieder aufleben lassen. Einen Weg, um zur Barauszahlung des tarifvertraglich vereinbarten Altersvorsorgezuschusses zu gelangen, sollte es jedenfalls aus offensichtlichen Gründen nicht geben.

118 Eine solche oder ähnliche Vorgehensweise ist für die Sozialpartner dringend geboten. Denn das BRSG wünscht sich ausdrücklich eine wesentlich stärkere Inanspruchnahme der „Riester-Förderung“. Aus diesem Grund wird nicht nur die Grundzulage von jährlich € 154 auf € 175 angehoben, sondern es wurde auch die sehr nachteilige Doppelverbeitragung von Rentenleistungen aus betrieblichen Riesterverträgen (voller Beitragssatz in der Krankenversicherung der Rentner) durch eine entsprechende Ergänzung in § 229 Abs. 1 S. 1 Nr. 5 SGB V beseitigt. Ausdrücklich erwähnt die Gesetzesbegründung zum BRSG die gesetz-

geberische Zielsetzung, dass gerade für geringer verdienende Arbeitnehmer hierdurch ein Anreiz zur Teilnahme an der Entgeltumwandlung geschaffen werden soll.

Außerdem soll diese verbesserte „Riester-Förderung“, die dem versorgungsberechtigten Arbeitnehmer zugutekommt, auch parallel zu dem neu eingeführten bAV-Förderbeitrag nach § 100 EStG n.F. gewährt werden, der dem Arbeitgeber zusätzlich die Finanzierung einer von ihm versprochenen bAV erleichtern soll.[25] 119

Drei Zahlenbeispiele verdeutlichen den beträchtlichen Hebel, den die Kombination dieser Förderungen auf den effektiven eigenen Netto-Beitragsanteil des Begünstigten haben kann. Dabei wird deutlich, dass bei Vorliegen der Voraussetzungen für die Riesterförderung der eigene Sparanteil des Arbeitnehmers sehr gering ausfällt. 120

<u>Beispiel I – Arbeitnehmer wählt bAV-Riester</u> 121

Gegeben sei ein Arbeitnehmer, Jahreseinkommen € 24.000,– mit zwei Kindern. Somit beträgt der jährliche Mindest-Eigenbeitrag 4% von € 24.000,– bzw. € 960,– für die Erlangung der ungekürzten Zulage. Der Gesamtbeitrag von € 960,– muss insgesamt als Summe aus eigener Beitragsleistung und erhaltenen Zulagen erreicht werden.

– Riester-Grundzulage	175,–
– Riester-Kinderzulage 2 × € 300,–	600,–
– Eigene Beitragsleistung zur Auffüllung bis zum Mindest-Eigenbeitrag	185,–
– Versicherungsbeitrag insgesamt	960,–
– vom Arbeitnehmer netto getragener Anteil in €	185,–
– vom Arbeitnehmer getragener Anteil in%	19,27%

<u>Beispiel II – Matching Modell in der Brutto-Entgeltumwandlung</u> 122

Arbeitgeber legt bis zu € 40,– im Monat betragsidentisch auf den Entgeltumwandlungsbetrag des Arbeitnehmers drauf. Alle anderen Annahmen wie zuvor.

Die Sicht des Arbeitnehmers:

– Arbeitnehmer-Sparleistung brutto jährlich 12 × € 40,–	480,–
– Arbeitgeber-Zuschuss 15% auf Umwandlungsbetrag	72,–
– Arbeitnehmer-Sparleistung netto jährlich ca.	288,–

Die Sicht des Arbeitgebers:

– Arbeitgeber-Sparleistung jährlich 12 × € 40,–	480,–
– abzüglich Förderbetrag (30% des Arbeitgeber-Bruttobeitrags)	– 144,–

25 Ausf. u. B. Rz. 29.

- abzüglich verbleibende Sozialversicherungs-Beitragsersprarnis (ca. 5% des Umwandlungsbetrags) – 24,–
- vom Arbeitgeber effektiv aufgebrachter Betrag 312,–

Die Gesamtschau:
- Brutto-Gesamtbeitrag von Arbeitgeber und Arbeitnehmer 1.032,–
- vom Arbeitnehmer netto getragener Anteil (absolut) 288,–
- vom Arbeitnehmer getragener Anteil (relativ) 27,9%

123 Beispiel III – Kombination von Matching-Beitrag mit bAV-Riester
- Arbeitnehmer-Sparleistung aus Nettogehalt jährlich 12 × € 16,– 192,–
  (Mindest-Eigenbeitrag von € 185,– ist erreicht, s. Beispiel I)
- Arbeitgeber-Sparleistung jährlich 12 × € 16,– 192,–
  (nach Abzug des 30% Förderbetrags effektiv sogar nur € 134,40)
- Riester-Grundzulage 175,–
- Riester-Kinderzulage 2 × € 300,– 600,–
- Gesamtbeitrag demnach: 1.159,–
- vom Arbeitnehmer effektiv getragener Anteil 16,57%

124 Die Vorteile für zulagenberechtigte Geringverdiener sind offenkundig so groß, dass ein Verzicht auf die Riester-Option in den zu erwartenden bAV-Tarifverträgen daher nicht empfohlen werden kann. Es erscheint daher als dringend erforderlich, eine einfach handhabbare Riesteroption in das tarifliche bAV-Modell zu integrieren. Es ist den Tarifparteien daher dringend nahezulegen, im Rahmen des Tarifvertrages die Möglichkeit zu schaffen, dass jeder Arbeitnehmer individuell von einer standardmäßig im Tarifvertrag vorgesehenen Brutto-Beitragsleistung auf eine riestergeförderte Netto-Entgeltumwandlung umschwenken kann („Invertierte Entgeltumwandlung"). Dies muss in der Folge allerdings verwaltungstechnisch sehr effizient, d.h. nach Anstoßen des Vorgangs durch den Arbeitnehmer möglichst vollautomatisch bearbeitet werden können.

125 Zu empfehlen ist ferner, dass die Tarifparteien nicht beliebige Riesterprodukte akzeptieren, sondern entweder ein einziges oder allenfalls eine kleine Auswahl von Riesterprodukten vorhalten. Wird nämlich die entsprechende Versorgungszusage als reine Beitragszusage erteilt, müssen die Tarifparteien sich an der Durchführung und Steuerung der bAV beteiligen.[26] Eine Beschränkung der Produktvielfalt ist daher zwingend, wenn nicht die Überwachungspflichten unüberschaubar werden sollen.

---

26 S.u. A. Rz. 181.

b) Keine Bruttobeitragsgarantie bei bAV-Riester

Unproblematisch im Hinblick auf die reine Beitragszusage zu einem Riester-Vertrag ist in diesem Zusammenhang die in § 1 Abs. 1 Nr. 3 des Altersvorsorgeverträge-Zertifizierungsgesetzes (AltZertG) enthaltene Anforderung, dass der Anbieter eines Riestervertrages grundsätzlich zusagen muss, dass zu Beginn der Auszahlungsphase zumindest die eingezahlten Altersvorsorgebeiträge für die Auszahlungsphase zur Verfügung stehen und für die Leistungserbringung genutzt werden, also die sogenannte „Bruttobeitragsgarantie". 126

Es ergibt sich unmittelbar aus § 82 Einkommensteuergesetz (EStG), dass bei bAV-Riester die Bruttobeitragsgarantie aus § 1 Abs. 1 Nr. 3 AltZertG nicht greift. § 82 Abs. 1 EStG spricht von „Geförderten Altersvorsorgebeiträgen [...] zugunsten eines auf seinen Namen lautenden Vertrags [...] der nach § 5 AltZertG zertifiziert ist (Altersvorsorgevertrag)". Absatz 2 konkretisiert sodann, dass „zu den Altersvorsorgebeiträgen auch gehören [...] Beiträge an Pensionsfonds, Pensionskassen oder Direktversicherungen [...]". Daraus ergibt sich unmittelbar, dass die bAV-Verträge *nicht* zertifiziert sein müssen. Stattdessen entscheidet allein das zuständige Finanzamt darüber, ob der entsprechende Beitrag ein Altersvorsorgebeitrag ist oder nicht. Hierfür wiederum ist lediglich Voraussetzung, dass 127

1. die Beiträge zum Aufbau einer kapitalgedeckten bAV benutzt werden und
2. die Auszahlung als Rente oder als Auszahlungsplan mit anschließender Teilkapitalverrentung spätestens ab dem 85. Lebensjahr gemäß § 1 Abs. 1 S. 1 Nr. 4 AltZertG

erfolgt. Außerdem dürfen keine Ausschlussgründe i.S.v. § 1 Abs. 4 AltZertG vorliegen. Die Bruttobeitragsgarantie zählt allerdings nicht zu den dort genannten Ausschlussgründen, denn sie ist in § 1 Abs. 1 Nr. 3 AltZertG geregelt.

4. Tarifvertragliche Gestaltung einer arbeitgeberfinanzierten reinen Beitragszusage

Ob und inwieweit die Tarifvertragsparteien verpflichtende Arbeitgeberbeiträge zur bAV vereinbaren, steht im Kern der tarifpolitischen Auseinandersetzung und und ist keine rechtstechnische Frage, die an dieser Stelle vertieft werden müsste. Soweit jedoch die Sozialpartner Arbeitgeber-Pflichtbeiträge in Erwägung ziehen, gibt es eine Reihe von Gesichtspunkten, die bei der Ausgestaltung Aufmerksamkeit verdienen. 128

a) Tariflicher Pflichtbeitrag

129 Vermutlich wird der aus dem Verteilungsspielraum zu entnehmende Anteil für die bAV eher gering sein. Schwierig dürfte wegen der vorherrschenden Barlohnpräferenz für beide Sozialpartner die Kommunikation in die Reihen ihrer Mitglieder sein, wenn nennenswerte Teile des Verteilungsspielraums für die bAV verbraucht würden. Es könnte sein, dass je nach insgesamt zur Verfügung stehendem Verteilungsspielraum zunächst allenfalls 0,2% bis 0,5% der Bruttolöhne für die bAV verwendet werden können. Allerdings könnte sich über einen Zeitraum von mehreren Jahren gleichwohl allmählich ein Volumen aufbauen, das eine sinnvolle bzw. substantiell wertvolle Altersversorgung bietet. Hierbei könnten vorhandene Leistungen wie z.B. die aus einem evtl. bestehenden AVWL-Tarifvertrag einzubezogen werden.

b) Förderbetrag für Arbeitgeberbeiträge zur bAV nach § 100 EStG[27]

130 Soweit Arbeitgeberbeiträge zur bAV für Bezieher von Einkommen bis zu einer Obergrenze von € 2.200,– im Monat gezahlt werden, erhält der Arbeitgeber unter den Voraussetzungen des neuen § 100 EStG einen Förderbeitrag, den er unmittelbar im Monat der Beitragsentrichtung von seiner eigenen Lohnsteuerschuld abziehen kann. Der Förderbetrag beläuft sich auf 30% der vom Arbeitgeber gezahlten Beiträge, maximal aber € 144,– pro Jahr. Der Jahresbeitrag des Arbeitgebers muss mindestens € 240,– betragen.

131 Die vom Arbeitgeber im Falle der Entgeltumwandlung gemäß § 1a Abs. 1a BetrAVG oder bei Entgeltumwandlungen im Wege der reinen Beitragszusage nach § 23 Abs. 2 BetrAVG an den Arbeitnehmer weiterzugebende Sozialversicherungs-Beitragsersparnis ist kein Arbeitgeberbeitrag zur bAV und berechtigt ihn daher nicht zur Inanspruchnahme des Förderbetrags nach § 100 EStG.

c) Sicherungsbeitrag gemäß § 23 Abs. 1 BetrAVG

132 Bei Vereinbarung der reinen Beitragszusage „soll“ gemäß § 23 Abs. 1 BetrAVG im Tarifvertrag ein Sicherungsbeitrag des Arbeitgebers vereinbart werden. Nach der Gesetzesbegründung bringt das Wort „soll“ zum Ausdruck, dass eine Regelung zum Sicherungsbeitrag im Tarifvertrag nicht zwingend erforderlich ist. Ausdrücklich soll nach der Gesetzesbegründung eine Nichtregelung keine Auswirkungen auf die Wirksamkeit des Tarifvertrags haben und insbesondere keine Haftungsfolgen für die tarifschließenden Parteien nach sich ziehen.

---

27 Ausf. u. B. Rz. 29.

Der Sicherungsbeitrag darf (fast) in beliebiger Weise für eine Absicherung der Versorgungsleistungen verwendet werden. Der Gesetzgeber macht hierzu keine konkreten Vorgaben. Der Begriff der „Absicherung" ist daher weit zu fassen.[28] 133

d) Freiwillige Aufstockung auf betrieblicher Ebene

Angesichts der anfänglich vermutlich geringen oder sogar völlig fehlenden tariflichen Pflichtbeiträge ist den Tarifvertragsparteien zu empfehlen, eine freiwillige Aufstockung der Beiträge auf betrieblicher oder ggf. individueller Ebene zuzulassen. Hierfür sollten entweder entsprechende Haustarifverträge ohne weiteres möglich sein oder entsprechende Betriebsvereinbarungs-Öffnungsklauseln im Tarifvertrag vorgesehen werden. Dabei sollte im Interesse der Rechtssicherheit für die betroffenen Arbeitgeber den Betriebsparteien ausdrücklich erlaubt werden, eventuelle spätere Erhöhungen der tariflichen Pflichtbeiträge gegen die zuvor bereits auf betrieblicher Ebene freiwillig gewährten Zuzahlungen gegenzurechnen. 134

Aus betriebswirtschaftlichen Gründen ist den Sozialpartnern zu raten, bei ihren tarifvertraglichen Absprachen stets im Auge zu behalten, dass das Beitragsaufkommen je Begünstigtem zügig wenigstens € 50,– im Monat erreichensollte, nach Möglichkeit eher mehr. Dies liegt zum einen daran, dass die erwartete monatliche Rente mit mit einem monatlichen Beitrag von € 50,– auch bei dreißigjähriger Beitragszahlungsdauer nur bei etwa € 100,– liegen wird. Wird die Beitragsleistung nennenswert geringer, wird sich hingegen eine unvorteilhafte Kosten-/Nutzenrelation (Kostenquote) einstellen. Man sollte sich vergegenwärtigen, dass die Kosten für die Verwaltung einer Anwartschaft bzw. einer Rente exakt die gleichen wären, wenn die Beitragsleistung nicht € 50,–, sondern € 500,– im Monat betragen würden. Aus diesem Grund sind freiwillige Aufstockungen doppelt sinnvoll. Sie verbessern die Versorgung und zugleich die Kostenquote. 135

Wegen des Finanzierungsverfahrens bei reinen Beitragszusagen könnten solche freiwilligen Aufstockungen auf betrieblicher Ebene sehr flexibel gehandhabt werden. Sie könnten beispielsweise jährlich schwanken, etwa in Abhängigkeit vom Betriebsergebnis. Sie könnten auch einmalig oder zeitlich befristet erfolgen. 136

28 Ausf. u. C. Rz. 88.

e) Auswirkungen auf bestehende betriebliche Versorgungssysteme

137 Da viele Unternehmen bereits über eine eigene betriebliche Altersversorgung verfügen, würde die Einführung tarifvertraglicher Pflichtbeiträge sofort eine Kollision mit dem bereits vorhandenen Versorgungsmodell bewirken oder gar zu einer jedenfalls vom Arbeitgeber nicht erwünschten Mehrfachversorgung führen. Diese Kollisionen müssen im Tarifvertrag bedacht werden. Möglich wäre eine stichtagsbezogene Einführung der tariflichen bAV nur für all jene Personen, die zu diesem Zeitpunkt noch über keine bAV verfügen.

138 Denkbar wäre alternativ auch ein mehrstufiges, ggf. sogar umfassendes Anrechnungsmodell, welches den Unternehmen erlaubt, ein bestehendes, rein betriebliches Modell der Altersversorgung fortzuführen – oder sogar völlig neu einzuführen – wenn der dafür vom Arbeitgeber betriebene Aufwand für jeden einzelnen Begünstigten mindestens dem tarifvertraglich vorgesehenen Aufwand entspricht. Dies wäre unabhängig von dem auf betrieblicher Ebene gewählten Durchführungsweg und Zusagetyp möglich. Selbst Direktzusagen könnte man z.B. mit der für die Zwecke der Berechnung der steuer- oder ggf. handelsrechtlichen Rückstellungen maßgeblichen fiktiven Jahresnettoprämie berücksichtigen.

139 Eine solche Regelung würde zwar dem neu eingerichteten tariflichen Versorgungswerk Beiträge „entziehen“, aber der Betriebsindividualität mehr Spielraum belassen. Ein direkter Schaden entstünde dem Versorgungswerk daraus jedenfalls nicht. Bei den betroffenen Mitgliedern könnte diese Freiheit die Zufriedenheit mit ihrem Verband erhöhen. Andererseits wird eine solche Lösung, bei der das tarifvertraglich geregelte Versorgungsmodell zu einer Art Auffanglösung wird, die erst dann greift, wenn auf der jeweiligen Unternehmensebene keine eigene – beitragsäquivalente – Lösung bereitgestellt wurde, nur dann möglich sein, wenn die in der Auffanglösung kumulierten Volumina auch versicherungstechnisch eine vernünftige Größe bilden. Die Fixkosten müssen sich auf eine hinreichend große Zahl von Versorgungsberechtigten verteilen, das Vermögen und das Prämienvolumen müssen groß genug sein, damit die angestrebten Skaleneffekte immer noch erzielt werden. Sollte z.B. eine solche Auffanglösung für mehrere Branchen gemeinsam zur Verfügung stehen, wäre das denkbar.

140 Eine besondere Bedeutung hat im Hinblick auf bestehende bAV-Regelungen die kurz vor der Verabschiedung in das Gesetz aufgenommene Regelung in § 21 Abs. 2 BetrAVG. Danach sollen die Tarifvertragsparteien im Rahmen von Tarifverträgen, die reine Beitragszusagen vorsehen, vorhandene Betriebsrentensysteme nicht nur angemessen berücksichtigen, sondern sie „*müssen* insbesondere prüfen, ob auf der Grundlage einer Betriebs- oder Dienstvereinbarung oder, wenn ein Betriebs- oder Personalrat nicht besteht, durch schriftliche Ver-

einbarung zwischen Arbeitgeber und Arbeitnehmer tarifvertraglich vereinbarte Beiträge für eine reine Beitragszusage für eine andere nach diesem Gesetz zulässige Zusageart verwendet werden dürfen."

Anders als bei den anderen beiden Soll-Vorschriften in § 21 Abs. 2 S. 1 und 141 in Abs. 3 S. 1 BetrAVG taucht an dieser Stelle in Abs. 2 S. 2 tückischerweise das Hilfsverb „müssen" auf, welches eine gesetzliche Pflicht postuliert, die auf keinen Fall bei tarifvertraglicher Vereinbarung einer reinen Beitragszusage übergangen werden darf. Der Sinn dieser Vorschrift, die trotz des langen Gesetzgebungsverfahrens zuvor in der Fachdiskussion nie aufgetaucht war, besteht nach der Gesetzesbegründung darin, „dass die Tarifvertragsparteien beim Abschluss entsprechender Tarifverträge darauf achten sollten, bestehende und gut funktionierende Betriebsrentensysteme möglichst nicht zu gefährden. Nach Satz 2 obliegt den Tarifparteien eine Prüfpflicht, ob über Tariföffnungsklauseln den Betriebs- und Arbeitsvertragsparteien ermöglicht werden soll, die Beiträge auch auf der Grundlage der in § 1 genannten bereits bestehenden Zusageformen „Leistungszusage", „beitragsorientierte Leistungszusage" und „Beitragszusage mit Mindestleistung" zu verwenden.

Es ist wegen der Ausgestaltung dieser Vorschrift als gesetzliche Pflicht der 142 Tarifvertragsparteien („müssen") zwingend erforderlich, dass sich die Sozialpartner mit dieser Frage beschäftigen und mindestens im Sinne eines Negativattests im Tarifvertrag (Präambel) oder in einer Protokollnotiz zum Tarifvertrag das Ergebnis ihrer Prüfung festhalten. Ein schlichtes Übergehen dieser Forderung des Gesetzgebers kann nicht empfohlen werden.

Freilich verwundert diese in der letzten Minute des Gesetzgebungsverfah- 143 rens[29] in den Gesetzestext aufgenommene Regelung. Denn die reine Beitragszusage ist etwas völlig anderes, als die drei bisher üblichen und hier in der Gesetzesbegründung erneut genannten Zusagetypen. Die reine Beitragszusage wird in vielen Fällen, vor allem in den kleinen und mittelständischen Unternehmen bzw. ihren tarifschließenden Verbänden überhaupt erstmals eine ernsthafte Befassung mit der betrieblichen Altersversorgung auslösen. Erst durch sie kann eine Kosten- bzw. Budgetsicherheit erreicht werden, die diesen Unternehmen überhaupt in ökonomisch vertretbarer Weise einen Einstieg in die betriebliche Altersversorgung ermöglicht. Wenn nun das Gesetz dazu auffordert, vor der Vereinbarung eines bAV-Tarifvertrags über reine Beitragszusagen zuvor noch einmal zu prüfen, ob nicht vielleicht doch das bisher übliche Verfahren der betrieblichen Altersversorgung fortgesetzt werden sollte, dann ist das nicht ganz leicht zu verstehen.

---

29 S. Beschlussempfehlung des Ausschusses Arbeit und Soziales vom 31. Mai 2017, BT-Drucks. 18/12612, S. 8 bzw. S. 31.

144 Zwischen den bisherigen Leistungszusagen (einschl. beitragsorientierter Leistungszusage und Beitragszusage mit Mindestleistung) und der reinen Beitragszusage verläuft ein tiefer Graben. Das Eine hat mit dem Anderen nichts gemeinsam, sieht man von dem in beiden Fällen angestrebten Zweck ab, eine betriebliche Altersversorgung bereitzustellen. Für den Arbeitgeber bedeuten alle genannten Arten von Leistungszusagen eine völlig andere Kategorie von Verpflichtungsumfang. Er kann nicht durch die Beitragszahlung seine Verpflichtungen abschließend erfüllen. Er muss stattdessen vollumfänglich für die einmal versprochene Leistung einstehen – eventuell auch noch Jahrzehnte später. Und das auch noch der Höhe nach völlig unbegrenzt. Diese Ungewissheit hinsichtlich des Kostenumfangs sowie des Zeitpunkts der jeweiligen Fälligkeiten ist es, die Inhaber von kleinen und mittelständischen Unternehmen neben der Komplexität der betrieblichen Altersversorgung von dem ganzen Thema fernhält.

145 Es ist zu begrüßen, dass der Gesetzgeber das „müssen" immerhin nur auf eine *Prüfpflicht dem Grunde nach* bezieht und dabei nicht etwa in irgendeiner Form eine Rechtfertigung verlangt oder gar Bedingungen formuliert für den Fall eines negativen Ausgangs dieser Prüfung. Die Tarifvertragsparteien werden daher vor Abschluss eines entsprechenden Tarifvertrags diese Prüfungsüberlegungen anstellen und sich möglicherweise vorbehalten, wie oben beschrieben Ausnahmen vom tarifvertraglichen Modell auf der Basis von ausdrücklich gewünschten Haustarifverträgen oder ggf. darauf basierenden Betriebs- oder Dienstvereinbarungen bzw. Einzelverträgen zuzulassen. Diese Entscheidungen werden allerdings abzuwägen sein gegenüber dem Interesse an der Bildung eines finanziell stabilen, neuen Versorgungsmodells, welches tendenziell auf eine größtmögliche Teilnehmerzahl angewiesen ist.

146 Ein solches Vorgehen wäre im Übrigen auch ohne die Vorschrift des § 21 Abs. 2 BetrAVG zu erwarten gewesen. Denn es ist für viele Branchen bekannt, dass in der Mitgliedschaft einerseits zahlreiche kleine und mittelständische Unternehmen, aber auch einige der größten deutschen Arbeitgeber, teilweise mit sechsstelligen Beschäftigtenzahlen, vertreten sind. Soweit dort der Wunsch geäußert würde, ein wie auch immer geartetes betriebliches Versorgungssystem auf der Grundlage einer der bisher bereits eingesetzten Zusagetypen fortzusetzen, würden sich die beteiligten Verbände aus offenkundigen Gründen einem entsprechenden Wunsch wohl kaum verschließen. Denn für solche Ausnahmefälle ist der Haustarifvertrag ein probates Mittel für eine entsprechende Ausnahmeregelung. Und insbesondere im Falle des Vorhandenseins eigener Versorgungsträger gäbe es hierfür wegen der anderenfalls vorbereitungslos entstehenden Problematik geschlossener Versichertenbestände auch triftige ökonomische Gründe.

Aber diese Großunternehmen mit ihren eigenen „funktionierenden Betriebsrentensystemen“, womöglich gar mit eigenen Versorgungsträgern, standen zu keinem Zeitpunkt im Fokus des Betriebsrentengesetzes. Das Gesetz zielt insgesamt primär auf die Branchen und Unternehmen, die bislang gerade *keine* betrieblichen Versorgungssysteme besitzen. 147

5. Organisation und Bestimmung des Versorgungsträgers

Herausragend wichtig ist es, wie die Tarifvertragsparteien die tarifliche bAV organisieren. Dabei geht es um die Frage, ob sie einen eigenen, neuen Versorgungsträger gründen oder ob sie sich eines vorhandenen Versorgungsträgers, also eines Dienstleisters, für die Durchführung ihrer tariflichen bAV bedienen. Es geht um die Frage „Make or Buy?“. 148

a) Gemeinsame Einrichtung

In den frühen Überlegungen zum BRSG hatte das BMAS das Konzept zur Diskussion gestellt, ob nicht die Sozialpartner im Tarifvertrag gemeinsame Einrichtungen als eigene Versorgungsträger der Tarifvertragsparteien vorsehen sollten.[30] Dann nämlich würden gemäß § 4 Abs. 2 TVG diese Regelungen auch unmittelbar und zwingend für die Satzung dieser Einrichtung und das Verhältnis der Einrichtung zu den tarifgebundenen Arbeitgebern und Arbeitnehmern gelten. In diesem Zusammenhang wurde auch die durch das Tarifautonomie-Stärkungsgesetz erleichterte Möglichkeit für Allgemeinverbindlicherklärungen von Tarifverträgen nach § 5 Abs. 1a Nr. 2 TVG betont. 149

Indes ist zu bedenken, dass eine gemeinsame Einrichtung der Tarifvertragspartner nicht zwingend selbst zugleich auch der Versorgungsträger sein muss. Denn obwohl es ihnen natürlich unbenommen bleibt, einen eigenen Versorgungsträger zu gründen, bedeutet dies von der Dimension der Aufgabe her betrachtet nicht mehr und nicht weniger ist als die Ingangsetzung eines Lebensversicherungsunternehmens bzw. Pensionsfonds mit den entsprechenden umfangreichen aufsichtsrechtlichen Anforderungen an Kapital, Personal und Know-how. 150

Als Alternative käme die Beauftragung eines oder mehrerer Dienstleister in Betracht, die allein oder im Zusammenwirken die tarifliche Versorgung im Auftrag und unter der Überwachung durch die Tarifvertragsparteien durchführen. 151

30 S.o. A. Rz. 31.

Insbesondere der Rückgriff auf einen bereits vorhandenen Versorgungsträger würde den Tarifvertragsparteien die Befassung mit sämtlichen Fragen der Trägergründung ersparen. Außerdem könnte für alle isoliert oder gebündelt an Dienstleister zu vergebenden Leistungskomponenten ein Marktvergleich erfolgen, so dass der Wettbewerb das wirtschaftlich sinnvollste bzw. günstigste Ergebnis hervorbringen würde.

152 Alle diese Aufgaben könnten bei einer gemeinsamen Einrichtung der Tarifparteien angesiedelt sein, allerdings ohne den Zwang, dass diese gemeinsame Einrichtung selbst der Versorgungsträger sein müsste. Vielmehr könnte die gemeinsame Einrichtung der Tarifparteien entsprechende Ausschreibungen durchführen und den oder die ausgewählten Dienstleister mit den entsprechenden Aufgaben betrauen. Sie würde diese Dienstleister auch überwachen. Denn gemäß § 21 Abs. 1 BetrAVG n.F. sind die Tarifvertragsparteien verpflichtet, sich an der Durchführung und Steuerung der bAV zu beteiligen, wenn diese im Wege der reinen Beitragszusage erfolgt. Die gemeinsame Einrichtung (GmbH) wäre damit für die Tarifvertragsparteien sozusagen der gemeinsam gebildete und zuständige Ausschuss, quasi die Geschäftsstelle für die Durchführung des bAV-Tarifvertrags.

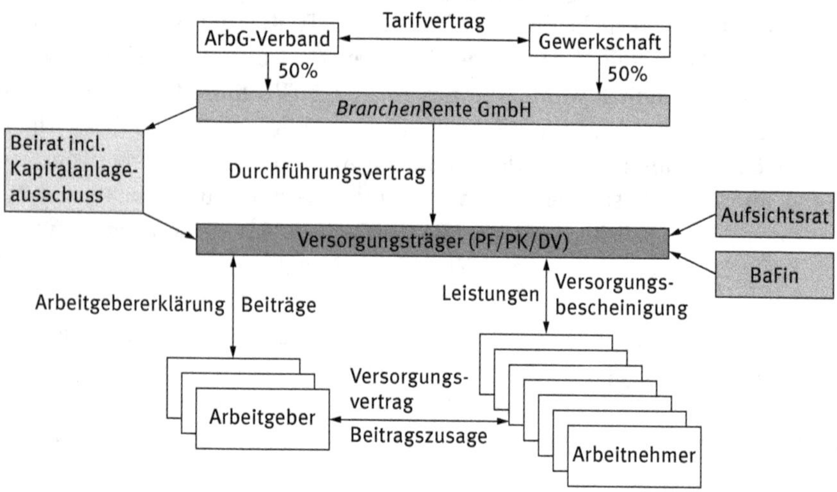

153 Die gemeinsame Einrichtung (GmbH) wäre zugleich auch der Vertragspartner für die zu beauftragenden Dienstleister. Es kommt hinzu, dass ein solches Vehikel eine Haftungsbarriere für die Sozialpartner selbst bildet und zudem als identitätsstiftendes Instrument auch die verbandsinterne Kommunikation in die beiderseitige Mitgliedschaft tragen würde. Alles das leisten ähnliche, als GmbH verfasste gemeinsame Einrichtungen, die tarifvertragliche bAV durchführen, derzeit bereits.

Sollten sich die Tarifpartner hingegen für die Gründung eines eigenen Versorgungsträgers, z.B. in der Form eines Pensionsfonds entscheiden, so drängt sich die Nutzung der einer gemeinsamen Einrichtung als Holdinggesellschaft auf. Sie könnte den entsprechenden Versorgungsträger, z.B. eine Pensionsfonds AG, als 100%ige Tochtergesellschaft gründen und in der Folge seine Tätigkeit im Ganzen überwachen. Durch eine solche Holdingkonstruktion würden sich die grundsätzlich gegensätzlichen Interessen der beteiligten Gesellschafter in der Holdinggesellschaft gegenübertreten, nicht auf der operativen Ebene des Versorgungsträgers. Die Erfahrungen aus dem Baugewerbe legen eine solche Trennung nahe. 154

b) Verfahren bei der Dienstleisterauswahl

Sollten sich die Tarifvertragsparteien dafür entscheiden, für die Durchführung der tariflichen bAV einen oder mehrere externe Dienstleister zu beauftragen, kommt dem Auswahlverfahren eine große Bedeutung zu. Denn eine freihändige Vergabe, etwa schlicht aufgrund bereits bestehender Geschäftsverbindungen oder gar aufgrund eines andersartigen, möglicherweise historisch gewachsenen Näheverhältnisses, birgt die große Gefahr suboptimaler, letztlich sachfremder und damit möglicherweise für die Versorgungsberechtigten nachteiliger Entscheidungen. Dies bezieht sich nicht allein auf die erwarteten Leistungen in der Kapitalanlage, sondern auch auf administrative Aspekte und dabei nicht zuletzt auf die Kosten. 155

Die Konsequenzen aus der Bestimmung eines erst später als nicht geeignet erkannten Trägers könnten neben dem unweigerlichen Reputationsschaden für die beteiligten Sozialpartner und ihre angeschlossenen Arbeitgeber im Extremfall möglicherweise sogar Schadensersatzansprüche wegen eines eventuellen Auswahlverschuldens sein. Letzteres dürfte von zahlreichen Voraussetzungen abhängen, aber die Gefahr ist nicht gänzlich auszuschließen. 156

Aus diesem Grund ist den Sozialpartnern bei der Auswahl eines Trägers letztlich dringend eine völlig unabhängige, professionelle Ausschreibung zu empfehlen. Es sollte durchaus erwogen werden, die Durchführung einer solchen Ausschreibung sogar in die Hände spezialisierter Berater zu legen oder sich zumindest entsprechend begleiten zu lassen, um auch später in jeder Hinsicht die Objektivität der Herstellung der Entscheidungsgrundlage dokumentieren zu können. Vermutlich dürfte nur so ein maximaler Schutz der Reputationsinteressen der Sozialpartner gewährleistet sein. 157

Dies gilt umso mehr, falls als Ergebnis des Auswahlverfahrens eventuell eine in der Vergangenheit bereits bewährte Partnerschaft fortgesetzt werden soll. Gerade hier muss die Trägerauswahl im Hinblick auf die quasi-fiduziari- 158 schen Pflichten bei der Entgeltumwandlung höchsten objektiven Ansprüchen genügen. Dem möglichen Vorwurf, es sei schlicht „unter Geschäftsfreunden" völlig selbstverständlich zu einer Fortsetzung der bewährten Zusammenarbeit gekommen, sollte im Interesse aller Beteiligten professionell begegnet werden. Denn bei der Auswahl der Vertragspartner verfügen die Sozialpartner über sehr viel Geld – letztlich das Geld der Arbeitnehmer, also fremdes Geld. Dies ähnelt sehr den Entscheidungssituationen, in denen sich Treuhänder oftmals befinden. Eine maximale Objektivität der Auswahl ist daher im Eigeninteresse der beteiligten Institutionen dringend geboten.

159 In Deutschland gibt es seit 1997 ein zwischenzeitlich sehr weit entwickeltes Vergaberecht. Es ist gesetzlich geregelt in den §§ 97ff. des Gesetzes gegen Wettbewerbsbeschränkungen (GWB). Zwar gilt das Gesetz unmittelbar nur für die Vergabe von öffentlichen Aufträgen (§ 115 GWB) und für die Auftragsvergabe im Bereich sog. „Sektorentätigkeiten" i.S.v. § 102 GWB (z.B. Wasser-, Elektriziäts-, Gas-, Wärmeversorgung, Verkehrsleistungen usw.). Die Vergabe eines oder mehrerer Aufträge für die Durchführung der tariflichen bAV durch die Tarifvertragsparteien würde daher in aller Regel nicht unmittelbar von den Vorschriften des Vergabeverfahrens erfasst. Gleichwohl ist zu empfehlen, die Grundsätze, Erfahrungen und Verfahrensarten des Vergaberechts näher zu betrachten und in Anlehnung an die bei einer öffentlichen Auftragsvergabe zwingenden Vorschriften sinngemäß freiwillig anzuwenden. Das erscheint deshalb geboten, weil es zwischen beiden Auftragsvergaben einige Parallelen gibt:

- Gerade bei der Vergabe von Großaufträgen gibt es ein großes Interesse aller Beteiligten an einem untadeligen, fairen Verfahren.
- Inadäquate Einflussnahmen oder Entscheidungskriterien sollen vermieden werden.
- Oftmals geht es um sehr große finanzielle Volumina und sehr lange Bindungsdauern.
- Die Entscheidungsverantwortlichen haben eine treuhänderähnliche Position gegenüber den Betroffenen (Öffentlichkeit bzw. Arbeitnehmer und Arbeitgeber).
- Das Verfahren soll die Institution gegen Kritik und Verdächtigungen immunisieren.

160 Für die Sozialpartner wird es bei der Auswahl eines oder mehrerer Dienstleister für die Durchführung der tarifvertraglichen Altersversorgung auf die Einhaltung mehrerer Bedingungen ankommen:

- Der Partner soll die Verwirklichung „ihres" Versorgungswerks gewährleisten
- maximale Verlässlichkeit des Partners (potentiell ein „Bund für die Ewigkeit").

- Gefahr eines später notwendigen Trägerwechsels möglichst ausschließen,
- höchste Leistungen als Nutzen für ihre Mitglieder,
- geringe Kosten bei Verwaltung & Vertrieb,
- Bereitstellung von Leistungselementen, die einzelnes Mitglied so nicht erhält,
- zentralisierte Abwicklung, z.B. geschäftsführende gemeinsame Einrichtung,
- möglichst vollständiger Ausschluss von Reputationsrisiken.

Das Vergaberecht hat im öffentlichen Bereich einen auf mehreren Prinzipien 161
basierenden Regelungsrahmen geschaffen, der im Gegensatz zur freihändigen Vergabe viele dieser für die jeweilige Institution relevanten Gesichtspunkte berücksichtigt. Die in den §§ 97 ff. GWB niedergelegten Vergabegrundsätze sind im Wesentlichen:
- die Auftragsvergabe im Wettbewerb (Wettbewerbsprinzip),
- Herstellung eines angemessenen Grades an Öffentlichkeit (Transparenzgebot),
- die Gleichbehandlung aller Bieter (Diskriminierungsverbot),
- die Bestimmung des wirtschaftlich günstigsten Angebots (Wirtschaftlichkeitsgrundsatz).

Für die Tarifparteien dürfte sich in Anlehnung an das Vergaberecht ein struktu- 162
riertes Verhandlungsverfahren empfehlen, welches die Entwicklung des Ausschreibungsprofils im Dialog mit den Anbietern zulässt. Der gesamte Prozess der Auswahl des Trägers ist sorgfältig zu dokumentieren. Es muss für den denkbaren Fall einer zukünftigen Kritik der Auswahlentscheidung – gleich zu welchem Zeitpunkt und aus welchem Grund – eine perfekte Dokumentation jederzeit griffbereit vorliegen, die es erlaubt nachzuweisen, dass die Auswahlentscheidung zum Zeitpunkt ihres Zustandekommens in jeder Hinsicht Best-Practice-Grundsätzen genügt hat.

Für die Durchführung ergeben sich für die Sozialpartner eine Reihe vorbe- 163
reitender Fragestellungen, nämlich
- „Was brauchen wir?"
  - Was ist der Bedarf?
  - Konkret welche Leistungen (Module) sollen vergeben werden? (Stichwort „make or buy?")
  - Steht der exakte Bedarf bereits fest oder muss der Leistungsgegenstand erst mit den Anbietern erarbeitet werden?
- „Wer kann das?"
  - Aus dem festgestellten Bedarf werden die wirtschaftlichen und fachlich/beruflichen Eignungsanforderungen an die Anbieter abgeleitet.

    - Wer wird als hinreichend zuverlässig angesehen?
    - Wahlweise Entscheidung über Aufteilung in mehrere Teilaufträge.
- „Anhand welcher Kriterien ermitteln wir den besten Anbieter?“
    - Unter den prinzipiell geeigneten Anbietern ist der Anbieter mit dem wirtschaftlichsten Angebot zu ermitteln.
    - Was sollen dafür die Auswahlkriterien sein?
    - In Betracht kommen monetäre (Preis, Kosten) und qualitative (z.B. Service-Konzept) Aspekte.
    - Wahlweise die Beachtung qualitativer, sozialer und umweltbezogener Aspekte.
    - In welches Verhältnis sollen die verschiedenen Kriterien gesetzt werden?
- „Wie gestalten wir das Verfahren zur Auswahl?“
    - Soll die Auswahl der geeigneten Anbieter in einem ersten Verfahrensschritt vor die Klammer gezogen oder soll die Auswahl in das Angebotsverfahren integriert werden?
    - Wie sollen die Verhandlungen strukturiert werden?
    - Ist eine Abfolge von Verhandlungs- und Angebotsrunden vorgesehen?
    - Wie kommt man zu einer „Down Selection“ der Anbieter?

164 Erst wenn diese und einige weitere Vorfragen geklärt sind, sollten die für die Ansprache der Anbieter benötigten Unterlagen erarbeitet werden und die konkreten Schritte für die Durchführung des Bieterverfahrens festgelegt werden.

165 Das Besondere eines solchen strukturierten Verhandlungsverfahren ist, dass Auftraggeber und Bewerber bereits vor der Abgabe von Angeboten über die Leistung sprechen bzw. Lösungen erarbeiten können. Bei bestimmten anderen (öffentlichen) Vergabeverfahren könnte ein solcher vorgezogener Dialog hingegen zum Ausschluss des Bewerbers aus dem Vergabeverfahren führen. Insgesamt ist zu erwarten, dass die Sozialpartner umso eher Akzeptanz für ihre Auswahlentscheidung erreichen werden, je transparenter und fairer der Prozess gesteuert und dokumentiert wird.

c) Arbeitgeber-Wahlrechte für alternative Versorgungsträger

166 Es ist ohne weiteres denkbar, dass einzelne Arbeitgeber für die Durchführung der tarifvertraglichen Altersversorgung nicht den von den Sozialpartnern ausgewählten Versorgungsträger nutzen möchten, sondern einen anderen, ggf. sogar eigenen Versorgungsträger. Für diesen Fall können sich die Sozialpartner im Tarifvertrag vorbehalten, ihre Zustimmung zu einem anderen Träger zu ge-

ben, ggf. auch um einen unerwünschten negativen Druck auf die Verbandsmitgliedschaft zu vermeiden. Denkbar wäre also auch eine von den Sozialpartnern getroffene Vorausauswahl von Versorgungsträgern, zwischen denen der Arbeitgeber, ggf. sogar der einzelne Versorgungsberechtigte, wählen kann.

Allerdings ist hierbei zu beachten, dass die Sozialpartner ihre Pflicht zur ei- 167
genen Beteiligung an der Durchführung und Steuerung der betrieblichen Altersversorgung (§ 21 Abs.1 BetrAVG n.F.)[31] bei einem solchen Vorgehen nicht delegieren können. Die Verantwortung bleibt bei ihnen, auch wenn sie sich geeigneter Dritter bedienen, um ihre Überwachungspflichten auszuüben. Die Einräumung entsprechender Freiheiten bei der Wahl des Versorgungsträgers wird somit einen vermutlich nicht ganz zu vernachlässigenden administrativ-organisatorischen Folgeaufwand für die Sozialpartner nach sich ziehen. Auch eine Übertragung der ihnen vom Gesetzgeber übertragenen Verantwortung auf die betriebliche Ebene wird rechtlich nicht möglich sein. Die Tarifparteien werden alle in ihrem Verantwortungsbereich mit reinen Beitragszusagen hantierenden Versorgungsträger kontinuierlich beobachten und überwachen müssen.

In jedem Fall werden die Sozialpartner bei Zulassung mehrerer Versor- 168
gungsträger prüfen müssen, ob die einzelnen Segmente wirtschaftlich sinnvolle Größen erreichen, denn nur dann wird das Sozialpartnermodell die erwarteten ökonomischen Vorteile auch erzielen. Vor einer Zersplitterung der Versorgungsträger ist daher zu warnen.

d) Default-Lösung

Sofern sich die Sozialpartner für Wahlrechte zugunsten der Betriebsparteien bei 169
der Bestimmung des Versorgungsträgers entscheiden, etwa für die Durchführung der Entgeltumwandlung im Rahmen eines Optionsmodells, sollte im Tarifvertrag zumindest eine Auffanglösung („Default-Lösung") festgelegt werden, in die die betroffenen Arbeitnehmer aufgenommen werden, sofern die Betriebsparteien keine anderweitige Festlegung treffen. Dies dürfte regelmäßig das von den Sozialpartnern selbst geschaffene bzw. konzipierte Versorgungswerk bzw. -modell sein.

Das gleiche gilt sinngemäß im Zusammenhang mit Optionssystemen, bei 170
denen Arbeitnehmer automatisch in eine Entgeltumwandlung einbezogen werden. Für sie könnte in Tarifverträgen typisierende Festlegungen getroffen werden, die für definierte Gruppen von Arbeitnehmern standardmäßig automatisch

31 Ausf. u. A. Rz. 181.

eine Netto-Entgeltumwandlung vorsehen. Dabei wird die Verantwortung für die individuelle Vorteilhaftigkeit immer beim Arbeitnehmer selbst liegen müssen. Darauf sollte der Arbeitnehmer bei Optionssystemen ohnehin unmissverständlich hingewiesen werden, genau wie auf sein Ausstiegsrecht („Opt-out") auch.

171 Naturgemäß wird der Tarifvertrag genau wie jedes Optionssystem immer nur holzschnittartig festlegen können, ob einzelne Arbeitnehmer der steuerfreien Arbeitgeberleistung zugeordnet werden oder ob sie für die (invertierte) Netto-Entgeltumwandlung einsortiert werden. Und das wird man häufig anhand der Einkommenshöhe oder der auf der Lohnsteuerkarte ggf. eingetragenen Kinderzahl recht gut treffen. Aber ob im Einzelfall die Riester-Fördervoraussetzungen wirklich vorliegen oder nicht, das kann nur der Arbeitnehmer selbst wissen. Auf jeden Fall kann immer nur er die Verantwortung dafür tragen.

172 In diesem Zusammenhang dürfen weder an die Tarifvertragsparteien noch an die Arbeitgeber überzogene Beratungs-, Informations- oder Sorgfaltspflichten gestellt werden. Hier muss gesehen werden, dass die Bereitstellung und die Durchführung der tarifvertraglichen Altersversorgung per se einen großen Vorteil für die Beschäftigten darstellt. Auch eine typisierende Vorauswahl für die steuerfreie Arbeitgeberleistung bzw. die Netto-Entgeltumwandlung wird in der Mehrzahl der Fälle Vorteile für die Beschäftigten bringen. Aber die Verantwortung für die Verifizierung dieser Vorauswahl in jedem Einzelfall muss beim Begünstigten selbst liegen.

173 Deutlich überzogen wirkt die Entscheidung des LAG Hamm[32]. Das Gericht verurteilte den Arbeitgeber gegenüber seinem Arbeitnehmer zum Ersatz des Schadens, den dieser dadurch erlitten hatte, dass ihm bei Auszahlung einer einmaligen Kapitalzahlung aus einer Pensionskasse ein hoher Beitragsabzug in der Krankenversicherung entstanden war.

174 Der Pensionskassen-Versorgung hatte eine Entgeltumwandlungsvereinbarung zugrunde gelegen. Das LAG vertritt die Ansicht, der Arbeitnehmer hätte bei Abschluss der Entgeltumwandlung darauf hingewiesen werden müssen, dass zu diesem Zeitpunkt eine Gesetzesänderung (GKV-Modernisierungsgesetz) im Raume stand, die im Falle ihres Zustandekommens zu dieser Beitragspflicht führen könnte. Wohlgemerkt, es handelte es sich um eine künftige, noch gar nicht feststehende Rechtslage. In dem Fall hatte sich der Arbeitgeber eines sachkundigen Beraterspezialisten bedient. Dessen Fehlleistung, so das Gericht,

32 LAG Hamm Urt. v. 6.12.2017 (4 Sa 852/17), BeckRS 2017, 145344.

sei dem Arbeitgeber über § 278 BGB zuzurechnen, denn der Berater sei Erfüllungsgehilfe des Arbeitgebers.

e) Wechsel- und Bestandsübertragungsvorbehalt

Von essentieller Bedeutung ist für die Sozialpartner bei der Bestimmung des Versorgungsträgers wie auch hinsichtlich weiterer evtl. eingebundener Dienstleister die Möglichkeit, in der Zukunft diesen Vertragspartner austauschen zu können, wenn die Umstände es erfordern. Diese Möglichkeit ist bei einem selbst gegründeten Versorgungsträger prinzipiell immer und vergleichsweise einfach gegeben. Besonders aber bei der vertraglichen Bindung an dienstleistende Versorgungsträger oder andere Dienstleister ist es zwingend erforderlich, dass die Möglichkeit eines letzten Auswegs, nämlich der Möglichkeit zur Beendigung der Zusammenarbeit, erhalten bleibt. 175

Diese Chance zur „Ultima Ratio" muss gewahrt bleiben. Und sie muss sich auch auf den Wechsel des bereits gebildeten Vertragsbestands zu einem anderen Träger erstrecken, nicht etwa nur auf den Neuzugang. Zwar setzt eine Bestandsübertragung gemäß § 13 Abs. 1 VAG immer die Zustimmung der Aufsichtsbehörden voraus. Aber das hindert die Sozialpartner nicht daran, in einer Kooperationsvereinbarung mit einem dienstleistenden Versorgungsträger zu vereinbaren, dass der Versorgungsträger den entsprechenden Antrag auf Zustimmung der Aufsichtsbehörde zur Bestandsübertragung auf Verlangen stellen und unterstützen muss. Hierbei muss auch das Prozedere einer möglichen Bestandsübertragung sowie eine Regelung für die dabei anfallenden Kosten festgelegt werden. Die Übertragung muss auch die erforderlichen Vorkehrungen für eine klageweise Durchsetzung dieser Ansprüche enthalten. 176

Für den bzw. die betroffenen Dienstleister wird es umgekehrt ein Interesse daran geben, durch Vereinbarung von Bedingungen für eine solche Bestandsübertragung eine gewisse Verlässlichkeit sicherzustellen. Denn auf keinen Fall sollten derartige Schritte mutwillig und ohne ernsten, sachlichen Hintergrund ausgelöst werden. Ernste Anlässe könnten z.B. Fälle von „Change of Control", öffentliche Skandale aber auch bedeutende, fortgesetzte Leistungsschwächen bilden. Gleichwohl benötigen die Sozialpartner eine generalklauselhafte Option, die ihnen zumindest potentiell die Lösung von einem bestimmten Vertragspartner ermöglicht. Und für den Fall eines Disputs über das Vorliegen der Voraussetzungen für eine Vertragsbeendigung ist ein Schiedsverfahren vorzusehen, welches sehr rasch zu einer endgültigen Entscheidung führt. 177

Es ergibt sich aus der Natur der Sache, dass Vorgänge dieser Art, insbesondere bei Übertragung größerer Bestände, gravierende Auswirkungen bei allen Beteiligten mit sich bringen. Es ist jedoch erforderlich, dass die Sozialpartner 178 diese Bedingung durchsetzen, da sie nur so verhandlungstechnisch über das Druckpotential verfügen, um den Vertragspartner zur Einhaltung der vereinbarten Leistungsversprechen zu motivieren.

179 Eine Beschränkung der Kündigungsmöglichkeit mit Wirkung nur für den Neuzugang („ex nunc“) ist nicht ausreichend. Diese Interessenlage muss seitens der Sozialpartner klar gesehen werden. Denn für den Versorgungsträger verschiebt sich im Zeitablauf mit wachsendem Bestand das wirtschaftliche Interesse vom Neuzugang hin zum Bestand. Die Erhaltung des Neuzugangs wird relativ immer unbedeutender, freilich ohne wirklich jemals unbedeutend zu werden.

180 Auch eine teilweise Kündigungsmöglichkeit sollte vorgesehen werden. Denn insbesondere Versicherer bieten in der Regel ein Komplettpaket sämtlicher Leistungen, also Produktgestaltung, Kapitalanlage, Anwärter- und Rentnerverwaltung, In- und Exkasso usw. Möglicherweise könnten aber einzelne Leistungskomponenten davon an spezialisierte Dienstleister abgespalten werden. Beispiele hierfür wären u.U. die Anwärter- und Rentneradministration oder die Kapitalanlage. Der Vertrag mit dem Versorgungsträger bzw. den entsprechenden Dienstleistern sollte die Möglichkeit für die wahlweise Abspaltung solcher Leistungskomponenten vorsehen. Hierzu ist es erforderlich, die einzelnen Elemente separat zu bepreisen. Nur so wird insgesamt eine maximale Effizienz des Versorgungswerks gewährleistet bleiben.

6. Beteiligung der Tarifvertragsparteien an „Durchführung und Steuerung“

181 Im Betriebsrentenstärkungsgesetz ist in § 21 Abs. 1 BetrAVG n.F. vorgesehen, dass sich die Tarifvertragsparteien bei Vereinbarung reiner Beitragszusagen für die betriebliche Altersversorgung an deren Durchführung und Steuerung beteiligen müssen. Näheres ist im Gesetz selbst nicht festgelegt. Es muss daher ergänzend auf die Gesetzesbegründung zurückgegriffen werden.

182 Zunächst ist festzuhalten, dass es sich bei der „Beteiligung an der Durchführung und Steuerung“ um einen neuen, bisher nicht bekannten, unbestimmten Rechtsbegriff handelt. Demnach haben die Tarifvertragsparteien die ihnen zugewiesenen und im Gesetz nicht näher konkretisierten Aufgaben bzw. Vorgaben selbst auszufüllen. Dies ist folgerichtig und entspricht der grundlegenden Wertung des sich aus der Tarifautonomie ergebenden vorrangigen Gestaltungsauftrags an die Sozialpartner aus Art. 9 Abs. 3 des Grundgesetzes. Danach ist der Gesetzgeber erst dann zur Regelung aufgerufen, wenn die Tarifparteien die Regelungsmaterie selbst nicht oder nicht zufriedenstellend ordnen.

Nach der Gesetzesbegründung müssen die Tarifvertragsparteien „den Prozess der Einführung, Implementierung und Durchführung der Betriebsrente auf Basis der reinen Beitragszusage begleiten".[33] Dies kann im Rahmen gemeinsamer Einrichtungen nach § 4 des Tarifvertragsgesetzes erfolgen. Die Anforderung ist aber zum Beispiel auch dann erfüllt, wenn die Sozialpartner im Aufsichtsrat der durchführenden Versorgungseinrichtung vertreten sind oder wenn sie durch eine Vertretung in spezifischen Gremien der Versorgungseinrichtung hinreichende Einflussmöglichkeiten auf das Betriebsrentensystem haben bzw. dieses mit steuern können. 183

Diese Formulierung in der Gesetzesbegründung verdeutlicht zweierlei: Zum einen verlangt der Gesetzgeber, dass die Tarifparteien sich fortlaufend in der gesamten bAV engagieren und sie überwachen und steuern, wenn sie das Instrument der reinen Beitragszusage einsetzen. Sie sollen sich also nicht einmalig zu einem Tarifvertrag durchringen und dann das Ganze seinem Schicksal überlassen können. Zum anderen wird aber ebenso deutlich, dass überhaupt keinerlei bestimmte Form vorgeschrieben wird, wie diese Einflussnahme konkret erfolgen soll. Insbesondere die Präsenz der Sozialpartner im Aufsichtsrat ist auch in der Gesetzesbegründung nur exemplarisch angeführt. Sie dürfte fast selbstverständlich sein, wenn die Tarifparteien eine eigene Versorgungseinrichtung gründen (§ 4 Abs. 3 TVG). Ist dies jedoch nicht der Fall, weil sich die Tarifparteien z.B. eines bereits bestehenden Trägers bedienen wie im Falle einer Direktversicherung oder einer bereits existierenden Pensionskasse, oder sei es, dass sie z.B. einen Gruppen-Pensionsfonds für die Organisation der bAV auswählen, dann ist eine Gremienbeteiligung nicht erforderlich. Sie wäre sogar eher kontraproduktiv, denn als Aufsichtsratsmitglied eines Versorgungsträgers, der auch noch viele andere Versorgungen beherbergt, wären Interessenkonflikte wegen des einseitigen Partikularinteresses vorgezeichnet. 184

Entscheidend ist, dass die Tarifparteien tatsächlich auf den entsprechenden Kollektivvertrag, Pensionsplan bzw. die Bestandsgruppe (Abrechnungsverband) kraft vertraglicher Absprachen und im Rahmen der Gesetze (VAG, VVG) ausreichend Einfluss nehmen können. Die im Schrifttum geäußerten Befürchtungen, die Regelungen des § 21 Abs. 1 BetrAVG „[tangierten] die rechtliche Position des Vorstands und des Aufsichtsrats in zentralen Aspekten [und würden somit] zu massiven Eingriffen in die gesellschafts- und aufsichtsrechtlich vorgesehene interne Governance der Versorgungsträger" führen, sind unbegründet.[34] Denn das Betriebsrentenstärkungsgesetz verlangt von den Sozialpartnern gera- 185

33 BT-Drucks. 18/11286, S. 45.

34 Vgl. Bürkle, Governance in bAV-Versorgungseinrichtungen und Einflussnahme der Sozialpartner – Eingriff in das interne Kompetenzgefüge der Organe, BB 2017, S. 712 (715).

de *keine* „Steuerung wesentlicher operativer Vorgänge, wie der Kapitalanlage bei Versorgungseinrichtungen", wie dem Regierungsentwurf zum BRSG anfänglich entgegengehalten wurde.[35] Die Beteiligung der Sozialpartner an der Durchführung und Steuerung tritt vielmehr *neben* die organschaftlichen Steuerungs- und Aufsichtspflichten. Folgerichtig betont die Gesetzesbegründung zum BRSG, dass die aufsichtsrechtlichen Rechte und Pflichten der Versorgungsträger und ihrer Organe unberührt bleiben.[36]

186 Mit anderen Worten: Kommt es zu Fehlentwicklungen bei dem Versorgungsträger gleich welcher Art, dann müssen die aufsichtführenden Sozialpartner steuernd eingreifen. Das bedeutet aber keineswegs, dass sie in den Versorgungsträger und schon gar nicht wie eine Art „Super-Geschäftsführungsorgan" in dessen operative Tätigkeiten eingreifen müssten. Vielmehr haben sie die vertraglichen Einflussnahmerechte auszuüben, die sie sich im Durchführungsvertrag mit dem entsprechenden Dienstleister ausbedungen haben.

a) Begriff

187 Inhaltlich muss die „Beteiligung an der Durchführung und der Steuerung" es den Tarifparteien erlauben, laufend umfassende Informationen über die wirtschaftliche Entwicklung der tarifvertraglich vereinbarten Versorgung erhalten zu können, abwicklungstechnische Modifikationen anregen bzw. erbitten zu können und nötigenfalls, im Falle ernster Problemlagen, als ultima ratio auch den Versorgungsträger wechseln zu können. Dies umfasst auch die Möglichkeit, vorbehaltlich der aufsichtsbehördlichen Zustimmung eine Bestandsübertragung fordern zu können.

188 Der Gesetzgeber überlässt mit anderen Worten den Tarifparteien eine sehr große Gestaltungsbandbreite. Diese können sie ausnutzen, müssen es aber nicht. Aber der Kern der Beteiligung an der Durchführung und der Steuerung darf nicht ausgehöhlt werden. Dies hat mehrere Konsequenzen. Zum Beispiel dürfte eine etwaige Gremienbeteiligung, die sich auf einen einzigen Sitz in einem Aufsichtsrat beschränkt, weder eine notwendige noch eine hinreichende Bedingung für die „Beteiligung an der Durchführung und Steuerung" der bAV sein. Denn es kommt auf die tatsächliche Möglichkeit zur effektiven Einflussnahme an, nicht auf eine lediglich rein formale Beteiligung. Genau das ist in der Gesetzesbegründung gemeint, wenn es dort heißt, dass die Sozialpartner „durch eine Vertretung in spezifischen Gremien der Versorgungsreinrichtung hinreichende Einflussmöglichkeiten auf das Betriebsrentensystem haben bzw.

35 Ebenda.

36 BT-Drucks. 18/11286, S. 45.

dieses mit steuern können."[37] Als „spezifische Gremien“ kommen insbesondere Beiräte, Lenkungs- oder Kapitalanlageausschüsse oder ähnliche Gremien in Betracht.

Nicht von alleine „hinreichend“ wäre eine Beteiligung an der „Durchfüh- 189
rung und Steuerung der bAV“, wenn eine gemeinsame Einrichtung der Tarifparteien bei einer Direktversicherungslösung die Stellung des Versicherungsnehmers übernehmen würde. Zwar stünden dieser gemeinsamen Einrichtung als Versicherungsnehmerin bezüglich der Versicherungsverhältnisse alle versicherungsvertraglichen Gestaltungsrechte zu. Aber es müsste zusätzlich im Durchführungsvertrag zwischen gemeinsamer Einrichtung und Lebensversicherungsgesellschaft dafür Sorge getragen werden, dass die üblicherweise in einem Kollektiv- und/oder Kooperationsvertrag geregelten Rechte ebenfalls im Sinne der Sozialpartner gestaltet werden (Neuzugang, Service-Level-Vereinbarungen, interne und externe Kommunikation, Statistik- und Berichtswesen, IT-Ausstattung, Leistungsstörungsrecht, Kosten-, Auslagen- und Schadensersatz usw.). Ferner muss auch in diesem Fall an geeigneter Stelle eine Bestandsübertragungsklausel (s.o.) vereinbart werden.

Sollte der Tarifvertrag den Unternehmen die Auswahl des Versorgungsträ- 190
gers überlassen, blieben die Tarifvertragsparteien gleichwohl zur Überwachung verpflichtet, wenn reine Beitragszusagen eingesetzt werden. Zwar können sie sich für eine entsprechende Berichterstattung Dritter bedienen. Aber sie müssen derartige Berichte in eigener Verantwortung prüfen, bewerten und sich ggf. zu eigen machen. Gleichzeitig müssen sie sich aber stets die Möglichkeit zur Intervention vorbehalten. Dies müsste auch dann gelten, wenn der Tarifvertrag die Modifikation der tariflichen Regelungen durch Betriebsvereinbarung im Rahmen einer Öffnungsklausel“ erlaubt und den Betriebsparteien z.B. die Trägerauswahl vollständig (nicht zu empfehlen!) oder im Rahmen einer Auswahlpalette freistellen sollte. Auch in diesem Fall kann die Pflicht zur Beteiligung an der „Durchführung und Steuerung“ zwar weitgehend, aber eben nicht vollständig auf die Betriebsparteien delegiert werden. Vielmehr haben nach dem Willen des Gesetzgebers die Tarifvertragsparteien auch dann die Trägerauswahl und dessen laufende Überwachung dauerhaft zu verantworten.

b) Kostenbegrenzung

Es dürfte zweckmäßig sein, sowohl im Falle des Einsatzes eines eigenen Versor- 191
gungsträgers als auch im Falle der Beauftragung eines Dritten mit der Durchführung der tariflichen Altersversorgung eine Kostenbegrenzung festzulegen.

37 Ebenda.

Diese kann absolut erfolgen (z.B. als Prozentsatz der vereinnahmten Prämien) oder relativ im Vergleich mit anderen Branchen-Versorgungswerken („Branchen Benchmarking“).

192 Bei Überschreitung eines solchermaßen festgelegten Kostenrahmens könnte abgestuft reagiert werden. Zunächst könnten im Falle der Beauftragung eines Dritten die entsprechenden übersteigenden Kostenanteile auf ihn abgewälzt werden. Da aber eine solche Vorgehensweise nicht nachhaltig wäre, da der dienstleistungsverpflichtete Dritte auf längere Sicht natürlich kostendeckend arbeiten muss, müsste zugunsten des Versorgungswerks nach einer gewissen, im Dienstleistungs- bzw. Durchführungsvertrag festgelegten Zeitdauer oder anderen festgelegten Kriterien die Option für die Einleitung einer Bestandsübertragung vorgesehen werden (s.o.).

193 Von besonderer Bedeutung sind in aufsichtsrechtlicher Hinsicht die Kosten, die auf der Seite der Tarifvertragsparteien unmittelbar im Zusammenhang mit deren Aktivitäten im Rahmen ihrer Beteiligung an der Durchführung und Steuerung der tarifvertraglichen Altersversorgung entstehen. Hierbei dürfte es neben gewissen Sachkosten in erster Linie um die Kosten des effektiv für diese Zwecke eingesetzten Personals gehen. Je nach Größe der Branche und Ausgestaltung des Sozialpartnermodells könnte das ein kleiner Aufwand von wenigen Personentagen im Quartal sein, es könnte aber auch ein laufender Aufwand von mehreren Personentagen pro Woche auf Sachbearbeiterebene und sicherlich für die Aufsichtsgremien auch ein gewisser, möglicherweise ins Gewicht fallender Einsatz von Führungskräften entstehen, so dass sich die Frage stellt, von wem diese Kosten getragen werden. Denn der Sache nach handelt es sich um eine besondere Art von Kosten der Aufsicht über das tarifvertragliche Versorgungsmodell.

Exkurs: In den Niederlanden ist diese Kostenerstattung gegenüber den beteiligten Tarifparteien bzw. Arbeitgebern üblich. Ein Erfahrungssatz für die Höhe der Kostenerstattung liegt bei ca. € 15.000,– für einen Wochentag, den ein entsprechender Sachbearbeiter das ganze Jahr über für die Aufsichtstätigkeit verwendet. Sind es mehrere Tage je Woche, wird entsprechend vervielfältigt. Für Führungskräfte beträgt der Satz erfahrungsgemäß etwa das Doppelte.

194 Würde die betreffende Branche einen eigenen Pensionsfonds gründen und diese Aufgaben im Rahmen von Aufsichtsratsmandaten bzw. von Aufsichtsratsausschüssen wahrnehmen, würde man auch hierzulande diese satzungsmäßigen Organtätigkeiten von Mitgliedern der beteiligten Verbände ohne weiteres dem Pensionsfonds anlasten. Der Pensionsfonds würde diese Kosten als eigene Verwaltungskosten behandeln und sie den ihn tragenden Verbänden erstatten.

Sinngemäß ebenso wäre nach hier vertretener Ansicht zu verfahren, wenn die Sozialpartner für die tarifvertragliche Versorgung nicht einen eigenen Pensionsfonds gründen, sondern dafür entsprechende Dienstleister bzw. Versorgungsträger in Anspruch nehmen und dafür als Aufsichtsgremium nicht den Weg über die satzungsmäßigen Organe wählen, sondern z.B. einen nur für ihr jeweiliges Segment verantwortlichen Beirat bilden. 195

Dieser Ansicht wird mitunter entgegengehalten, dass die Verpflichtung zur Beteiligung an der Durchführung und Steuerung den Sozialpartnern durch das Gesetz auferlegt wurde. Die Erfüllung dieser Verpflichtung hätten sie damit aus eigenen Mitteln zu bestreiten. Dem kann nach hier vertretener Ansicht jedoch nicht gefolgt werden. Denn es steht zu befürchten, dass etliche Verbände schon allein wegen dieser absehbaren Kosten den Abschluss von bAV-Tarifverträgen vermeiden werden. Vor allem aber auf Seiten der Gewerkschaften dürfte die beschriebene Kostenerstattungsregelung essentiell sein. Denn während sich die Tariflandschaft in Deutschland arbeitgeberseitig auf mehrere hundert Verbände verteilt, die potentiell tarifvertragliche Sozialpartnermodelle vereinbaren könnten, stehen diesen Arbeitgeberverbänden nur sehr wenige Gewerkschaften gegenüber. Dies ist natürlich auch eine Folge der Konzentration im Gewerkschaftslager während der letzten rd. 20 Jahre. Jedoch bewirkt diese Asymmetrie, dass einige Gewerkschaften ganz unverhältnismäßig stark mit diesen Überwachungsaufgaben belastet werden. Spiegelbildlich zu diesen Aufgaben würden die entsprechenden Personalkosten anfallen, denn bei einigen wäre eine Bewältigung mit diesen Herausforderungen mit dem vorhandenen Personalstamm nicht gut vorstellbar. 196

Es ist daher nicht nur sinnvoll, sondern sogar dringend erforderlich, dass diese Verbände die bei ihnen anfallenden notwendigen Kosten aus dem jeweiligen Versorgungsmodell heraus erstattet bekommen. Nach hier vertretener Ansicht ist dafür eine spezielle gesetzliche Ermächtigungsgrundlage, etwa im Versicherungsaufsichtsgesetz, nicht erforderlich. Es genügt, wenn die Kostenerstattungsregelung, die natürlich nach den Regeln der sparsamen kaufmännischen Geschäftsführung in einem engen, vernünftigen Rahmen gehalten werden muss, innerhalb des Pensionsplanes bzw. des Versicherungstarifs geregelt wird. 197

c) Kapitalanlagestrategie

Nach der Gesetzesbegründung[38] zu § 244c VAG umfasst die Pflicht der Tarif- 198
vertragsparteien zur Steuerung der tarifvertraglichen Altersversorgung auch die Gestaltung der Kapitalanlage in Abhängigkeit von den tarifvertraglichen Festlegungen. Insbesondere bei Einschaltung von Dritten als Träger der Ver-

38 BT-Drucks. 18/11286, S. 54.

sorgung dürfte es dabei vielfach so sein, dass die Tarifpartner ihre Mitbestimmungsrechte bezüglich der Kapitalanlage in der Form ausüben, dass sie sich zunächst beim Aufsetzen des Versorgungsmodells z.B. für ein vom Anbieter nach ihren Wünschen fertig gestaltetes Produkt bzw. ein bestimmtes Anlagekonzept entscheiden. In der Folge hätten sie dann ihre Entscheidung und auch die vereinbarungsgemäße Leistung des ausgewählten Dienstleisters regelmäßig zu überprüfen.

199 Dabei werden die Tarifparteien auch beobachten, ob die in der Gesetzesbegründung anklingende Dämpfung der Volatilität des Versorgungskapitals gelingt. Erforderlichenfalls können sie unter Berücksichtigung des sachkundigen Rats der beauftragten Kapitalanlageexperten eine entsprechende Anpassung an den Anlagerichtlinien vornehmen. Als „ultima ratio" hätten sie bei unzureichender Leistung, insbesondere im Vergleich zu alternativen Trägern, den für die Vermögensverwaltung verantwortlichen Dienstleister oder Versorgungsträger auszuwechseln.

d) Getrennte Anlagestöcke

200 Das Betriebsrentenstärkungsgesetz sieht in § 244c VAG vor, dass Pensionsfonds, Pensionskassen und andere Lebensversicherungsgesellschaften, die reine Beitragszusagen durchführen, dafür ein gesondertes Sicherungsvermögen bzw. einen gesonderten Anlagestock einrichten müssen. Dieses im Gesetzentwurf vorgesehene Prinzip wurde bis unmittelbar vor der Gesetzesverabschiedung intensiv zwischen den Verbänden und den Fraktionen diskutiert. Die BDA etwa befürwortete in ihrer Stellungnahme vom März 2017, dass eine separate Kapitalanlage nur wahlweise, aber nicht zwingend gefordert werden sollte.[39] Der Gesetzgeber hat dieses Prinzip in der letztlich verabschiedeten Gesetzesfassung jedoch glücklicherweise nicht aufgeweicht. Denn die Vermengung des existierenden Bestands eines externen Trägers mit dem neu hinzukommenden Bestand der Sozialpartner ist damit ausgeschlossen. Das ist sehr wichtig, denn viele der heute bei den am Markt tätigen Lebensversicherungsgesellschaften und Pensionskassen existierenden Bestände sind in finanzieller Hinsicht keineswegs unproblematisch. Überwiegend enthalten sie aus der Vergangenheit hohe vertraglich festgeschriebene Garantieleistungen, die aus den bestehenden Anlagestöcken nicht erwirtschaftet werden können.

201 Die Zusammenlegung neuer Verträge mit solchen problembehafteten Altbeständen würde die Neubestände unverhältnismäßig belasten, indem ihre Ver-

39 BDA, Neue Impulse setzen – Chancen für betriebliche Altersvorsorge nutzen, März 2017, S. 4.

mögenserträge für die Alimentierung des Altbestandes herangezogen würden. Diese Gefahr, die insbesondere eine erhebliche intergenerationale Verteilungsungerechtigkeit hervorgerufen hätte, ist durch das Gesetz in seiner tatsächlich verabschiedeten Fassung gebannt.

e) Haftungsfragen

Das Betriebsrentenstärkungsgesetz sieht keinerlei spezielle Haftungsvorschriften zu Lasten der Sozialpartner im Hinblick auf die von ihnen etablierte tarifliche Altersversorgung vor, an deren Durchführung und Steuerung sie beteiligt sind. Dies ist auch sinnvoll, denn wäre das anders, würden die Sozialpartner ein Engagement auf dem Gebiet der bAV entweder nur mit größter Vorsicht oder sogar überhaupt nicht eingehen. 202

Allerdings ist die in § 21 Abs. 1 BetrAVG vorgesehene Beteiligung der Tarifvertragsparteien an der „Durchführung und Steuerung" der bAV, die auf reinen Beitragszusagen beruht, eine ihnen vom Gesetzgeber zugewiesene Pflicht. Dabei können wie immer im Falle einer Verletzung solcher gesetzlicher Pflichten durchaus Haftungstatbestände verwirklicht werden. Relevant sind hierbei im Falle eines Schadens, abgesehen von deliktischen Haftungstatbeständen aus unerlaubter Handlung einzelner Personen, die den Sozialpartnern ggf. über § 839 BGB zugerechnet werden, vor allem zivilrechtliche Schadensersatzansprüche wegen vorsätzlichen oder fahrlässigen Verhaltens gemäß § 276 BGB, das den Sozialpartnern über § 278 BGB zugerechnet wird. Gemäß § 276 Abs. 2 BGB handelt fahrlässig, wer die im Verkehr erforderliche Sorgfalt außer Acht lässt. 203

Dies bedeutet, dass die Sozialpartner bei ihrer Beteiligung an der „Durchführung und Steuerung" die Regeln der Kunst einzuhalten haben. Mit anderen Worten, sie müssen aufgrund eigener Sachkunde oder nötigenfalls durch Hinzuziehung von professionellem Rat die anstehenden Themen verstehen und vernünftig bewältigen können. Dabei dürfte es zweckmäßig sein, von den konkret mit diesen Aufgaben betrauten Personen einen geeigneten Sachkundenachweis zu fordern und diesen auch entsprechend zu dokumentieren. Eine Orientierung für die zu erfüllenden Anforderungen liefert etwa das „BaFin Merkblatt zur fachlichen Eignung und Zuverlässigkeit von Mitgliedern von Verwaltungs- oder Aufsichtsorganen gemäß VAG" vom 23.11.2016. Ähnlich sollten auch die Sozialpartner die mit der „Durchführung und Steuerung" der betrieblichen Altersversorgung betrauten Personen auswählen, um einer Eigenhaftung für Fehlentwicklungen insoweit zu begegnen. 204

Einen beachtenswerten Hinweis zum Umfang der erforderlichen Beteiligung der Tarifvertragsparteien an der „Durchführung und Steuerung" der tariflichen Altersversorgung gab der Vorsitzende des III. BAG-Senats, Dr. Bertram 205

Zwanziger.[40] Er wies zutreffend darauf hin, dass der Gesetzgeber als Gegengewicht zur Haftungsbefreiung des Arbeitgebers bei den reinen Beitragszusagen die Kontrolle der Tarifvertragsparteien gesetzt habe. Eine Haftungsbefreiung könne aus dieser Logik heraus daher nur dort eintreten, wo die Tarifvertragsparteien auch tatsächlich eine Kontrolle ausüben.

206 Dem steht allerdings entgegen, dass das Gesetz im Falle von reinen Beitragszusagen *den einzelnen Arbeitgeber* ausdrücklich von der Haftung ausnimmt. Ihn nun quasi „durch die Hintertür" wieder in die Haftung zu holen, wegen eines möglichen Fehlverhaltens der Tarifparteien, stimmt nachdenklich. Dies umso mehr, als der einzelne Arbeitgeber in die konkreten Aktivitäten der Tarifvertragsparteien gar nicht eingebunden ist. Dies liefe auf eine Art „Gefährdungshaftung" der Arbeitgeber für die reinen Beitragszusagen hinaus. Das aber hat der Gesetzgeber offensichtlich nicht gewollt, sondern eindeutig genau das Gegenteil.

207 Man wird daher von den Tarifvertragsparteien lediglich verlangen können, dass sie ähnlich einem Aufsichtsrat die wesentlichen, strategischen Fragestellungen beim Betrieb des Versorgungswerks überwachen und vor allem die eingebundenen Dienstleister sorgfältig auswählen. Und sie können und müssen nötigenfalls mit Hilfe von Experten die Themen identifizieren, die sie zu hinterfragen und ggf. zu beeinflussen haben. Aber es darf bei der Diskussion von Haftungsfragen nicht übersehen werden, dass das Gesetz für die Durchführung der reinen Beitragszusagen bewusst nur solche Rechtsträger zugelassen hat, die unter der unmittelbarer staatlicher Aufsicht durch die BaFin stehen. Hier liegt neben den zuständigen Organen des Trägers die primäre Überwachungspflicht für diese Institutionen.

208 Eine Verwässerung der Haftungsbeschränkung zu Lasten der einzelnen Arbeitgeber sollte auch deshalb vermieden werden, weil es genau diese Unsicherheit ist, die die Arbeitgeber in Scharen dazu bringt, die betriebliche Altersversorgung im eigenen Unternehmen zu meiden.

7. Partizipation nichttarifgebundener Arbeitgeber

209 Eine weitere Frage für die Sozialpartner betrifft die Öffnung des von ihnen geschaffenen Versorgungswerkes für nichttarifgebundene oder gar für branchenfremde Arbeitgeber. Soll ihnen der Zugang zu dem zwischen den Sozialpartnern entwickelten und laufend überwachten Versorgungswerk ermöglicht werden

40 Wortbeitrag im Rahmen einer öffentlichen Diskussion am 25.4.2018 auf dem aba-Forum Arbeitsrecht in Mannheim.

oder nicht? Dies ist freilich in erster Linie eine verbandspolitische Frage, bei der es vielfältige Argumente dafür und dagegen gibt.

a) Gesetzliche Aufforderung zur Vermeidung tarifexklusiver Versorgungsträger

§ 21 Abs. 3 BetrAVG trägt den Tarifvertragsparteien auf, dass sie „nichttarifgebundenen Arbeitgebern und Arbeitnehmern den Zugang zur durchführenden Versorgungseinrichtung nicht verwehren sollen". Außerdem dürfen „der durchführenden Versorgungsreinrichtung im Hinblick auf die Aufnahme und Verwaltung von Arbeitnehmern nichttarifgebundener Arbeitgeber keine sachlich unbegründeten Vorgaben gemacht werden." Die Vorschrift ist jedoch nicht sanktionsbewehrt, so dass ihre Nichtbeachtung keine rechtlichen Konsequenzen für die Tarifvertragsparteien nach sich zieht. 210

Alle Sozialpartner haben regelmäßig ein Interesse daran, exklusiv für ihre Mitglieder Vorteile auszuhandeln, um gerade dadurch den Wert der Mitgliedschaft hervorzuheben. Dies erscheint gerechtfertigt, denn sie übernehmen mit der Aufstellung und der laufenden Überwachung des Versorgungswerkes nicht nur eine große Verantwortung, sondern sie tragen auch die damit einhergehenden Kosten. Und sie verleihen dem gesamten Unterfangen durch das in sie gesetzte Vertrauen eine große Glaubwürdigkeit. Es ist daher verständlich, wenn viele Tarifvertragsparteien ein von ihnen konzipiertes und mit einem gewissen Aufwand laufend überwachtes Versorgungswerk exklusiv nur ihren eigenen Mitgliedern zur Verfügung stellen wollen. 211

Dem steht andererseits das Interesse entgegen, durch Öffnung des Versorgungswerkes zügig dessen Wachstum auch mit nichttarifgebundenen Mitgliedern zu befördern, damit auf diesem Wege rasch ein wirtschaftlich bedeutungsvolles und auch finanziell möglichst stabiles Gebilde entsteht. Es gibt Branchenversorgungswerke, die für eine solche Politik der Öffnung gegenüber Nichttarifgebundenen ein gutes Beispiel abgeben. So ist beispielsweise von den rund 37.000 Mitgliedsunternehmen der MetallRente (Stand Ende 2017) nur rund ein Zehntel tarifgebunden. 212

§ 19 Abs. 2 BetrAVG erlaubt nichttarifgebundenen Arbeitgebern und Arbeitnehmern die Anwendung der einschlägigen tariflichen Regelung. Aber dies würde den betroffenen nichttarifgebundenen Arbeitgebern nichts nützen, wenn sie zwar arbeitsrechtlich die tarifvertragliche Versorgung bzw. die Beitragszahlung versprechen können, aber in der Folge mitgliedstechnisch gar nicht in das entsprechende Versorgungswerk aufgenommen werden. Im Gegenteil: Die vermeintliche Vereinbarung der tariflichen Versorgung als reine Beitragszusage würde zu einer Direktzusage mutieren und eine ganzen Fülle von nachteiligen 213 rechtlichen und wirtschaftlichen Konsequenzen nach sich ziehen. Insbesondere die haftungsbegrenzende Wirkung der reinen Beitragszusage wäre dahin.

214 Das BMAS geht davon aus, dass eine sog. „Closed-Shop-Politik“ nicht im Interesse der Tarifpartner liegt und dass die Tarifpartner auf freiwilliger Basis auch nichttarifgebundenen Arbeitgebern den Zugang zu ihren neuen Versorgungswerken öffnen werden: „Die Bundesregierung geht davon aus, dass die Tarifparteien grundsätzlich kein Interesse daran haben, Dritten den Zugang zu den von ihnen gesteuerten Versorgungseinrichtungen zu verwehren und damit mögliche Skaleneffekte zu verbauen“,[41] so das BMAS.

215 Mit anderen Worten: Würden die Sozialpartner beispielsweise eine besonders attraktive Versorgung schaffen, die als reine Beitragszusage ausgestaltet ist und ergänzend über ein Optionssystem auch in der Entgeltumwandlung zur Verfügung steht, dann wäre es den Sozialpartnern möglich, diese Gestaltung allen Verbands-Nichtmitgliedern vorzuenthalten. Denn wie schon erwähnt könnten die Nichttarifgebundenen zwar die tariflichen Regelungen per individualvertraglicher Abrede – auch in Abwesenheit einer tarifvertraglichen Ermächtigung zur Übernahme des Tarifvertrags durch Betriebsvereinbarung – in Bezug nehmen. Jedoch verschafft eine solche individualvertagliche Inbezugnahme dem Arbeitgeber keineswegs den Zugang zu dem Versorgungsträger. Denn wenn dieser Kraft Satzung nur Arbeitnehmer von verbandsangehörigen Arbeitgebern aufnehmen sollte, dann scheitert die Teilnahme der Nichttarifgebundenen an diesem tariflichen Versorgungssystem. Sie müssten sich somit zunächst für den Verbandsbeitritt entscheiden, wenn sie ihren Arbeitnehmern diese Versorgung verschaffen wollten.

216 Es ist offensichtlich, dass hier auch in rechtlicher Hinsicht ein Spannungsverhältnis besteht. Denn einerseits darf sich jeder Arbeitgeber gegen die Verbandsmitgliedschaft entscheiden (negative Koalitionsfreiheit). Andererseits strebt der Gesetzgeber eine hohe Verbreitung der betrieblichen Altersversorgung für alle Beschäftigten an, unabhängig davon, ob ihr Arbeitgeber tarifgebunden ist oder nicht. Wenn nun der Gesetzgeber den Tarifparteien ganz besondere Gestaltungsinstrumente an die Hand gibt, um diese betriebliche Altersversorgung zu verwirklichen, dann stehen letztlich zwei legitime rechtliche Wertungen nebeneinander.

217 Sowohl für den Schutz der negativen Koalitionsfreiheit als auch für die Beschränkung des Zugangs zu tariflichen Versorgungssystemen sprechen gute Gründe. Eine Auflösung dieser Diskrepanz könnte dadurch erfolgen, dass die Tarifparteien den nichttarifgebundenen Arbeitgebern eine Nutzung des tarifli-

41 BT-Drucks. 18/12044, S. 2.

chen Versorgungssystems gegen eine *angemessene*[42] Kostenbeteiligung erlauben. Diese würde sachlich korrespondieren mit den Mitgliedschaftsbeiträgen der Verbands- und Gewerkschaftsmitglieder, die mit ihren Beiträgen das Zustandekommen des Tarifvertrages wie auch die Organisation und die Überwachung des tariflichen Versorgungssystems überhaupt erst ermöglichen. Letztlich sollte daher einerseits der Gesetzeszweck verwirklicht werden, andererseits wäre es unfair, wenn nur die tarifgebundenen Arbeitgeber und Arbeitnehmer die Kosten der Implementierung der tariflichen Versorgung tragen würden. Insgesamt böten sich den nichttarifgebundenen Arbeitgebern und den beteiligten Sozialpartnern damit drei abgestufte Möglichkeiten für eine angemessene Auflösung des beschriebenen Spannungsverhältnisses:

1. Verbandsbeitritt des Arbeitgebers,
2. Abschluss eines Anschluss-Haustarifvertrags, der ohne Verbandsmitgliedschaft möglich ist oder
3. Regelung einer angemessenen Kostenbeteiligung bei Aufnahme nichttarifgebundener Arbeitgeber in den tariflich organisierten Versorgungsträger.

b) Mitgliedschaft Nichttarifgebundener im tariflichen Versorgungswerk

Folgen die Tarifvertragsparteien der Aufforderung des Gesetzgebers und lassen 218
sie die Mitgliedschaft im Versorgungswerk auch nichttarifgebundener Unternehmen ihrer Branche zu, können diese für diese partielle Nutzung („Rosinenpicken“) der tarifvertraglichen Vorteile in gewissem Umfang mit den insoweit auf sie entfallenden Kosten belastet werden.

Die Kostenbeteiligung der Nichttarifgebundenen sollte allerdings angemes- 219
sen und nicht prohibitiv sein. Letzteres wäre rechtlich unzulässig. Hierfür spricht bereits die oben erwähnte Regelung in § 21 Abs. 3 S. 2 BetrAVG, wonach „der durchführenden Versorgungsreinrichtung im Hinblick auf die Aufnahme und Verwaltung von Arbeitnehmern nichttarifgebundener Arbeitgeber keine sachlich unbegründeten Vorgaben gemacht werden“ dürfen. Diese Formulierung enthält implizit die Wertung des Gesetzgebers, dass jedenfalls *sachlich begründete* Vorgaben durchaus zulässig sind.

Hieraus ergibt sich die Frage, welche auf der Ebene der gemeinsamen Ein- 220
richtung („Versorgungswerk“) und welche auf der Ebene der Tarifvertragsparteien entstehende Kosten nicht über die Beiträge zum eigentlichen Versorgungsträger finanziert werden. Denn soweit solche kaufmännisch vernünfti-

42 Nach dem Wortlaut der Vorschrift dürfen die Tarifparteien „Der durchführenden Versorgungseinrichtung […] im Hinblick auf die Aufnahme und Verwaltung von Arbeitnehmern nichttarifgebundener Arbeitgeber keine sachlich unbegründeten Vorgaben“ machen.

gerweise zuzuordnenden Overheadkosten nicht durch Kostenerstattungen durch den Versorgungsträger erstattet werden, verbleiben sie letztlich bei der gemeinsamen Einrichtung bzw. ihren Gesellschaftern, den Tarifvertragsparteien. Und insoweit erscheint eine gleichmäßige Verteilung auf alle am Versorgungswerk teilnehmenden Arbeitgeber völlig gerechtfertigt. Da der Schlüssel für eine gleichmäßige Kostenverteilung erst ex post bestimmt werden kann, müsste eine ex ante Kostenbestimmung, die auf die Möglichkeit von Nachforderungen bzw. Erstattungen verzichtet, zwangsläufig von einer vernünftigen Schätzung der erwarteten Anzahl von Mitgliedsunternehmen bzw. Versicherten ausgehen. Von evidenten Fehlschätzungen abgesehen wird man den initiierenden Sozialpartnern hierbei eine Schätzungsunsicherheit zubilligen müssen, ohne dass dabei die Grenze zur „sachlich unbegründeten Vorgabe" überschritten würde.

221 Eine Lösung für die Verteilung könnte somit darin bestehen, dass den nichttarifgebundenen Arbeitgebern ein eher kleiner jährlicher Fixbetrag auferlegt wird, der dann allerdings aus Gleichbehandlungs- bzw. Gerechtigkeitsgründen im Wesentlichen proportional mit der Anzahl der Versicherten ansteigt. Ab vollständiger Amortisation der Ingangsetzungskosten könnte zugunsten aller Mitgliedsunternehmen fortan auf die Erhebung dieser Kostenumlagen verzichtet werden.

c) Tarifliche Betriebsvereinbarungs-Öffnungsklauseln

222 Nichttarifgebundene Arbeitgeber können gemäß § 1 Abs. 2 Nr. 2a BetrAVG n.F. einen Tarifvertrag, der die Ein- bzw. Durchführung der bAV im Wege der reinen Beitragszusage freiwillig oder verpflichtend vorsieht, durch Betriebsvereinbarung übernehmen, sofern der Tarifvertrag seine Übernahme durch Betriebsvereinbarung ausdrücklich zulässt. Dies entspricht der Regelung, wie sie auch in § 7 des Arbeitszeitgesetzes (ArbZG) vorgesehen ist.

223 Allerdings ist der Abschluss einer solchen Betriebsvereinbarung nur dann sinnvoll, wenn

- die Tarifpartner ihre Regelungszuständigkeit insoweit bewusst und explizit auf die Betriebsparteien delegieren und
- wenn ein bestimmter im Tarifvertrag vorgesehener Versorgungsträger die Aufnahme nichttarifgebundener Arbeitgeber und Arbeitnehmer zulässt. Ist der Zugang zum Versorgungsträger dagegen den tarif*gebundenen* Arbeitgebern vorbehalten, würde die Übernahme eines entsprechenden Tarifvertrages für den Arbeitgeber zur Begründung einer unmittelbaren Versorgungszusage gleichen Inhalts führen, für die er vollumfänglich einstehen müsste.

d) Umfassende Allgemeinverbindlicherklärung (AVE) für den bAV-Tarifvertrag

Die Allgemeinverbindlichkeit eines bAV-Tarifvertrags ist in erster Linie eine verbandspolitische Frage. Soweit Tarifvertragsparteien dies mit Blick auf gleiche Wettbewerbs- bzw. Kostenbedingungen in ihrer jeweiligen Branche für opportun halten, ist dies ihre freie Entscheidung. Auf der Ebene des Versorgungsträgers ist eine AVE insofern bedeutsam, als eine entsprechende Zwangsmitgliedschaft auch die nichttarifgebundenen Arbeitgeber und ihre Beschäftigen erfasst. Damit erhöht sich der bAV-Verbreitungsgrad und das Mittelaufkommen des Versorgungsträgers sofort. Es kommt so durch das vergrößerte Prämienvolumen unmittelbar zu entsprechenden Skalen- bzw. Kostendegressionseffekten. 224

Das am 16.8.2014 in Kraft getretene Tarifautonomiestärkungsgesetz hat in § 5 Abs. 1a TVG eine erleichterte Möglichkeit zur Herstellung der Allgemeinverbindlichkeit (AVE) gewisser Arten von Tarifverträgen geschaffen. Absatz 1 der Vorschrift regelt die generellen und zuvor bereits üblichen Voraussetzungen für den Ausspruch von Allgemeinverbindlicherkärungen. Danach war bisher eine AVE nur möglich, wenn sie „im öffentlichen Interesse geboten erscheint". Letzteres ist nach dem Gesetz ausschließlich dann der Fall, wenn 225

- der Tarifvertrag in seinem Geltungsbereich für die Gestaltung der Arbeitsbedingungen überwiegende Bedeutung erlangt hat oder
- die Absicherung der Wirksamkeit der tarifvertraglichen Normsetzung gegen die Folgen einer wirtschaftlichen Fehlentwicklung eine Allgemeinverbindlicherklärung verlangt.

Im Hinblick auf bAV-Tarifverträge wäre demgegenüber eine erleichterte Allgemeinverbindlicherklärung durch das Bundesministerium für Arbeit und Soziales möglich, wenn die in Absatz 1a der Vorschrift geregelten Voraussetzungen vorliegen, nämlich 226

- ein Tarifvertrag über eine gemeinsame Einrichtung,
- der die Einziehung von Beiträgen und die Gewährung von Leistungen durch eine gemeinsame Einrichtung
- (u.a.) im Bereich der betrieblichen Altersversorgung regelt,
- ein gemeinsamer Antrag der Tarifvertragsparteien vorliegt und
- das Einvernehmen mit dem Tarifausschuss hergestellt ist.

Hierbei bedeutet „Einziehung von Beiträgen und Gewährung von Leistungen", nicht zwingend, dass die gemeinsame Einrichtung der Tarifvertragsparteien, die möglicherweise nur eine Art „bAV-Geschäftsstelle" für die Durchführung des bAV-Tarifvertrages ist, die entsprechenden Zahlungsvorgänge unmittelbar selbst und auf eigene Rechnung bewirkt. Sie könnte sich je nach organisatori- 227 scher Aufstellung hierzu auch Dritter bedienen, ohne dass dadurch die Privilegierung nach § 5 Abs. 1a TVG verloren ginge.

e) Beschränkte AVE für ein „Optionssystem"

228 Im Verlaufe der Debatte um das Betriebsrentenstärkungsgesetz wurde immer wieder von diversen Experten darauf hingewiesen, dass die Einführung eines Optionssystems zur Entgeltumwandlung durch einen Tarifvertrag auf der Basis einer reinen Beitragszusage ohne weiteres auf die gesamte Branche ausgedehnt werden könnte. Denn für die betroffenen Arbeitgeber entsteht wegen der Haftungsbeschränkung bei reinen Beitragszusagen anders als bisher aus der Entgeltumwandlung kein finanzielles Risiko. Für den Verbreitungsgrad der tariflichen bAV und das Wachstum des Versorgungswerks wäre eine solche Maßnahme hilfreich. Sie könnte schlagartig für das tarifvertragliche Versorgungsmodell ein sinnvolles Prämienvolumen erzeugen und zugleich Wettbewerbs- bzw. Kostennachteile zu Lasten der tarifgebundenen Arbeitgeber vermeiden.

f) Beschränkte AVE für Risikoleistungen

229 Einen ganz besonderen versicherungstechnischen Effekt könnte eine Allgemeinverbindlicherklärung bewirken, die einen im Tarifvertrag vorgesehenen Risikoschutz für den Fall der Erwerbsminderung, Berufsunfähigkeit und/oder Tod (Hinterbliebenenabsicherung) auf die gesamte Branche ausdehnt. Hierdurch entstünde ein großes Versichertenkollektiv ohne das Erfordernis einer Willensbetätigung des einzelnen Versicherten. Dadurch wäre die versicherungstechnisch gefürchtete „negative Risikoauslese" unmöglich. Der Schadenverlauf in einer solchen Zwangs-Risikogemeinschaft ist deutlich günstiger als in einem (freiwilligen) Versichertenbestand.

230 Im Hinblick auf die großen Versorgungslücken für gesetzlich Versicherte im Falle von Erwerbs- bzw. Berufsunfähigkeit sowie im Hinblick auf die Hinterbliebenenabsicherung besteht hier ein sehr großer Bedarf. Soweit die Tarifvertragsparteien einen Teil des Mittelaufkommens für diese Risikoabsicherung einzusetzen bereit sind, wäre evtl. eine Allgemeinverbindlicherklärung zumindest dieses Teiles des bAV-Tarifvertrages erwägenswert.

231 Mehrere Gesichtspunkte sprechen in besonderem Maße zumindest für eine ernsthafte Prüfung dieser ausschließlich im Kollektiv erzielbaren Absicherung:

- Die Kosten für einen substantiellen Schutz (z.B. 50–70% des Erwerbseinkommens bei Erwerbsminderung) betragen nur einen Bruchteil einer individuellen Absicherung.

- Die kollektive Absicherung ermöglicht die Einbindung aller Personen in den Risikoschutz, unabhängig vom aktuellen Gesundheitszustand oder Vorerkrankungen.
- Versicherungstechnisch entwickelt sich die Versicherungsprämie bzw. der Prämienanteil fast zu einer reinen Schadenumlage. Das bedeutet, dass die aufgewendeten Mittel nahezu vollständig für die Schadenfälle verwendet werden. Vergegenwärtigt man sich die teilweise dramatischen Versorgungslücken bei Erwerbsminderung und Tod wäre diese Absicherung somit sehr bedeutsam.
- Bei großen Kollektiven ist bedauerlicherweise nach der Statistik vorhersagbar, dass die ersten Leistungsfälle schon sehr schnell eintreten werden. In angemessener und würdevoller Weise kommuniziert könnten diese Fälle aber umgekehrt schon sehr rasch die Leistungsfähigkeit des neugegründeten Versorgungswerks für die (Zwangs-)Mitglieder deutlich sichtbar unter Beweis stellen.

IV. Das Optionssystem

1. Der Leitgedanke des tariflichen Optionssystems

Ein Optionssystem begründet ein besonderes Schutzbedürfnis der Arbeitneh- 232
mer, da ihr Arbeitsentgelt zwar nicht gegen, aber ohne ihren rechtsgeschäftlich geäußerten Willen umgewandelt werden soll. In Großbritannien trägt man dem durch umfangreiche staatliche Regelungen Rechnung, in Deutschland durch die Einschaltung der Tarifparteien. Die individuelle Nützlichkeitsbeurteilung wird durch eine kollektive ersetzt, auch bei der Umwandlung von über- und außertariflichem Entgelt.

2. Abgrenzung von Arbeitgeberleistung und Entgeltumwandlung

Das neue Optionssystem erleichtert die Entgeltumwandlung (§ 1a BetrAVG) und 233
verändert ihren Anwendungsbereich. Dies ergibt sich schon daraus, dass die Arbeitgeber verpflichtet sind, durch die Umwandlung ersparte Sozialversicherungsbeiträge als Zuschuss zum Entgelt-Umwandlungsbetrag in Höhe von 15% beizusteuern – nach der ursprünglichen Fassung des Gesetzentwurfs nur bei der Umwandlung in eine reine Beitragszusage (§ 23 Abs. 2 BetrAVG), in der tatsächlich verabschiedeten Gesetzesfassung ganz allgemein bei Leistung an einen externen Versorgungsträger (§§ 1a Abs. 1a, 26a BetrAVG). Während freiwillige

Arbeitgeberzuschüsse zur Entgeltumwandlung bisher nicht als Bestandteil der Entgeltumwandlung, sondern als Arbeitgeberleistung galten,[43] ist der gesetzlich vorgeschriebene Zuschuss zur Entgeltumwandlung zu dem umgewandelten Entgelt zu zählen.[44]

234 Ein weiterer Grund für die Notwendigkeit zur Abgrenzung von Arbeitgeberleistung und Entgeltumwandlung ergibt sich daraus, dass Letztere keinen Anspruch auf den in § 100 EStG vorgesehenen Förderbetrag zur betrieblichen Altersversorgung begründen soll. Dieser Zuschuss für die Arbeitgeberleistung setzt nach § 100 Abs. 3 EStG voraus, dass der Arbeitgeber für den Arbeitnehmer *zusätzlich* zum ohnehin geschuldeten Arbeitslohn einen Beitrag aufbringt. Dazu heißt es in der Begründung des Gesetzentwurfs[45], es müsse sich um einen vom Arbeitgeber *zusätzlich* zum ohnehin geschuldeten Arbeitslohn erbrachten Beitrag zur betrieblichen Altersversorgung handeln. Beiträge, die aus einer Entgeltumwandlung stammen, seien anders als bei § 3 Nr. 63 bzw. den §§ 10a, 79 ff. EStG nicht begünstigt.

235 Fraglich ist, ob eine Entgeltumwandlung anzunehmen ist, wenn der Arbeitgeber den Arbeitnehmern die Wahl lässt, ob sie einen bestimmten Betrag als Entgelt oder als Leistung für die betriebliche Altersversorgung wollen. Das wird man jedenfalls in diesem Zusammenhang wegen der funktionellen Ähnlichkeit mit der Entgeltumwandlung bejahen müssen. Zweifelhaft ist dagegen, ob eine Entgeltumwandlung auch anzunehmen ist, wenn anstelle angedachter oder in den Verhandlungen mit der Gegenseite ins Auge gefasster Bar-Entgelte Leistungen der betrieblichen Altersversorgung gewährt werden.[46] Werde von vornherein eine niedrigere Barvergütung und daneben eine betriebliche Versorgungszusage vereinbart, liege keine Umwandlung vor. Gleichermaßen verhalte es sich bei einer Aufstockung der Bezüge um eine Versorgungszusage. Das seien klare Fälle unechter „Entgeltumwandlung", also einer Arbeitgeberzusage. Daran ändere sich auch nichts, wenn der Arbeitnehmer um eine Entgelterhöhung verhandelt, dann aber eine Versorgungszusage erhält. Entscheidend komme es darauf an, ob der künftige Bar-Entgeltanspruch dem Arbeitnehmer zumindest für eine juristische Sekunde zustand. Dagegen heißt es in dem Kiesewetter-Gutachten[47] für

---

43 ArbG Würzburg 18.6.2013, 10 Ca 1636/12; a.A. Hanau/Arteaga/*Rieble*/Veit Entgeltumwandlung, 3. Aufl. 2014, S. 42.

44 Konsequent daher zur Unverfallbarkeit § 1b Abs. 5 S. 1 BetrAVG sowie im Steuerrecht Ausschussdrucksache 18 (11) 1064, S. 8.

45 BT- Drucksache 18/11286, S. 70.

46 Verneinend Rieble, a.a.O., S. 31.

47 Kiesewetter/Grom/Menzel/Tschinkl, Optimierungsmöglichkeiten bei den Förderregelungen der betrieblichen Altersversorgung, Gutachten für das Bundesministerium der Finanzen, 2016.

das BMF, die Zuschusspflicht bei Entgeltumwandlung bedeute für Arbeitgeber keine Mehrkosten gegenüber einer Lohnauszahlung.[48] Dies gelte implizit auch für arbeitgeberfinanzierte betriebliche Altersversorgung, soweit diese als Substitut einer Lohnerhöhung gewährt wird.

Man wird die Entgeltumwandlung von der arbeitgeberfinanzierten bAV daher wie folgt unterscheiden müssen: Wenn die Arbeitnehmer wegen des Zuschusses weniger Entgelt erhalten, als sie sonst aufgrund des Gleichbehandlungsgrundsatzes erhalten müssten, liegt wirtschaftlich gesehen eine Entgeltumwandlung vor. Erhalten sie dagegen einen Arbeitgeberbeitrag zur Altersversorgung, ohne dass dieser rechtlich an die Stelle eines sonst zur erwartenden Bar-Entgeltes tritt, handelt es sich nicht um Entgeltumwandlung. 236

3. Tarifliches Optionssystem und betriebliche Versorgungsordnung

Das Optionssystem regelt das Verfahren und den Mechanismus der Entgeltumwandlung und ihre persönlichen und sachlichen Voraussetzungen. Auch Höhe und Zweckbestimmung des umzuwandelnden Entgelts können geregelt werden, soweit es zum Schutz der Arbeitnehmer erforderlich ist.[49] Sie können aber auch, ggf. nach Maßgabe tariflicher Rahmenbestimmungen, einer betrieblichen Versorgungsordnung überlassen werden. 237

Das Optionssystem setzt eine tarifliche Regelung voraus, kann aber gemäß § 20 Abs. 2 S. 1 BetrAVG auch durch Betriebs- oder Dienstvereinbarung eingeführt werden. Zu der entsprechenden Ermächtigung für die reine Beitragszusage in § 1 Abs. 2 Nr. 2a BetrAVG heißt es in der amtlichen Begründung, die wesentlichen Regelungsinhalte sollten dem Tarifvertrag vorbehalten bleiben.[50] Wie oben bereits erwähnt, heißt es zu der Soll-Vorschrift in § 21 Abs. 3 BetrAVG bezüglich der Öffnung des tariflichen Versorgungswerks für nichttarifgebundene Arbeitgeber und Arbeitnehmer in der amtlichen Begründung, eine Nichtberücksichtigung der Soll-Vorschriften habe keine Auswirkungen auf die Wirksamkeit des Tarifvertrags und keine Haftungsfolgen für die tarifschließenden Parteien.[51] Deshalb wird man annehmen müssen, dass auch bei dem Optionssystem keine wirkliche Rechtspflicht zu Vorgaben für die Betriebsparteien besteht. 238

Die Einschaltung der Betriebsparteien kommt allerdings bei den in der Begründung zu § 20 Abs. 2 S. 3 BetrAVG empfohlenen bundesweiten und bran- 239

48 Ebenda, S. 155.
49 S.u. Teil A. Rz. 279.
50 Begründung des Regierungsentwurfs BT-Drucks. 18/ 11286, S. 42.
51 Vgl. Ausschussdrucksache 18 (11) 1064, S. 10 bzw. BT-Drucks. 18/612 S. 31.

chenübergreifenden Tarifverträgen in Betracht.[52] Eine Versorgungsordnung, die einer im Rahmen des Optionssystems zu vollziehenden Entgeltumwandlung zugrunde liegt, kann je nach den betrieblichen Gegebenheiten auf Tarifvertrag, Betriebsvereinbarung oder Arbeitsvertrag beruhen. Denn das Optionssystem ist nicht auf die nur tariflich regelbare reine Beitragszusage beschränkt, sondern steht für alle Zusagearten und Durchführungswege zur Verfügung.

240 Das tarifliche Optionssystem kann so weit und generell ausgestaltet werden, dass es für alle Rechtsgrundlagen und Durchführungswege der betrieblichen Altersversorgung passt. Es kann aber auch auf einzelne Typen von Versorgungsordnungen zugeschnitten werden, die verschiedene Schutzbedürfnisse mit sich bringen können.

241 Die Ausgestaltung der Regelungen im Tarifvertrag zum Optionssystem hängen davon ab, ob der Tarifvertrag die (tarifgebundenen) Arbeitgeber zur Einführung des Systems nur berechtigen, oder ob er sie auch dazu verpflichten soll. Beides ist nach § 20 Abs. 2 S. 1 BetrAVG möglich.[53] Sieht der Tarifvertrag die Ausgestaltung des Optionssystems durch Betriebs- oder Dienstvereinbarung vor, kann er die (tarifgebundenen) Arbeitgeber nicht gleichzeitig auch zur Einführung des Optionssystems zwingen. In diesem Fall, in dem nur eine Berechtigung, aber keine Verpflichtung der Arbeitgeber vorgesehen ist, kann die Grundnorm des Tarifvertrages wie folgt lauten:

> „Die Arbeitgeber können gemäß § 20 BetrAVG und nach Maßgabe der folgenden Bestimmungen ein Optionssystem zur automatischen Entgeltumwandlung einführen, wenn eine bei ihnen eingeführte Versorgungsordnung einer Entgeltumwandlung zugänglich ist."

242 Soll die Einführung des Optionssystems durch Tarifvertrag hingegen verpflichtend werden, kann die tarifliche Grundnorm so lauten:

> „Die Arbeitgeber müssen gemäß § 20 BetrAVG und nach Maßgabe der folgenden Bestimmungen ein Optionssystem zur automatischen Entgeltumwandlung einführen, wenn eine bei ihnen eingeführte Versorgungsordnung einer Entgeltumwandlung zugänglich ist."

243 Der allgemeine Bezug auf die jeweils geltende Versorgungsordnung kann durch den Bezug auf eine bestimmte Versorgungsordnung ersetzt werden. Dies kann für den Fall genutzt werden, dass der Arbeitgeber seiner Pflicht zur Einführung eines Optionssystems nicht nachkommt. Sind oder werden tarifgebundene Arbeitgeber an eine tarifliche Versorgungsordnung, z.B. für eine reine Beitragszu-

52 Ausschussdrucksache 18 (11) 1064, S. 9.
53 BT-Drucks. 18/11286, S. 44.

sage, gebunden, für die ein tarifliches Optionssystem eingeführt werden soll, ist es zulässig, beides zu einem einheitlichen Tarifvertrag zusammenzufassen.

Soweit ein Tarifvertrag über ein Optionssystem existiert, dürfte es zweckmäßig sein festzulegen, daß der individuelle Anspruch auf Entgeltumwandlung nur im Rahmen des Systems geltend gemacht werden kann. Damit wird eine etwaige zusätzliche betriebliche Versorgungsregelung und vor allem auch die Verwaltung vereinfacht. Wie oben bereits erwähnt gilt dies auch für den in § 1a Abs. 3 BetrAVG geregelten Anspruch auf Schaffung der Voraussetzungen für die Inanspruchnahme der Riester-Förderung.[54] 244

4. Tarifdispositivität der individuellen Ansprüche auf Entgeltumwandlung und auf Zuschuss (§§ 1a, 26a BetrAVG)

Gemäß § 19 Abs. 1 BetrAVG kann in Tarifverträgen von § 1a BetrAVG abgewichen werden. Das bedeutet, dass der individuelle Anspruch auf betriebliche Altersversorgung durch Entgeltumwandlung im Tarifvertrag vollständig abbedungen werden kann. Strenggenommen ist es sogar so, dass ohne einen Tarifvertrag, der ausdrücklich die Umwandlung tariflicher Entgeltbestandteile in betriebliche Altersversorgung erlaubt, eine Umwandlung dieser Entgeltbestandteile gar nicht zulässig ist. 245

Wie bereits erwähnt wurde buchstäblich in letzter Minute der neue Absatz 1a in § 1a BetrAVG eingefügt.[55] Die Regelung verpflichtet den Arbeitgeber bei Entgeltumwandlungen außerhalb von reinen Beitragszusagen, einen Zuschuss von 15 Prozent des Umwandlungsbetrags an den Pensionsfonds, die Pensionskasse oder die Direktversicherung zu zahlen. Die Regelung hat auf der Seite der Arbeitgeber einigen Unmut erzeugt. Denn offenkundig ist die Beitragsersparnis durch die Entgeltumwandlung für viele eine willkommene Kostenentlastung. Allerdings gilt dies keineswegs für alle Arbeitgeber, denn sehr viele geben die Beitragsersparnis ohne weiteres freiwillig an ihre Beschäftigten weiter. 246

Wollte man arbeitgeberseitig diesen Zuschuss vollständig vermeiden, dann müsste man die tarifvertragliche Grundlage für die Entgeltumwandlung beseitigen. Damit käme es für neue Entgeltumwandlungen sicher nicht zu irgendwelchen Zuschusszahlungen. Aber dies ist nicht der Gegenstand des Streits. Es dreht sich vielmehr alles um die Übergangsvorschrift zu § 1a Abs. 1a BetrAVG, nämlich § 26a BetrAVG. Danach ist der Zuschuss für alle Entgeltumwandlungen fällig, die ab dem 1.1.2019 vereinbart werden. Er ist jedoch darüber hinaus ab dem 1.1.2022 247

54 Vgl. o. A. Rz. 104.
55 BT-Drucks. 18/12612, S. 6, 28.

jedoch auch für alle am 1.1.2019 bereits bestehenden *individual- und kollektivrechtlichen Entgeltumwandlungsvereinbarungen* zu zahlen.

248 Dieser Wortlaut legt nahe, dass spätestens ab 2022 für sämtliche in der Vergangenheit abgeschlossenen Entgeltumwandlungen der Zuschuss fortan vom Arbeitgeber geleistet werden muss. Dies würden viele Arbeitgeber offensichtlich gerne vermeiden, denn sie haben sich an das verminderte Kostenniveau „gewöhnt". Aber die rechtliche Beurteilung bei bestehenden Tarifverträgen ist nicht ganz eindeutig. Denn es könnte Tarifverträge geben, die die Weitergabe der Beitragsersparnis ausdrücklich verneinen – ein solcher Fall ist den Verfassern allerdings nicht bekannt – oder der Tarifvertrag verhält sich nicht zur Beitragsersparnis. Er erwähnt sie schlicht nicht.

249 Nach dem weiten Wortlaut der Übergangsvorschrift müsste für alle Tarifverträge spätestens ab 2022 der Zuschuss gezahlt werden. Ausweislich der Gesetzesbegründung war das aber so gar nicht gewollt. Denn es heißt in den Gesetzesmaterialien ausdrücklich, dass „Regelungen in vor dem Inkrafttreten dieses Gesetzes abgeschlossenen Tarifverträgen, die gegenüber dem neuen gesetzlich verpflichtenden Arbeitgeberzuschuss für Beschäftigte ungünstiger sind, [gültig bleiben]".[56]

250 Problematisch sind dabei die Tarifverträge, die in der Vergangenheit abgeschlossen wurden, und die in keiner Weise explizit die Sozialversicherungs-Beitragsersparnis erwähnen. Denn hier ist es nicht klar, ob sie für die Beschäftigten „ungünstiger" sind. Sie sind im Grunde in diesem Punkt „neutral".

251 Diese „Nicht-Regelung" in den bekannten Tarifverträgen ist ohnehin ein wenig denkwürdig, denn das Problem ist seit Jahrzehnten bekannt und wurde auch 2001 bei der Schaffung des Anspruchs auf Entgeltumwandlung gesehen.[57] Es scheint, als habe insgesamt bei keinem der Beteiligten ein ausgeprägtes Interesse bestanden, diese „Nicht-Regelung" zu verschriften. Über die Gründe mag man gerne spekulieren.

252 Jedenfalls stellen sich nun zwei Fragen, nämlich

1. ob die Nicht-Erwähnung der Beitragsersparnis in einem bei Inkrafttreten des Gesetzes bereits bestehenden bAV-Tarifvertrages als ein tarifliches Abweichen von der gesetzlichen Regelung zu interpretieren ist und ob
2. in jedem Fall ab 2022 gemäß § 26a BetrAVG trotz (unterstellter) abweichender tarifvertraglicher Regelung der Zuschuss vom Arbeitgeber gezahlt werden muss.

---

56 So wörtl. in BT-Drucks. 18/12612, S. 28.

57 Vgl. Schmid, Verwendung von Gehaltsteilen für die betriebliche Altersversorgung, BB 1977, S. 700 ff.; Welker, Das Altersvermögensgesetz und seine Konsequenzen für die betriebliche Altersversorgung, 2005, S. 269; Hanau/Arteaga, Gehaltsumwandlung. 1. A., 1999, S. 89.

Thüsing vertritt die Ansicht, dass ein bei Verabschiedung des Gesetzes schon bestehender Tarifvertrag, der sich zu der arbeitgeberischen Beitragsersparnis nicht verhält, auf keinen Fall von der Zuschusspflicht erfasst werden kann, denn die Tarifparteien hätten prophetische, das Gesetz vorausahnende Fähigkeiten besitzen müssen. Da sie sich aber auf ein Verhandlungsergebnis geeinigt hätten, welches aus deren Sicht offenkundig einen gleichgewichtigen Interessenausgleich darstellte, könne dieses Gleichgewicht nicht im Nachhinein durch eine gesetzliche Zuschusspflicht verschoben werden.[58] 253

Droßel kommt zu einem anderen Ergebnis. Ihm zufolge setze eine tarifrechtlich mögliche Abweichung von der Gesetzesbestimmung einen entsprechenden Regelungswillen der Tarifparteien voraus, der bei einem vor dem Inkrafttreten des Gesetzes abgeschlossenen Tarifvertrag nicht bestehen könne.[59] Dem kann jedoch nicht ohne weiteres gefolgt werden. Denn der Regelungswille der Tarifvertragsparteien muss sich nur auf den Regelungsgegenstand beziehen – hier also die Nicht-Weitergabe der Beitragsersparnis des Arbeitgebers – nicht aber auf die *bewusste Abweichung* von der gesetzlichen Vorgabe. Die Tarifparteien müssen sich im Rahmen ihrer Regelungsbefugnisse bewegen. Aber es ist unerheblich, ob sie sich dessen bei der Ausfüllung tarifdispositiver Normen bewusst sind oder nicht. Würde man diese Forderung stellen, müsste man in die Prüfung der rechtlichen Wirksamkeit eines Tarifvertrags ggf. auch die subjektive Tatbestandsseite der handelnden Personen einbeziehen. Das kann nicht sein. 254

Weiter verkompliziert sich die rechtliche Beurteilung über die Wirkung der bei Inkrafttreten des Betriebsrentenstärkungsgesetzes bereits bestehenden Tarifverträge angesichts des BAG-Urteils vom 20.2.2018 (3 AZR 252/17). Denn das Urteil wirft die Frage auf, ob der Zuschuss per Tarifvertrag sogar dauerhaft, also auch über 2022 hinaus, ausgeschlossen werden kann. In der BAG-Entscheidung ging es darum, dass in einem Tarifvertrag für eine beitragsorientierte Leistungszusage die sog. „versicherungsvertragliche Lösung" gemäß § 2 Abs. 5 BetrAVG bei der Berechnung von unverfallbaren Anwartschaften vereinbart wurde. Dies ist eine Abweichung von der sog. ratierlichen Methode (m/n-tel Methode) und ist meist für den Arbeitnehmer nachteilig. Aber zu § 2 Abs. 5 BetrAVG gibt es eine Übergangslösung, nämlich § 30g Abs. 2 BetrAVG. Danach ist § 2 Abs. 5 BetrAVG *nicht* auf Zusagen anwendbar, die vor dem 1.1.2001 erteilt wurden. Im vorliegenden Fall datierte die Zusage aber vor dem 1.1.2001. Hierzu hat das BAG nun festgestellt: „Der Gesetzgeber hat den Tarifvertragsparteien in § 19 Abs. 1 BetrAVG die Möglichkeit eingeräumt, von § 2 BetrAVG BetrAVG abzuweichen. 255

58 Thüsing: Gilt die Pflicht zum Zuschuss zur Entgeltumwandlung nach § 1a Abs. 1a BetrAVG n.F. auch für bestehende Tarifverträge?

59 Droßel, Das neue Betriebsrentenrecht, 2018, Rz. 192.

Damit hat er ihnen zugleich die Befugnis eröffnet, insoweit auch von den Vorgaben des § 30g BetrAVG abzuweichen." Im konkreten Fall bedeutete das, dass der Tarifvertrag die versicherungsvertragliche Lösung für die Berechnung unverfallbarer Anwartschaften aus beitragsorientierten Leistungszusagen auch für solche Zusagen vorsehen durfte, die vor dem 1.1.2001 erteilt wurden.

256 Und nun die Parallele zu § 26a BetrAVG. Wendet man die gleiche Logik auf den 15%-Zuschuss nach § 1a Abs. 1a BetrAVG an, dann würde das bedeuten, dass auch § 26a BetrAVG als Übergangsvorschrift in vollem Umfang tarifdispositiv wäre, weil auch die Grundnorm, auf die sich § 26a BetrAVG bezieht, tarifdispositiv ist. Damit wäre es möglich, den Zuschuss auch mit neuen Tarifverträgen künftig dauerhaft auszuschließen. Dafür spricht sogar die Gesetzesbegründung zu § 26a BetrAVG: „In Tarifverträgen kann nach § 19 Absatz 1 ohnehin von § 1a abgewichen werden."[60]

257 Allerdings wäre ein solches tarifvertragliches Abbedingen der Zuschusspflicht ohnehin nur möglich, wenn es nicht um Entgeltumwandlungen in der Form von reinen Beitragszusagen geht. Denn bei reinen Beitragszusagen muss der 15%-Zuschuss wegen § 23 Abs. 2 BetrAVG stets gezahlt werden. Hiervon können die Tarifparteien nicht abweichen. Die Vorschrift gehört nicht wie § 1a BetrAVG zum Katalog der tarifdispositiven Vorschriften des § 19 Abs. 1 BetrAVG.

258 Sollten also bei Inkrafttreten des Gesetzes bereits bestehende Tarifverträge den Zuschuss verhindern oder würden neue Tarifverträge abgeschlossen, die den Zuschuss abbedingen können, entstünde ein Spannungsverhältnis zwischen der Entgeltumwandlung bei Leistungszusagen und denen bei reinen Beitragszusagen. Das müssten die Tarifvertragsparteien wohl bedenken. Denn die Abbedingung des Zuschusses würde nur für tarifgebundene Arbeitnehmer gelten. Nichttarifgebundene Arbeitnehmer hätten weiterhin den Anspruch auf den Zuschuss. Die Konsequenz wäre mit anderen Worten, dass die Tarifgebundenen *schlechter* gestellt wären als die Nichttarifgebundenen. Das werden die Tarifparteien gründlich abwägen.

259 Im Hinblick auf die zitierte BAG-Entscheidung ist noch anzufügen, dass sich § 30g Abs. 2 BetrAVG und § 26a BetrAVG deutlich unterscheiden. § 30g BetrAVG bezieht sich nur auf einen Berechnungsalgorhytmus für individuelle Ansprüche. § 26a BetrAVG hingegen sieht ausdrücklich vor, dass ab 2022 die Zuschusspflicht „für *kollektivrechtliche* Entgeltumwandlungsvereinbarungen" gilt, die vor dem 1.1.2019 abgeschlossen wurden. Da Entgeltumwandlungsvereinbarungen *nie* kollektiv abgeschlossen werden, sondern bestenfalls z.B. durch eine tarifvertragliche Rahmenregelung oder ein Optionssystem einen ge-

---

60 BT-Drucks. 18/12612, S. 32.

wissen kollektiven Bezug haben können, stellt sich die Frage, ob der Gesetzgeber durch die Verwendung des Wortes „kollektivrechtlich" in § 26a BetrAVG eine Beschränkung der tarifvertraglichen Dispositionsbefugnis erreichen wollte. In diesem Fall wäre auch die Übergangsfrist von mehreren Jahren sinnvoll, ermöglicht sie doch den Beteiligten, sich auf die neue Rechtslage einzustellen und bestehende Regelungen anzupassen

Die rechtliche Lage erscheint mehrdeutig. Betroffenen Sozialpartnern ist 260
sehr zu einer zügigen tarifvertraglichen Klarstellung zu raten und gerichtliche Auseinandersetzungen über diese Frage zu vermeiden.

5. Persönlicher Anwendungsbereich

a) Grundsatz

Es ist zu überlegen, den Anwendungsbereich des Optionssystems gegenüber 261
den überwiegend in bisherigen Tarifverträgen zur Entgeltumwandlung geregelten, meist sehr weit gefassten Bereichen, einzuschränken. Denn das Optionssystem sollte nur für Arbeitnehmer und Arbeitnehmergruppen vorgesehen werden, für die die jeweilige Entgeltumwandlung typischerweise günstig ist. Bisher konnte die Günstigkeitsbeurteilung den einzelnen Arbeitnehmern überlassen werden, da sie den Umwandlungsanspruch individuell geltend machen mussten. Man konnte bislang deshalb davon ausgehen, dass sie sich selbst eigene Gedanken über die Vorteilhaftigkeit der Entgeltumwandlung gemacht hatten.

Dies ist im Optionssystem anders. Der Arbeitnehmer wird zunächst unge- 262
fragt in die Entgeltumwandlung eingebunden. An die Stelle der primär individuellen Beurteilung muss deshalb im Optionssystem mindestens eine kollektiv typisierende treten, da es sich um ein Massenverfahren handelt. Individuelle Meinungen und Überlegungen zur Vorteilhaftigkeit können von jedem Einzelnen im Widerspruchsverfahren geltend gemacht werden. Dies betrifft vor allem die nachstehend beschriebenen Arbeitnehmergruppen.

b) Altersgruppen

Die automatische Einbeziehung in die Entgeltumwandlung, wenn auch mit Wi- 263
derspruchsrecht, bedarf bei jüngeren und bei älteren Arbeitnehmern sorgfältiger Abwägung. In Großbritannien, wo man viele Erfahrungen mit einem Optionssystem und seiner rechtlichen Regelung hat, beginnt die Umwandlung erst im Alter von 22 Jahren. Andererseits mag für Deutschland § 1b BetrAVG eine Orientierung bieten, der die gesetzliche Unverfallbarkeit ab Inkrafttreten der EU-Mobilitätsrichtlinie zum 1.1.2018 auf das 21. Lebensjahr absenkt (zuvor galt

das 25. Lebensjahr). Dies gibt einen Hinweis darauf, dass tendenziell lieber früher mit dem Aufbau der Altersversorgung begonnen werden soll. Im Hinblick auf die reinen Beitragszusagen, die von Beginn an gesetzlich unverfallbar sind, wäre hingegen ein Mindestalter nicht zwingend erforderlich. Auch ihre unkomplizierte Handhabung im Falle eines Arbeitgeberwechsels spricht für den Verzicht auf ein Mindestaufnahmealter.

264 Eine Altersgrenze nach oben wird in Großbritannien diskutiert, ist aber noch nicht reglementiert. Der Tarifvertrag zur Altersversorgung für die Holz- und Kunststoff verarbeitende Industrie in Baden-Württemberg sieht vor, dass Beschäftigte, die bei Inkrafttreten des Tarifvertrages das 50. Lebensjahr vollendet hatten, den Altersvorsorgegrundbetrag für die Vermögensbildung nutzen können, also nicht nur für Altersversorgung. Das ist verhältnismäßig früh. Vermutlich beruhten diese niedrigen Höchstaufnahmealter in der Vergangenheit auf steuerlichen Überlegungen, die vor allem bei Direktversicherungen meist eine Mindestlaufzeit von 12 Jahren verlangen, wenn steuerliche Vergünstigungen wie z.B. die sog. „Halbeinkünftebesteurung" gemäß § 20 Abs. 1 Nr. 6 S. 2 EStG greifen sollen. Außerdem bewirkt ein Höchstaufnahmealter spiegelbildlich eine entsprechende Mindestlaufzeit und damit potentiell auch eine entsprechende Beitragszahlungsdauer, so dass dem Entstehen von Bagatellanwartschaften vorgebeugt wird.

265 Andererseits ist gerade bei älteren Arbeitnehmern oftmals das Interesse an einer Verbesserung ihrer Altersversorgung besonders hoch und meistens ist gerade ihnen eine entsprechende Beitragsleistung bzw. Entgeltumwandlung einkommensbedingt auch möglich. Daher stellt sich ähnlich wie bei den Überlegungen zum Mindestaufnahmealter auch hinsichtlich eines Höchstaufnahmealters die Frage, was im Falle einer reinen Beitragszusage eigentlich einem Verzicht auf eine solche Altersbegrenzung entgegensteht? Freilich wird man kapitalanlageseitig Vorkehrungen treffen müssen, damit nicht volatile Anlagen bei den kurzen Laufzeiten ungebremst durchschlagen.[61] Und Bagatellanwartschaften ließen sich durch entsprechende Abfindungsregelungen im Rahmen von tarifvertraglichen Festlegungen auch über den engen Rahmen des § 3 BetrAVG hinaus vermeiden.

c) Geringverdiener

266 Die vielfältigen Neuregelungen in der betrieblichen Altersversorgung durch das Betriebsrentenstärkungsgesetz, zu denen auch das Optionssystem gehört, sol-

61 Vgl. u. C. Rz. 54 mit den Vorschlägen zur altersabhängigen Staffelung.

len vor allem Geringverdiener in die betriebliche Altersversorgung einbeziehen. Der Gesetzgeber geht allerdings davon aus, dass Geringverdienern häufig die Mittel fehlen, um im Wege der Entgeltumwandlung eine substantielle Betriebsrente aufzubauen.[62] Aus diesem Grund sollen den Geringverdienern möglichst alle existierenden Fördermöglichkeiten zugutekommen, damit eben doch eine Altersversorgung aufgebaut werden kann.

Allerdings ist der in § 100 EStG vorgesehene Förderbetrag zur betrieblichen 267
Altersversorgung für das Optionssystem bzw. die Entgeltumwandlung unzugänglich, da er eine *zusätzliche Leistung des Arbeitgebers* voraussetzt. Beiträge, die aus einer Entgeltumwandlung stammen, sind somit hinsichtlich des neuen Förderbetrages nicht begünstigt.[63] Es drängt sich daher auf, bei der nächsten Tarifrunde für alle Arbeitnehmer oder nur für Geringverdiener im Sinne des § 100 EStG n.F. einen solchen zusätzlichen Versorgungsbeitrag des Arbeitgebers vorzusehen.

Hingegen dürfte die Riester-Förderung bzw. die Netto-Entgeltumwandlung 268
von ganz besonderer Bedeutung für Geringverdiener sein.[64] Insbesondere bedeutet die Förderung durch Kinderzulagen, die in der riestergeförderten betrieblichen Altersversorgung besteht, eine noch gezieltere Förderung von Geringverdienern mit Familie, da eine kinderbezogene Förderung in der übrigen Altersversorgung nicht im gleichen Maße besteht. Außerdem schafft das Gesetz zusätzlich in § 252 Abs. 1 Nr. 5 SGB V für betriebliche Riesterrenten die Befreiung von der Beitragspflicht zur Kranken- und Pflegeversicherung.[65]

Und es gibt bei Geringverdienern ein weiteres Hindernis, welches dem Auf- 269
bau einer eigenen Altersversorgung im Wege steht. Denn offenbar befürchten Geringverdiener, im Ruhestand auf die Inanspruchnahme der Grundsicherung angewiesen zu sein. Dort wurde bislang jede Eigenvorsorge auf den Grundsicherungsanspruch angerechnet. Um dem abzuhelfen und einen Anreiz für Eigenvorsorge zu schaffen, sieht das Gesetz in § 82 Abs. 4 SGB XII eine partielle Nichtanrechnung betrieblicher Altersversorgung auf die Grundsicherung im Alter und bei Erwerbsunfähigkeit vor.

Je nach Ausgestaltung des Optionssystems kann es somit auch für Gering- 270
verdiener sehr attraktiv sein. Und die Entgeltumwandlung kann sich auch auf den gesetzlichen Mindestlohn erstrecken.[66]

---

62 BT-Drucks. 18/11286, S. 31, 48, 68.

63 BT-Drucks. 18/11286, S. 70.

64 Ausf. zur verbesserten Riester-Förderung vgl. u. B. Rz. 81.

65 Dazu ausf. B. Rz. 82.

66 S. BT-Drucks. 18, 1558, S. 35; vgl. die oben angeführten Berechnungsbeispiele für geringe Einkommen mit kleinen Sparbeiträgen A. Rz. 121.

271 Aus alledem folgt zunächst, dass im Hinblick auf Geringverdiener Mechanismen und Beratungshilfen geschaffen werden sollten, die in jedem Einzelfall eine maximale Inanspruchnahme der Riesterförderung bewirken. Eine automatische, überprüfungsfreie Einbeziehung von Geringverdienern in ein Nicht-Riester-Sparprodukt sollte nicht erfolgen.

6. Sachlicher Anwendungsbereich und Wahlrechte

a) Grundsatz

272 Der sachliche Anwendungsbereich der Entgeltumwandlung und die darauf bezogenen Wahlrechte von Arbeitgebern und Arbeitnehmern können im Optionssystem festgelegt werden, soweit dies zum Schutz der Arbeitnehmer erforderlich ist. Im Übrigen kann dies, ggf. nach Maßgabe des Tarifvertrages, der jeweiligen betrieblichen Versorgungsordnung überlassen werden. Anstelle der völligen Ablehnung des Angebots könnten auch Wahlrechte der Arbeitnehmer vorgesehen werden. Ihre Ausübung wäre rechtlich keine Variante des Widerspruchs, sondern die Annahme einer Variante des Angebots. § 20 Abs. 2 BetrAVG würde insoweit nicht gelten, sollte aber sinngemäß beachtet werden, etwa hinsichtlich der dort genannten Form- und Fristvorschriften.

273 Wahlrechte des *Arbeitgebers* wären dagegen Inhalt der Vorgabe, die bei Ausbleiben eines Widerspruchs (also Schweigen des Arbeitnehmers) in Kraft tritt. Dabei ist allerdings seitens des Arbeitgebers Zurückhaltung geboten, um dem Schweigen der Arbeitnehmer keine übermäßigen Wirkungen beizulegen.

b) Höhe der Entgeltumwandlung

274 Während bisherige Tarifverträge zur Entgeltumwandlung die Höhe des Umwandlungsbetrages meist nicht festlegten, sondern dem Beschäftigten die Festlegung der Höhe bis zu 4% der jeweiligen Beitragsbemessungsgrenze in der gesetzlichen Rentenversicherung überlässt, muss bei dem Optionssystem naturgemäß eine ganz bestimmte Vorgabe gemacht werden, die bei Ausbleiben eines Widerspruchs maßgeblich ist. Hier sollte der Betrag gewählt werden, der typischerweise von den Arbeitnehmern gewünscht wird.

275 Schon hier stellt sich die Frage, ob die Möglichkeit des Widerspruchs zwingend zur vollständigen Ablehnung des Angebots führen muss, oder ob der Widerspruch stattdessen durch ein Wahlrecht der Arbeitnehmer zur Auswahl eines höheren oder niedrigeren Umwandlungsbetrages ergänzt werden kann. Darüber muss der Tarifvertrag entscheiden.

Psychologisch kann es hilfreich sein, die Umwandlung erst mit der nächsten Entgelterhöhung beginnen und/oder später mit weiteren Entgelterhöhungen steigen zu lassen, damit Reduktionen der Netto-Barbezüge möglichst vermieden werden. Der Tarifvertrag über das Optionssystem kann Mindestbedingungen für die Dauer der Entgeltumwandlung regeln, soweit dies zum Schutz der Arbeitnehmer erforderlich ist. 276

Wortlaut und Zweck des § 20 BetrAVG sprechen auch dafür, das Optionssystem nicht auf die *erstmalige* Entgeltumwandlung nach dieser Vorschrift zu beschränken, sondern auf ihre spätere Änderung oder Aufhebung zu erstrecken. Schon der Begriff eines Options*systems* deutet auf einen größeren Zusammenhang hin, nicht nur auf einen einmaligen Vorgang. Auch der Zweck des Systems, nämlich die Förderung der betrieblichen Altersversorgung durch Entgeltumwandlung, wäre beeinträchtigt, wenn eine in deren Rahmen erfolgte Entgeltumwandlung unflexibel würde, weil sie nur noch durch individuelle Vereinbarungen an zukünftige Entwicklungen und Bedürfnisse angepasst werden könnte. Deshalb muss eine im Rahmen des Optionssystems eingeführte Entgeltumwandlung in diesem Rahmen auch geändert oder abgeschafft werden können. 277

Ein Wahlrecht der *Arbeitgeber* von eher theoretischer Art würde vorliegen, wenn ihnen bei Ausbleiben eines Widerspruchs die Bestimmung der Höhe der Umwandlung überlassen bliebe. Das sollte der Tarifvertrag aber nicht zulassen, da es ganz unüblich ist und tief in die Autonomie der Arbeitnehmer eingriffe. 278

c) Umwandelbare Entgeltbestandteile

Die gleiche Situation besteht bei den umwandelbaren Entgeltbestandteilen, die in diversen existierenden Tarifverträgen zur Entgeltumwandlung zur Auswahl des Arbeitnehmers gestellt werden. Auch hier sollte eher ein ganz konkreter Entgeltanspruch zur Vorgabe gemacht werden und dem Arbeitnehmer neben dem Widerspruch die Wahl anderer Entgeltbestandteile ermöglicht werden, soweit dies im Tarifvertrag über das Optionssystem zugelassen wird. Ein Wahlrecht des Arbeitgebers sollte auch insoweit nicht vorgesehen werden, da die erforderliche Auswahl ganz in der Sphäre der Arbeitnehmer liegt. 279

Das gilt auch für übertarifliche Entgelte bzw. Entgeltbestandteile. Zwar sind die Tarifpartner für diese Vergütungsansprüche grundsätzlich nicht zuständig, und ein entsprechendes einengendes Verständnis bezüglich der tariflichen Entgeltkomponenten läge systematisch durchaus nahe. Schließlich ist das Optionssystem in § 20 Abs. 2 BetrAVG geregelt. Dieser Vorschrift geht Absatz 1 voran und legt fest, dass eine Entgeltumwandlung für Entgeltansprüche, die auf einem Tarifvertrag beruhen, nur vorgenommen werden kann, wenn dies durch 280

Tarifvertrag „vorgesehen oder durch Tarifvertrag zugelassen ist." Dennoch kann in dem Optionssystem prinzipiell jede Entgeltkomponente zunächst einmal in die Entgeltumwandlung einbezogen werden.

281 Folgende Argumente stützen diese Auffassung:

- Würden durch ein Optionssystem nur tarifliche Entgelte in die Entgeltumwandlung einbezogen werden können, wäre die Regelung in § 20 Abs. 2 S. 2 Nr. 2 a) BetrAVG nicht verständlich. Denn die Vorschrift verlangt, dass in dem Angebot des Arbeitgebers für die automatische Entgeltumwandlung die umzuwandelnden „Vergütungsbestandteile" aufgeführt werden. Hätte der Gesetzgeber die Vorstellung gehabt, dass dies nur tarifliche Vergütungsbestandteile sein dürfen, dann hätte er an dieser Stelle ohne weiteres das Adjektiv „tarifliche" eingefügt. Buchstabe a) hätte dann also z.B. gelautet „... welcher Betrag und welche der *tariflichen* Vergütungsbestandteile umgewandelt werden sollen ...". Aber so ein einschränkendes Verständnis hat es nie gegeben. Es ist auch kein Grund für eine solche Restriktion ersichtlich.
- Die Schutzfunktion des Gesetzes verlangt, dass die Optionssysteme bzw. ihr Rahmen von den Tarifparteien festgelegt wird – unabhängig davon, welche Vergütungskomponenten umgewandelt werden.
- Auch die Anwendung eines Optionssystems durch vertragliche Inbezugnahme des einschlägigen Tarifvertrags bei nichttarifgebundenen Arbeitgebern und Arbeitnehmern wäre bei so einem einschränkenden Verständnis unmöglich, denn dort liegen von vornherein keine tariflichen Entgelte vor.
- Letztlich modifiziert das Optionssystem ohnehin in erster Linie lediglich das AGB-Recht, indem es die Änderung der individuellen Entgeltansprüche bzw. -abrede unter den in § 20 Abs. 2 S. 2 BetrAVG genannten Voraussetzungen entgegen den allgemeinen Regeln durch Schweigen zustande kommen lässt. Damit regelt das Optionssystem letztlich gar nicht unmittelbar die in Rede stehenden übertariflichen Entgeltansprüche.

d) Durchführungswege und Versorgungsträger

282 Bisherige Tarifverträge zur Entgeltumwandlung lassen dem Arbeitgeber oftmals die Wahl zwischen verschiedenen Durchführungswegen, Versorgungsträgern und/oder Vorsorgeprodukten, die er den Arbeitnehmern anbieten kann. Als Vorgabe für eine automatische Entgeltumwandlung gegenüber den Arbeitnehmern ist dies ungeeignet. Die Auswahl zwischen mehreren möglichen Durchführungswegen oder Anbietern würden den Arbeitnehmer überfordern und ihn u.U. sogar im Unklaren darüber lassen, was sein Schweigen auf das Angebot

bedeutet. Stattdessen könnte/sollte sich der Tarifvertrag auf einen ganz konkreten Versorgungsträger beschränken, auch wenn § 22 BetrAVG sogar drei *Arten* von Versorgungseinrichtungen zulässt. Aber Letzteres ist im Grunde unbedeutend, denn im Grunde sind die Arten der Versorgungsträger gleichwertig.

Einige der existierenden Tarifverträge zur Entgeltumwandlung lassen den Arbeitnehmern die Wahl, ob sie die Riester-Förderung nach §§ 10a, 79ff. EStG in Anspruch nehmen wollen. Dementsprechend könnte die Optionsregelung von der Bruttoumwandlung ausgehen, den Arbeitnehmern aber den Übergang zum Riester-System im Rahmen des Widerspruchs anheimstellen. Wenn sich hingegen typischerweise feststellen lässt, wann das eine oder andere für bestimmte Gruppen oder Einzelpersonen günstiger ist, könnte schon die allgemeine Vorgabe eine entsprechende typisierende Differenzierung enthalten.[67] 283

Die Vorgabe eines bestimmten Durchführungswegs ist zulässig. Der Europäische Gerichtshof für Menschenrechte (EGMR)[68] und das Bundesarbeitsgericht (BAG)[69] haben nicht einmal Bedenken gegen die Allgemeinverbindlichkeit einer tariflichen Versorgungsregelung, die auf einen bestimmten Versorgungsträger zugeschnitten ist. Denkbar wäre es allerdings, den Arbeitnehmern die Möglichkeit eines Widerspruchs gegen die ganze Entgeltumwandlung oder, alternativ, zur Annahme anderer angebotener Durchführungswege oder Vertragsgestaltungen zu geben. 284

e) Wahlrechte bei den Versorgungsleistungen

In manchen existierenden Tarifverträgen zur Entgeltumwandlung wird die Abdeckung der Invaliditäts- und/oder Hinterbliebenenrisiken für den Beschäftigten wahlweise, also in abwählbarer Form, angeboten. Bei dem Optionssystem gilt stattdessen wieder, dass eine bestimmte Vorgabe gemacht werden sollte. Auch hier dürfte es naheliegen, die Versorgung im Alter, bei Erwerbsminderung und für Hinterbliebene gemeinsam vorzuschlagen und die Möglichkeit einer nicht vollständig ablehnenden, sondern einer differenzierenden Erwiderung des Arbeitnehmers einzuräumen. 285

Wie oben bereits dargelegt ist hierbei zu beachten, dass die meisten versicherungstechnischen Formen der kollektiven Absicherung von Erwerbsminderungs- oder Hinterbliebenenversorgung die *vollständige* Einbindung des abstrakt beschriebenen Kollektivs erfordern. Damit wird versicherungstechnisch die sog. „negative Risikoauslese“ vermieden. Eine individuelle Willensbetäti- 286

67 Vgl. ausf. zu den „Default“-Vorbelegungen im Tarifvertrag A. Rz. 169.
68 Urt. v. 2.6.2016, Az. 23646/09.
69 Zuletzt Beschl. v. 21.9.2016, 10 ABR 48/15.

gung kommt in diesen Fällen nicht in Betracht. Eine Abwahl dieser Leistungen wäre dann nicht möglich. Möglicherweise ist je nach Anbieter auch eine Entscheidung innerhalb eines definierten Zeitfensters z.B. ab Diensteintritt versicherungstechnisch möglich. Dies würde freilich die Flexibilität aus Sicht der Versorgungsberechtigten erhöhen.

f) Einwirkungen auf bestehende Entgeltumwandlungen

287 Nach § 21 Abs. 2 BetrAVG sollen Tarifverträge über die reine Beitragszusage bestehende Betriebsrentensysteme angemessen berücksichtigen. Die Tarifvertragsparteien *müssen* insbesondere prüfen, ob auf der Grundlage einer Betriebs- oder Dienstvereinbarung oder, wenn ein Betriebs- oder Personalrat nicht besteht, durch schriftliche Vereinbarung zwischen Arbeitnehmer und Arbeitgeber, tarifvertraglich vereinbarte Beiträge für eine reine Beitragszusage für eine andere nach diesem Gesetz zulässige Zusage verwendet werden dürfen.

288 Obwohl sich dies unmittelbar nur auf die Regelung der reinen Beitragszusage in § 21 BetrAVG bezieht, gilt dieses Rücksichtnahmegebot indirekt auch für die in § 20 BetrAVG geregelten tarifvertraglichen Optionssysteme, soweit diese die Einführung einer reinen Beitragszusage vorsehen. Denn schon damit dürfte in vielen Fällen eine Einwirkung auf andere Betriebsrentensysteme entstehen. Für diese Einwirkung kommen verschiedene Intensitätsgrade in Betracht. Als erstes ist denkbar, dass durch das Optionssystem eine reine Beitragszusage in Betrieben und Unternehmen eingeführt werden soll, in denen noch kein Betriebsrentensystem besteht. Für diesen Fall dürfte die in § 21 Abs. 2 BetrAVG vorgesehene Berücksichtigungs- und Prüfungspflicht ins Leere gehen, sodass eine reine Beitragszusage im Optionssystem ohne weiteres direkt eingeführt werden kann.

289 Eine weitergehende Einwirkung liegt vor, wenn eine reine Beitragszusage durch Optionssystem *neben* im Betrieb bereits bestehenden und angewandten Rentensystemen eingeführt werden soll. Hier setzen Berücksichtigungs- und Prüfungspflicht zugunsten der bestehenden Systeme ein. Ihnen kann ggf. dadurch Rechnung getragen werden, dass die reine Beitragszusage auf Arbeitnehmer beschränkt wird, die in die bestehenden Systeme nicht einbezogen sind, insbesondere Neueinstellungen.

290 Eine noch intensivere Einwirkung auf ein bestehendes betriebliches Rentensystem liegt vor, wenn die im Betrieb bestehenden Rentensysteme aufgrund der dafür in ihnen vorgesehenen Möglichkeiten beendet werden, um stattdessen eine reine Beitragszusage einzuführen und dafür das Optionssystem zu nutzen. Formal greift dann die Berücksichtigungs- und Prüfungspflicht gemäß § 21 Abs. 2 BetrAVG nicht ein, weil im Betrieb kein Versorgungsmodell mehr besteht. Wegen des inneren Zusammenhanges zwischen Beseitigung des bestehenden

und Einführung des neuen Systems wird man aber § 21 Abs. 2 BetrAVG auch hier sinngemäß anzuwenden haben.

Besonders weitgehend wäre es, ein durch Arbeitsvertrag begründetes oder durchgeführtes Rentensystem im Optionssystem direkt auf eine reine Beitragszusage überzuleiten, sodass das bisherige System nur für die widersprechenden Arbeitnehmer fortbestehen würde. Bei einer solchen Transformation der bestehenden Versorgungsregelung wäre sehr zweifelhaft, ob sie im Wege eines Optionssystems überhaupt rechtswirksam vollzogen werden könnte. Denn hier ginge es nicht um die Umwandlung von Entgelt in Altersversorgung, sondern um eine Art Umwandlung bzw. eher eine Art von Ablösung von Versorgungszusagen, also ggf. um einen Wechsel des Durchführungswegs, mindestens aber einen Wechsel der Zusageart. Dazu meint Rieble,[70] eine solche „Umwandlung von Versorgungszusagen" sei keine Entgeltumwandlung, wenngleich ihnen Entgeltcharakter zukomme und sie mithin vom Wortlaut des § 1a BetrAVG erfasst würden. Dieses Bedenken verstärkt sich, wenn eine solche „Zusagenumwandlung" gar in bereits erworbene Anwartschaften eingreifen würde. 291

7. Form und tariflicher Inhalt der Option

Die Grundzüge der Form des Optionssystems sind in § 20 Abs. 2 BetrAVG geregelt. Dabei ist davon auszugehen, dass das Textform erfordernde Angebot des Arbeitgebers nur gegenüber den Arbeitnehmern wirksam wird, denen es auch persönlich zugegangen ist. Eine nur betriebsöffentliche Erklärung reicht demnach nicht aus.[71] Die Form eines Widerspruchs sollte ebenfalls in dem Tarifvertrag geregelt werden. 292

Zum Inhalt der Option heißt es in der Begründung des Gesetzes,[72] es gebe in § 20 Abs. 1 S. 2 Nr. 1 und 2 BetrAVG lediglich grundlegende Vorgaben, wie Optionssysteme ausgestaltet sein müssen. Dazu gehörten unter anderem die Festlegung von Mindestfristen sowie Mindestanforderungen an Form und Inhalt des Angebots. Dazu könnte auch die Vorgabe zählen, dass eine Invaliditäts- und Hinterbliebenenabsicherung zum Leistungsspektrum gehören muss. Ferner kann der Tarifvertrag über das Optionssystem dessen persönlichen und sachlichen Anwendungsbereich regeln, soweit es zum Schutz der Arbeitnehmer erforderlich ist und nicht der jeweiligen betrieblichen Versorgungsordnung überlassen bleiben soll. 293

70 Rieble, a.a.O., S. 18 Rn. 43.

71 Einzelheiten zur Textform zuletzt bei ErfK-Preis, 17. Auflage 2017, §§ 125–127 BGB, Rn. 30.

72 BT-Drucks. 18/11286, S. 44.

294 Darüber hinaus könnten die Tarifvertragsparteien konkrete Kostenvorgaben im Hinblick auf den durchführenden Versorgungsträger machen. In den Regelungen zur betrieblichen Altersversorgung wird die Kostenfrage auch sonst zunehmend angesprochen. So weist der Gesetzesbegründung darauf hin, dass die Anbieter von Riester- und Basisrentenverträgen auf der Grundlage des Altersvorsorge-Verbesserungsgesetzes ab 1.1.2017 verpflichtet sind, die Kosten und die Kostenstruktur ihrer Produkte offenzulegen.[73] Die Einführung einer Kostengrenze bei den Riesterprodukten ist zum jetzigen Zeitpunkt aber wohl noch verfrüht.

295 Den Tarifparteien obliegt ferner die wichtige Aufgabe, für das Angebot alle seitens des Arbeitgebers bzw. seitens des Versorgungsträgers bereitzustellenden Angaben vorzuschreiben, die erforderlich sind, um den Arbeitnehmern eine sachgerechte Entscheidung über die Ausübung der Option zu ermöglichen.[74] Die Tarifparteien sind an diese allgemeinen Regeln nicht gebunden, müssen aber bedenken, dass bei einem Optionssystem eine ausführliche und verständliche Unterrichtung noch wichtiger ist als vor einem individuellen Vertragsschluss.

296 In den existierenden Tarifverträgen zur Entgeltumwandlung ist im Allgemeinen geregelt, dass der Arbeitgeber die Beschäftigten über die Grundzüge der angebotenen Altersversorgung durch Entgeltumwandlung zu informieren hat. Allgemeine Hinweise des Trägers der Altersvorsorge, insbesondere Auskünfte über die zu erwartenden Leistungen, werden an die Beschäftigten weitergegeben. Die Tarifparteien werden zu prüfen haben, ob die konkrete Form, in der diese Information durch den von ihnen ausgewählten Versorgungsträger erfolgt, auch bei dem Optionssystem ausreicht.

297 Schließlich kann der Tarifvertrag auch Fristen bestimmen, nach deren Ablauf das Angebot wiederholt werden kann oder muss. In Großbritannien wird das sog. „auto-enrolment“ alle drei Jahre turnusmäßig wiederholt. Der nicht teilnahmewillige Arbeitnehmer muss jedes Mal widersprechen, wenn er bei seiner Meinung geblieben ist.

8. Überschreiten der Tarifbindung

a) Nichttarifgebundene Arbeitnehmer tarifgebundener Arbeitgeber

298 Tarifvertragliche Regelungen des Optionssystems gelten für alle Arbeitnehmer oder Gruppen von Arbeitnehmern tarifgebundener Unternehmen oder Betriebe normativ, ohne Rücksicht auf deren Gewerkschaftszugehörigkeit. Dies ergibt sich aus dem Wortlaut des § 20 Abs. 2 BetrAVG und aus § 3 Abs. 2 TVG, da es

73 BT-Drucks. 18/11286, S. 34.

74 Ausf. hierzu Reinecke, NZA 2015, S. 1153 ff.

sich bei der tariflichen Regelung des Optionssystems um Betriebsnormen handelt, die nur einheitlich für alle betroffenen Arbeitnehmer eines Unternehmens ohne Rücksicht auf Gewerkschaftszugehörigkeit gelten können. Jeden Arbeitnehmer in diesem Zusammenhang nach der Gewerkschaftsmitgliedschaft zu fragen, würde den angestrebten und erforderlichen Automatismus verhindern.

b) Nichttarifgebundene Arbeitgeber

Nach § 20 Abs. 2 S. 3 BetrAVG können nichttarifgebundene Arbeitgeber ein einschlägiges tarifvertragliches Optionssystem anwenden oder aufgrund eines einschlägigen Tarifvertrages durch Betriebs- oder Dienstvereinbarung die Einführung eines Optionssystems regeln. Dies bedeutet, dass die Übernahme des Tarifvertrages über das Optionssystem vor dessen Anwendung nicht zuerst in einem gesonderten Akt durch arbeitsvertragliche Bezugnahme herbeigeführt werden muss. Es reicht stattdessen aus, dass der nichttarifgebundene Arbeitgeber den Arbeitnehmern mitteilt, dass eine Entgeltumwandlung nach Maßgabe des Tarifvertrages stattfinden wird, wenn die Arbeitnehmer nicht widersprechen. 299

Es wäre mit dem Sinn und Zweck des Optionssystems unvereinbar, zunächst eine individuelle schuldrechtliche Vereinbarung zur Einbeziehung des Tarifvertrages zu verlangen und erst danach aufgrund des Tarifvertrages das Optionssystem wirken zu lassen. Beides muss zusammengefasst werden, d.h. der Arbeitgeber kann die Arbeitnehmer gleichzeitig darauf hinweisen, dass sie sich an den Tarifvertrag über das Optionssystem binden und eine im Einzelnen angebotene Option ausüben können. Bei einer Entgeltumwandlung in eine reine Beitragszusage muss dies sogar auf den ihr zugrundliegenden Tarifvertrag ausgedehnt werden können. Der Arbeitgeber kann dann in einem Schreiben erklären, dass die Zustimmung des Arbeitnehmers zur Anwendung der einschlägigen Tarifverträge und einer ihrem Vollzug dienenden Entgeltumwandlung angenommen wird, wenn Letzterer nicht widerspricht. 300

Der Übernahme einer tariflichen Regelung des Optionssystems in nichttarifgebundene Unternehmen oder Betriebe kann auch eine Betriebs- oder Dienstvereinbarung dienen (§ 20 Abs. 2 S. 3 BetrAVG n.F.). Eine freiwillige Betriebsvereinbarung würde allerdings nichts daran ändern, dass der Arbeitgeber jedem einzelnen Arbeitnehmer zusätzlich ein Angebot zur Ausübung der Option machen muss. Und das kann er auch ohne Betriebsvereinbarung. Ein Mitbestimmungsrecht zur Erzwingung einer solchen Betriebsvereinbarung ist nicht gegeben,[75] außer wenn der Tarifvertrag es vorsieht. 301

---

75 Hanau/Arteaga/*Rieble*/Veit, a.a.O., S. 110 ff.

Teil B – Verbesserungen der steuerlichen Förderung der bAV und der Riesterförderung

I. Änderungen bei der Besteuerung von Beiträgen und Leistungen in der bAV

1 Neben den wesentlichen arbeitsrechtlichen Neuerungen, die das Betriebsrentenstärkungsgesetz[1] mit der reinen Beitragszusage und dem Optionssystem dem deutschen Betriebsrentenrecht zum 1. Januar 2018 gebracht hat, wurden auch eine Fülle von Verbesserungen im Bereich der steuerlichen Förderung und im Bereich der bAV-Riester-Rente geschaffen. Bei letzterer lässt insbesondere die Erhöhung der Grundzulage und der Wegfall der Doppelverbeitragung in der Kranken- und Pflegeversicherung auf eine stärkere Verbreitung der Riester-Rente über die betriebliche Altersversorgung hoffen. Die zahlreichen Neuerungen werden nachstehend jeweils im Anschluss an eine kurze Zusammenfassung der Grundlagen der Besteuerung der bAV bzw. der Grundlagen der Riester-Förderung zusammengefasst.

1. Grundsätze der Besteuerung

2 Betriebliche Altersversorgung kann in Deutschland bekanntlich in fünf verschiedenen Durchführungswegen verwirklicht werden. Das sind: Direktzusage, Unterstützungskasse, Direktversicherung, Pensionskasse und Pensionsfonds. Die steuerlichen Auswirkungen einer entsprechenden Versorgungszusage sind in der Anwartschaftsphase und in der Leistungsphase auf der Ebene des Versorgungsberechtigten für jeden der fünf Durchführungswege unterschiedlich geregelt.

a) Anwartschaftsphase

3 Während bei Direktzusagen und Unterstützungskassenzusagen in der Anwartschaftsphase keine Einkommensteuer ausgelöst wird, sind die Beitragszahlungen des Arbeitgebers in den versicherungsförmigen Durchführungswegen (Direktversicherung, Pensionskasse und Pensionsfonds) grundsätzlich einkom-

---

1 Gesetz zur Stärkung der betrieblichen Altersversorgung und zur Änderung anderer Gesetze vom 17.8.2017, BGBl. I, S. 3214, BStBl. I, S. 1278.

https://doi.org/10.1515/9783110574777-002

mensteuerpflichtig zu dem Zeitpunkt, zu dem sie geleistet werden. Die steuerliche Behandlung solcher Beiträge an versicherungsförmige Versorgungsträger wurde in den zurückliegenden Jahren mehrfach geändert. Die letzten größeren Änderungen vor dem Betriebsrentenstärkungsgesetz erfolgten zum 1.1.2005 durch das **Alterseinkünftegesetz**[2]. Seither waren Beiträge an Direktversicherungen, Pensionskassen und Pensionsfonds bis zu 4% der Beitragsbemessungsgrenze in der allgemeinen Rentenversicherung (im Folgenden „BBG") grundsätzlich steuerfrei nach § 3 Nr. 63 EStG.

Die zuvor in § 40b EStG geregelte Belegung dieser Beiträge mit einer pauschalen Lohnsteuer wurde geändert. § 40b EStG i.d.F. ab 1.1.2005 erfasst seither nur noch Beitragszahlungen an umlagefinanzierte Pensionskassen. Die Möglichkeit der Pauschalbesteuerung für Beiträge an Direktversicherungen und Pensionskassen nach § 40b EStG in der bis zum 31.12.2004 geltenden Fassung ist nur noch möglich für Versorgungszusagen, die vor dem 1.1.2005 erteilt wurden (sog. Altzusagen). Direktversicherungen, die vor dem 31.12.2004 abgeschlossen wurden und die die Voraussetzungen für die Steuerbefreiung nach § 3 Nr. 63 EStG erfüllten, können zudem nur dann weiter pauschal besteuert werden, wenn der Arbeitnehmer auf die Steuerfreiheit nach § 3 Nr. 63 EStG fristgemäß verzichtet hatte. Als Ausgleich für die wegfallende Lohnsteuerpauschalierungsmöglichkeit gemäß § 40b EStG für alle neu ab 1.1.2005 erteilten Versorgungszusagen wurde der steuerfreie Höchstbetrag von 4% der BBG erhöht um einen zusätzlichen Betrag von € 1.800, sofern nicht Beiträge für eine Altzusage nach § 40b Abs. 1 und 2 EStG i.d.F. bis 31.12.2004 weiter pauschal besteuert wurden. 4

Mit dem Betriebsrentenstärkungsgesetz wurde zum 1.1.2018 diese Zweiteilung in Altzusagen (bis 31.12.2004) und Neuzusagen (ab 1.1.2005) wieder aufgegeben, da sich diese Unterscheidung in der Praxis in zu vielen Fällen als zu kompliziert herausgestellt hatte.[3] Seit dem 1.1.2018 sind Beiträge an Pensionskassen, Pensionsfonds und Direktversicherungen in Höhe von 8% der BBG steuerfrei. Dafür entfällt der zusätzliche Höchstbetrag von € 1.800 für ab 1.1.2005 erteilte Zusagen.[4] 5

b) Leistungsphase

Versorgungsleistungen, die aus den Durchführungswegen Direktzusage und Unterstützungskasse herrühren, werden nach § 19 EStG als Einkünfte aus nichtselbständiger Arbeit versteuert. Bei einer Auszahlung als einmalige Kapitalleis- 6

2 AltEinkG v. 5.7.2004, BGBl. I S. 1427.

3 BT-Drucks. 780/16, S. 62 mit Verweis auf BMF-Schreiben vom 24.7.2013, BStBl. I S. 1022.

4 Zur Steuerfreiheit nach § 3 Nr. 63 EStG im Einzelnen siehe B. Rz. 9 ff.

tung kann in vielen Fällen zur Milderung des Steuertarifs die sog. Fünftelungsregelung nach § 34 Abs. 2 Nr. 4 EStG Anwendung finden.

7 Versorgungsleistungen, die aus den Durchführungswegen Direktversicherung, Pensionskasse und Pensionsfonds herrühren, werden nach § 22 Nr. 5 EStG versteuert. Dabei wird sorgfältig ermittelt, inwieweit die Leistungen auf Beiträgen beruhen, die zum Zeitpunkt ihrer Entrichtung steuerlich gefördert worden waren oder nicht. Es ist häufig so, dass Verträge während der Vertragslaufzeit sowohl mit geförderten als auch mit nicht geförderten Beiträgen bedient werden. In diesen Mischfällen werden die Leistungen aufgeteilt. Es kommt dann zu einer anteiligen Besteuerung: Soweit Rentenleistungen aus nicht begünstigten Beiträgen gebildet wurden, greift die vorteilhaftere Ertragsanteilsbesteuerung nach § 22 Nr. 5 Satz 2 Buchst. a) i.V.m. § 22 Nr. 1 Satz 3 Buchst. a) Doppelbuchst. bb) EStG; Leistungen, die auf geförderten Beiträgen beruhen, unterliegen als sonstige Einkünfte nach § 22 Nr. 5 Satz 1 EStG in vollem Umfang der Besteuerung.

8 Die nachstehende Grafik illustriert die Systematik der (ggf. aufgeteilten) Besteuerung sog. „sonstiger Einkünfte" i.S.v. § 22 Nr. 5 EStG. Alle angegebenen Paragraphennummern beziehen sich ausschließlich auf das Einkommensteuergesetz:

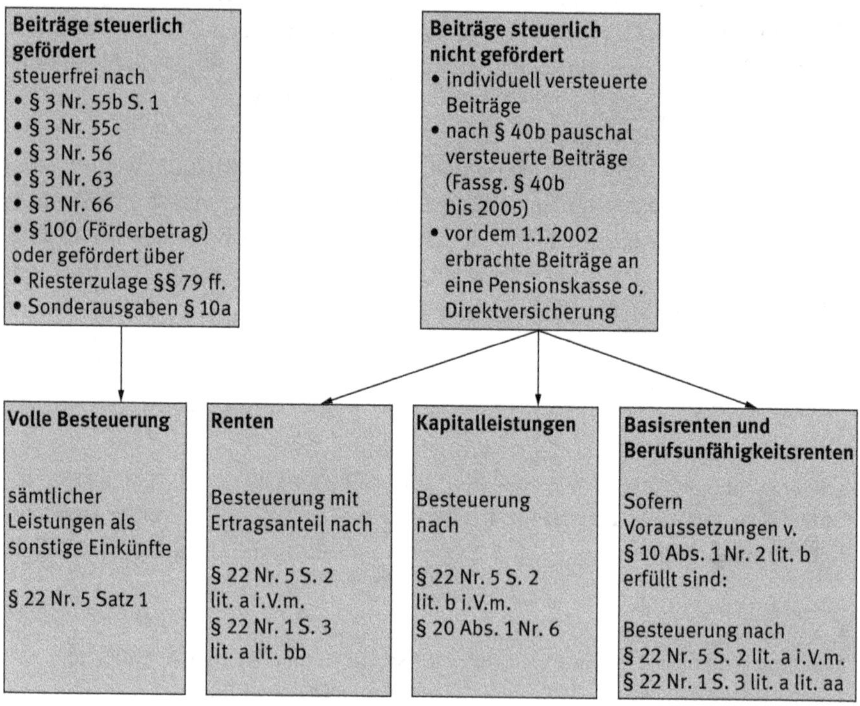

2. Steuerfreiheit nach § 3 Nr. 63 EStG (Rechtslage ab 1.1.2018)

a) Beiträge an Direktversicherungen, Pensionskassen und Pensionsfonds

Beitragszahlungen des Arbeitgebers für die betriebliche Altersversorgung eines Arbeitnehmers an Direktversicherungen, Pensionskassen und Pensionsfonds sind grundsätzlich steuerpflichtig. Sie werden jedoch durch § 3 Nr. 63 EStG im Rahmen der dort genannten Höchstbeträge steuerfrei gestellt. Wie oben bereits erwähnt galt bis zum 31.12.2017 ein Steuerfreibetrag von 4% der BBG, der für ab 1.1.2005 erteilte Zusagen um weitere € 1.800 erhöht wurde, sofern nicht Beiträge für eine Altzusage pauschal versteuert wurden. Dieser (zusammengesetzte) Höchstbetrag wurde durch das Betriebsrentenstärkungsgesetz zum 1.1.2018 einheitlich auf 8% der BBG erhöht. Für 2018 sind somit Beiträge zu Pensionsfonds, Pensionskassen und Direktversicherungen in Höhe von € 6.240 steuerfrei (8% von € 78.000). Es sei bereits an dieser Stelle darauf hingewiesen, dass diese Beiträge nicht in vollem Umfang auch von der Sozialversicherungspflicht befreit sind. Hier gilt weiterhin eine Höchstgrenze von maximal 4% der BBG.[5] 9

Die Anwendung des § 40b EStG a.F. kann nach der ab 1.1.2018 geltenden Rechtslage nur noch dann erfolgen, wenn vor dem 1.1.2018 – unter der Voraussetzung, dass eine Altzusage vorliegt – mindestens ein Beitrag nach § 40b EStG a.F. pauschal besteuert wurde. Beiträge an Direktversicherungen, die die Voraussetzungen des § 3 Nr. 63 EStG erfüllen (insbesondere Leistungen in Form einer Rente bzw. Auszahlungsplans vorsehen) können nur dann nach § 40b EStG a.F. pauschal besteuert werden, wenn der Arbeitnehmer zuvor gegenüber dem Arbeitgeber auf die Anwendung des § 3 Nr. 63 EStG gemäß § 52 Abs. 40 Satz 2 EStG i.V.m. § 52 Abs. 4 Sätze 12 und 13 EStG verzichtet hat.[6] Die vormals in § 52 Abs. 4 Satz 12 EStG vorgesehene Frist für die Abgabe der Verzichtserklärung (30.6.2005) wurde im Zuge des Betriebsrentenstärkungsgesetzes aufgehoben, weil sich diese Regelung insoweit überholt hatte.[7] 10

Wenn die o.g. Voraussetzungen für die Weiteranwendung von § 40b EStG a.F. gegeben sind, dann liegen für den Arbeitnehmer die Voraussetzungen für die Pauschalbesteuerung lebenslang vor.[8] Die Möglichkeit der Pauschalbesteuerung wird somit zu einer personenbezogenen Eigenschaft des Arbeitnehmers.[9] 11

---

5 Zum Zeitpunkt der Drucklegung fanden parlamentarische Beratungen über eine Anhebung der Sozialversicherungsfreiheit auf die gleichen Beträge wie im Steuerrecht statt.

6 BMF-Schreiben v. 6.12.2017 zur steuerlichen Förderung der betrieblichen Altersversorgung-Gz. IV C 5 – S 2333/17/10002, Rz. 93.

7 Vgl. BT-Drucks. 780/16, S. 61.

8 Ebenda, S. 62; BMF-Schreiben v. 6.12.2017, Rz. 86.

9 Vgl. BMF-Schreiben v. 6.12.2017, Rz. 85.

Dagegen sind Neuabschlüsse, Änderungen der Versorgungszusage, Arbeitgeberwechsel usw. unbeachtlich.[10] Bei einem Arbeitgeberwechsel muss der Arbeitnehmer den Nachweis erbringen, dass ein Beitrag vor 2018 pauschal besteuert wurde, z.B. durch eine Gehaltsabrechnung oder eine Bescheinigung des Vorarbeitgebers oder des Versorgungsträgers.[11]

12 Der Verzicht des Arbeitnehmers auf die Steuerfreiheit nach § 3 Nr. 63 EStG sowie die Tatsache, dass vor dem 1.1.2018 mindestens ein Beitrag nach § 40b Abs. 1 und 2 EStG pauschal besteuert wurde, gehören zu den Angaben, die der Arbeitgeber bei der Durchführung einer Altersversorgung in einem versicherungsförmigen Durchführungsweg aufzeichnen muss (§ 5 Abs. 1 LStDV).

13 Übersteigen die Beiträge das nach § 40b EStG a.F. pauschal besteuerbare Volumen (€ 1.752), können die Beiträge nach § 3 Nr. 63 Satz 1 EStG i.V.m. § 52 Abs. 4 Satz 14 EStG steuerfrei sein.[12] Zum Verhältnis von § 40b EStG a.F. und § 3 Nr. 63 EStG ist das BMF der Auffassung, dass die Anwendung von § 40b EStG a.F. nicht erst nach Übersteigen des steuerfreien Höchstbetrages von 8% nach § 3 Nr. 63 EStG möglich ist, sondern das maximal steuerfreie Volumen des § 3 Nr. 63 EStG nach § 52 Abs. 4 Satz 14 EStG mindert.[13]

14 Soweit Beiträge nach § 40b EStG a.F. pauschal versteuert werden können, sind diese Beiträge gem. § 52 Abs. 4 Satz 14 EStG auf den steuerfreien Höchstbetrag nach § 3 Nr. 63 EStG anzurechnen.[14] Hintergrund dieser Regelung in § 52 Abs. 4 Satz 14 EStG ist, dass es wegen des neuen Höchstbetrages, der auch den zusätzlichen Höchstbetrag von € 1.800 beinhaltet, nicht zu einer doppelten bzw. höheren Inanspruchnahme der steuerlichen Förderung kommt.[15] Gegenzurechnen sind die laufenden Beiträge zur kapitalgedeckten betrieblichen Altersversorgung, die nach § 40b EStG a.F. pauschal besteuert werden; im Falle der Durchschnittsberechnung nach § 40b Abs. 2 Satz 2 EStG a.F. sind die auf den jeweiligen Arbeitnehmer entfallenden Leistungen anzurechnen.[16] Hat der Arbeitgeber keine individuelle Zuordnung der auf den einzelnen Arbeitnehmer entfallenden Leistung vorgenommen, lässt es das BMF aus Vereinfachungsgründen zu, wenn der Arbeitgeber einheitlich für alle Arbeitnehmer den nach § 40b EStG a.F. pauschal besteuerten Durchschnittsbetrag berücksichtigt. Nach der bis 31.12.2017 geltenden Rechtslage führte die Nutzung des § 40b EStG

10 BT-Drucks. 780/16, S. 62; BMF-Schreiben v. 6.12.2017, Rz. 86.
11 Vgl. BT-Drucks. 780/16, S. 62 sowie BMF-Schreiben v. 6.12.2017, Rz. 86.
12 BMF-Schreiben, a.a.O., Rz. 86.
13 Ebenda, Rz. 33 und 86.
14 BT-Drucks. 780/16, S. 57.
15 Ebenda, S. 61.
16 Ebenda, S. 62; ebenso BMF-Schreiben v. 6.12.2017, Rz. 90.

a.F. zu einem vollständigen Entfallen des zusätzlichen Höchstbetrages von € 1.800. Die Gegenrechnung der pauschalversteuerten Beträge auf den Steuerfreibetrag nach § 3 Nr. 63 EStG anstelle des (teilweisen) Ausschlusses der Steuerfreiheit ist insofern eine Verbesserung.

b) Aus Anlass der Beendigung des Dienstverhältnisses geleistete Beiträge

Aus Anlass der Beendigung des Dienstverhältnis, etwa im Rahmen einer Abfin- 15
dungs- oder Aufhebungsvereinbarung geleistete Beiträge an eine Pensionskasse, einen Pensionsfonds oder eine Direktversicherung können nach § 3 Nr. 63 Satz 3 EStG steuerfrei belassen oder nach § 40b Abs. 2 Satz 3 und 4 EStG a.F. pauschal besteuert werden.[17] Allerdings ist § 3 Nr. 63 Satz 3 EStG nicht anwendbar, wenn der Arbeitnehmer für Beiträge an Direktversicherungen auf die Anwendung des § 3 Nr. 63 EStG verzichtet hat.[18]

§ 3 Nr. 63 Satz 3 EStG stellt aus Anlass der Beendigung des Dienstverhältnis- 16
ses geleistete Beiträge im Sinne des § 3 Nr. 63 Satz 1 EStG steuerfrei, soweit sie 4% der BBG, vervielfältigt mit der Anzahl der Kalenderjahre, in denen das Dienstverhältnis des Arbeitnehmers zu dem Arbeitgeber bestanden hat, höchstens jedoch zehn Kalenderjahre, nicht übersteigen. Die Begrenzung auf 10 Jahre dient der Begrenzung der Steuerausfälle.[19] Die bisher schon bestehende Möglichkeit, Abfindungen wegen der Beendigung des Dienstverhältnisses steuerfrei für Zwecke der betrieblichen Altersversorgung zu verwenden (bis 31.12.2017: § 3 Nr. 63 Satz 4 EStG) wird hierdurch insoweit verbessert, als auf die Gegenrechnung der in den letzten sieben Kalenderjahren in Anspruch genommenen steuerfreien Volumens verzichtet wird[20] und der zu vervielfältigende Betrag von bisher € 1.800 auf 4% der BBG heraufgesetzt wird.

Berechnungsbeispiel: Der Arbeitgeber will dem Arbeitnehmer wegen der Beendigung des Ar- 17
beitsverhältnisses in 2018 einen zusätzlichen Beitrag in seine Direktversicherung in Höhe von € 10.000 gewähren. Das Arbeitsverhältnis bestand 11 Jahre. Steuerfrei nach § 3 Nr. 63 Satz 3 EStG sind pro Dienstjahr max. (4% von € 78.000 =) € 3.120. Herangezogen werden können allerdings nur 10 Dienstjahre. Das steuerfreie Volumen beträgt somit (10 x € 3.120 =) € 31.200. Der hier gewährte Beitrag von € 10.000 kann somit vollständig steuerfrei eingezahlt werden.

---

17 Ebenda, Rz. 94.
18 Ebenda, Rz. 97.
19 BT-Drucks. 780/16, S. 58.
20 Ebenda, S. 57.

18 § 3 Nr. 63 Satz 3 EStG ist gem. § 52 Abs. 4 Satz 15 EStG nicht anzuwenden, *soweit* § 40b Abs. 1 und Abs. 2 Satz 3 und 4 EStG in der bis zum 31.12.2004 geltenden Fassung angewendet wird.[21] Nach § 40b Abs. 2 Satz 1 und 2 EStG a.F. pauschal besteuerte Beiträge werden hingegen auf das steuerfreie Volumen nach § 3 Nr. 63 EStG nicht angerechnet.[22]

c) Nachzahlung von Beiträgen

19 Beiträge, die für Kalenderjahre nachgezahlt werden, in denen das erste Dienstverhältnis ruhte, können nach § 3 Nr. 63 Satz 4 EStG sowie ggf. nach § 3 Nr. 63 Satz 1 EStG, soweit dessen Volumen noch nicht durch die laufenden Beiträge verbraucht ist, steuerfrei belassen oder nach § 40b Abs. 2 Satz 1 und 2 EStG a.F. pauschal besteuert werden.[23]

20 Nach § 3 Nr. 63 Satz 4 EStG sind Beiträge im Sinne des Satzes 1 steuerfrei, die für Kalenderjahre nachgezahlt werden, in denen das erste Dienstverhältnis ruhte und vom Arbeitgeber im Inland kein steuerpflichtiger Arbeitslohn bezogen wurde, soweit sie 8% der BBG, vervielfältigt mit der Anzahl dieser Kalenderjahre, höchstens jedoch zehn Kalenderjahre, nicht übersteigen. Abzustellen ist auf die BBG des Jahres der Nachzahlung.[24]

21 Damit soll die Möglichkeit gegeben werden, während des Ruhens des Dienstverhältnisses, wenn kein steuerpflichtiger Arbeitslohn bezogen wurde (z.B. Entsendung ins Ausland, Elternzeit oder Sabbatjahr), entstehende Lücken in der betrieblichen Altersversorgung nachträglich zu schließen. Voraussetzung für die Steuerfreiheit der nachgezahlten Beiträge ist, dass im Zeitraum des Ruhens und im Zeitpunkt der Nachzahlung ein erstes Dienstverhältnis vorliegt. Außerdem darf im gesamten Kalenderjahr, für das eine Nachzahlung erfolgen soll, kein steuerpflichtiger Arbeitslohn bezogen worden sein. Hierbei bleiben Arbeitslöhne aus anderen Dienstverhältnissen unberücksichtigt.[25]

22 Die Nachzahlung kann auch für Kalenderjahre vor 2018 erfolgen.[26] Die Nachzahlung muss nach Auffassung der Finanzverwaltung im Zusammenhang mit dem Ruhen des Dienstverhältnisses stehen; das liege vor, wenn die Beiträge spätestens bis zum Ende des Kalenderjahres, das auf das Ende der Ruhensphase

21 Ebenda, S. 62.
22 BMF-Schreiben v. 6.12.2017, Rz. 95.
23 Ebenda, Rz. 98 und Rz. 50.
24 BMF-Schreiben v. 6.12.2017, Rz. 46.
25 Vgl. BT-Drucks. 780/16, S. 58.
26 BMF-Schreiben v. 6.12.2017, Rz. 48.

folgt, nachgezahlt werden.[27] Auch hier dient die Begrenzung auf 10 Jahre der Begrenzung der Steuerausfälle.[28]

Berechnungsbeispiel: Der Arbeitnehmer A war vom 30.6.2016 bis 31.12.2017 ins Ausland entsendet worden. Nach seiner Rückkehr nach Deutschland in 2018 sollen Beiträge zur Direktversicherung nachgezahlt werden. Das steuerfreie Volumen der Nachzahlung ermittelt sich wie folgt: 8% v. € 78.000 (BBG 2018) = € 6.240. 23

Die Nachzahlung kann nur für ein Jahr (1.1.2017 bis 31.12.2017) erfolgen, da im gesamten Kalenderjahr, für das die Nachzahlung erfolgen soll, kein lohnsteuerpflichtiger Arbeitslohn bezogen worden sein darf.

---

d) Sicherungsbeitrag

Nach § 23 Abs. 1 BetrAVG soll in Tarifverträgen zur Absicherung der reinen Beitragszusage ein Sicherungsbeitrag vereinbart werden. Der Sicherungsbeitrag kann für eine zusätzliche Absicherung der Betriebsrenten genutzt werden, etwa zur Erzielung eines höheren Kapitaldeckungsgrades oder zum Ausgleich für eine konservativere Kapitalanlage.[29] 24

Durch § 3 Nr. 63a EStG werden die Sicherungsbeiträge des Arbeitgebers bei Zahlung an den Versorgungsträger lohnsteuerfrei gestellt, wenn diese den einzelnen Arbeitnehmern nicht unmittelbar gutgeschrieben oder zugerechnet werden. Dies wäre z.B. dann der Fall, wenn die Sicherungsbeiträge in einen kollektiven Wertschwankungspuffer eingebracht werden. Wenn die Beiträge dagegen den einzelnen Arbeitnehmern direkt gutgeschrieben werden, sind auf diese Beiträge die gleichen steuerlichen Regelungen wie für die sonstigen Beiträge an versicherungsförmige Versorgungsträger anzuwenden, insbesondere § 3 Nr. 63 EStG, §§ 10a und 79ff. EStG. Die späteren Leistungen, die auf den Sicherungsbeiträgen beruhen, werden nach § 22 Nr. 5 Satz 1 EStG nachgelagert besteuert.[30] 25

e) Zusatzbeiträge des Arbeitgebers nach § 23 Abs. 2 BetrAVG und Arbeitgeberzuschuss nach § 1a Abs. 1a BetrAVG

Bei einer reinen Beitragszusage ist gem. § 23 Abs. 2 BetrAVG im Fall der Entgeltumwandlung im Tarifvertrag zu regeln, dass der Arbeitgeber 15% des umgewandelten Entgelts zusätzlich als Arbeitgeberzuschuss an die Versorgungsein- 26

---

27 Ebenda, Rz. 49.
28 BT-Drucks., a.a.O., S. 58.
29 Vgl. BT-Drucks. 780/16, S. 41.
30 BT-Drucks. 780/16, S. 56 und S. 58.

richtung weiterleiten muss, soweit der Arbeitgeber durch die Entgeltumwandlung Sozialversicherungsbeiträge einspart. Diese Zusatzbeiträge des Arbeitgebers nach § 23 Abs. 2 BetrAVG sind im Rahmen des § 3 Nr. 63 EStG steuerfrei.

27 Berechnungsbeispiel:

Arbeitnehmer, Einkommen € 80.000 p.a., nicht gesetzlich KV/PV-versichert, Stand 2018

Entgeltumwandlung jährlich:	€ 5.000
Einkommen über BBG (€ 80.000 ./. BBG € 78.000)	€ 2.000
Umgewandeltes sozialversicherungspflichtiges Entgelt	€ 3.000
SV-Ersparnis des ArbG aus € 3.000 = 9,3% (RV) + 1,5% ALV	€ 333
max. 15% Zuschuss zur Entgeltumwandlung € 5.000	€ 750
aber: höchstens tatsächliche SV-Ersparnis	€ 333
Gesamtbeitrag zur EU:	€ 5.333

28 Für Entgeltumwandlungszusagen *außerhalb einer reinen Beitragszusage* regelt § 1a Abs. 1a BetrAVG die Verpflichtung des Arbeitgebers, bei Entgeltumwandlungen in den Durchführungswegen Direktversicherung, Pensionskasse und Pensionsfonds 15% des umgewandelten Entgelts, maximal die ersparten Sozialversicherungsbeiträge, weiterzugeben. § 1a Abs. 1a BetrAVG tritt am 1.1.2019 in Kraft und gilt für ab diesem Zeitpunkt erteilte Versorgungszusagen. Für davor erteilte Versorgungszusagen ist der Arbeitgeberzuschuss erst ab 1.1.2022 vorgesehen. Für den Arbeitgeberzuschuss gelten die gleichen steuerlichen Regelungen wie für die Entgeltumwandlung.[31]

3. Förderbetrag, § 100 EStG

29 Der sog. Förderbetrag ist eine durch das Betriebsrentenstärkungsgesetz völlig neu eingeführte staatliche Förderung für Arbeitgeber, die zusätzlich zum ohnehin geschuldeten Arbeitslohn Beiträge zur betrieblichen Altersversorgung für Arbeitnehmer mit geringen Einkünften leisten. Der Gesetzgeber verspricht sich davon eine Erhöhung des Verbreitungsgrades der betrieblichen Altersversorgung bei Arbeitnehmern mit unterdurchschnittlichen Einkommen.[32]

a) Verfahren (§ 100 Abs. 1 EStG)

30 Die technische Umsetzung ist in § 100 Abs. 1 EStG geregelt. Die Arbeitgeber erhalten den Förderbetrag grundsätzlich nicht unmittelbar ausgezahlt, sondern er

31 BT-Drucks. 780/16, S. 28.

32 Ebenda, S. 65.

ergibt sich aus einer Verrechnung mit der vom Arbeitgeber abzuführenden Lohnsteuer.

Es muss sich um Arbeitgeber handeln, die zum Lohnsteuerabzug verpflichtet sind, also um inländische Arbeitgeber (§ 38 Abs. 1 Satz 1 Nr. 1 EStG), ausländische Verleiher (§ 38 Abs. 1 Satz 1 Nr. 2 EStG) oder in den Fällen der Arbeitnehmerentsendung um das in Deutschland ansässige Unternehmen, das den Arbeitslohn wirtschaftlich trägt (§ 38 Abs. 1 Satz 2 EStG).[33] Den (förderberechtigten) Arbeitgebern wird erlaubt, vom Gesamtbetrag der einzubehaltenden Lohnsteuer für jeden Arbeitnehmer in einem ersten Dienstverhältnis einen Teilbetrag des Arbeitgeberbeitrages zur betrieblichen Altersversorgung zu entnehmen und bei der nächsten Lohnsteuer-Anmeldung gesondert abzusetzen. Nur, wenn der Förderbetrag den Gesamtbetrag der abzuführenden Lohnsteuer übersteigt, wird der übersteigende Betrag dem Arbeitgeber auf Antrag vom Finanzamt erstattet. 31

b) Höhe des Förderbetrages (§ 100 Abs. 2 EStG)

Die Höhe des Förderbetrages regelt § 100 Abs. 2 EStG. Dieser beträgt pro Kalenderjahr 30% des zusätzlichen Arbeitgeberbeitrages. Der Förderbetrag beträgt mindestens € 72 (bei Erbringung des Mindestbeitrags von € 240 p.a.), höchstens aber € 144. Das bedeutet, dass höchsten Beiträge von € 480 p.a. gefördert werden. Wird der Arbeitgeberbeitrag nicht als Jahresbeitrag, sondern als laufender Beitrag (z.B. € 20 monatlich) oder unregelmäßig gezahlt, kann der Förderbetrag in entsprechenden Teilbeträgen bei der jeweiligen Lohnsteuer-Anmeldung geltend gemacht werden.[34] 32

Darüber hinaus findet nach § 100 Abs. 2 Satz 2 EStG eine weitere Begrenzung des Förderbetrags statt: In den Fällen, in denen der Arbeitgeber bereits im Jahr 2016 einen Arbeitgeberbeitrag für eine Direktversicherung, Pensionskasse oder Pensionsfonds erbracht hat, ist der Förderbetrag zusätzlich noch auf den Beitrag beschränkt, den der Arbeitgeber in 2018 oder später über den im Jahr 2016 geleisteten Beitrag hinaus leistet. Diese Begrenzung gilt nicht für eine erst ab 2017 bestehenden betrieblichen Altersversorgung oder Erhöhung der Arbeitgeberbeiträge ab 2017.[35] 33

33 Ebenda, S. 66.
34 BMF-Schreiben v. 6.12.2017, Rz. 119.
35 Ebenda, Rz. 131.

34 Berechnungsbeispiel zum Förderbetrag bei Aufstockung gemäß§ 100 Abs. 2 Satz 2 EStG

Ein Arbeitgeber, der schon im Jahr 2016 € 200 als zusätzlichen Beitrag in die betriebliche Altersversorgung seiner Arbeitnehmer einzahlte, erhöht seinen Beitrag im Jahr 2018 auf € 240. Der Förderbetrag beträgt 30% von € 240, also € 72. Es greift aber die Beschränkung nach § 100 Abs. 2 Satz 2 EStG, wonach die Höhe des Förderbetrages zusätzlich auf den Aufstockungsbetrag in 2018 beschränkt ist, also auf € 40.[36]

c) Voraussetzungen des Förderbetrags

35 Für die Gewährung des neuen bAV-Förderbetrages nach § 100 EStG müssen die folgenden Voraussetzungen erfüllt sein:

36 – Es muss sich um einen Arbeitnehmer mit einem ersten Dienstverhältnis handeln (§ 100 Abs. 1 Satz 1 EStG). Das sind Dienstverhältnisse mit Lohnsteuerklassen I bis V oder Bestimmung durch den Arbeitnehmer bei pauschal besteuertem Arbeitslohn. Hierzu zählt auch ein Dienstverhältnis ohne Bezüge (z.B. Elternzeit, Pflegezeit, Bezug von Krankengeld). Somit kann der Förderbetrag bei Arbeitnehmern mit mehreren nebeneinander bestehenden Arbeitsverhältnissen nicht mehrmals in Anspruch genommen werden, denn der Arbeitnehmer kann nur eines davon als erstes Dienstverhältnis unterhalten. Bei allen weiteren Dienstverhältnissen ist er der Lohnsteuerklasse VI zugeordnet. Im Falle eines Arbeitgeberwechsels und damit ggf. mehreren zeitlich aufeinander folgenden ersten Dienstverhältnissen im selben Kalenderjahr ist eine mehrfache Inanspruchnahme möglich.[37]

37 – Der Arbeitslohn muss im Lohnzahlungszeitraum, für den der Förderbetrag geltend gemacht wird, im Inland dem Lohnsteuerabzug unterliegen (§ 100 Abs. 3 Nr. 1 EStG). Hiervon ist z.B. während der Eltern- und Pflegezeit auszugehen, auch wenn in dieser Zeit kein zu besteuernder Arbeitslohn fließt.[38] Auf die Art des Lohnsteuerpflicht (beschränkt oder unbeschränkt einkommensteuerpflichtig) kommt es nicht an. Keine Förderung aber wird gewährt für Arbeitnehmer, die nach einem Doppelbesteuerungsabkommen lohnsteuerfreien Arbeitslohn beziehen.[39]

38 – Der laufende Arbeitslohn darf nicht mehr als € 2.200 monatlich (bzw. € 73,34 täglich oder € 513,34 wöchentlich oder € 26.400 jährlich) betragen (§ 100 Abs. 3 Nr. 3 EStG). Hierbei wird auf den laufenden Arbeitslohn abgestellt, wie er Berechnungsgrundlage für die Lohnsteuer gem. § 39b Abs. 2 Satz 1 EStG ist. Bei einer Teilzeittätigkeit erfolgt keine Hochrechnung auf

36 Vgl. BT-Drucks. 780/16, S. 67.

37 Ebenda, S. 66; BMF-Schreiben v. 6.12.2017, Rz. 104.

38 BMF-Schreiben v. 6.12.2017, Rz. 134.

39 Ebenda, S. 67.

ein Vollzeitgehalt. Gibt es keinen laufenden Arbeitslohn i.S.d. § 39b Abs. 2 Satz 1 und 2 EStG, etwa weil bei Teilzeitbeschäftigten oder geringfügig Beschäftigen die Lohnsteuer pauschal erhoben wird, kommt es auf das pauschal besteuerte Arbeitsentgelt an.[40] Unberücksichtigt bleiben steuerfreie Lohnteile, sonstige Bezüge (§ 39b Abs. 3 ESG), unter die 44-Euro-Freigrenze fallende Sachbezüge (§ 8 Abs. 2 Satz 11 EStG) oder nach §§ 37a, 37b, 40, 40b EStG pauschal besteuerter Arbeitslohn.[41]

– Es muss sich um einen Beitrag handeln, der zusätzlich zum ohnehin geschuldeten Arbeitslohn vom Arbeitgeber aufgebracht wird (§ 100 Abs. 3 Nr. 2 EStG), und zwar mindestens in Höhe von € 240 p.a. Die Festlegung des jährlichen Mindestbetrages von € 240 soll das Entstehen von Bagatellanwartschaften vermeiden. Für folgende Beiträge wird kein Förderbetrag gewährt: Entgeltumwandlungsbeiträge[42] sowie Eigenbeteiligungen des Arbeitnehmers, Zuschüsse des Arbeitgebers, die er aufgrund der neuen Rechtslage bei Entgeltumwandlungen gemäß § 1 Abs. 1a BetrAVG und § 23 Abs. 2 BetrAVG als Ausgleich für die ersparten Sozialversicherungsbeiträge zu leisten hat, sowie sog. Sicherungsbeiträge des Arbeitgebers i.S.d. § 23 Abs. 1 BetrAVG, die der Arbeitgeber evtl. aufgrund tarifvertraglicher Verpflichtung zu tragen hat, sofern sie dem einzelnen Arbeitnehmer unmittelbar gutgeschrieben oder zugerechnet werden.[43] 39

– Es muss eine kapitalgedeckte betriebliche Altersversorgung sein, in die der Beitrag des Arbeitgebers fließt (§ 100 Abs. 1 Satz 1 EStG); begünstigt sind nur die Durchführungswege Pensionsfonds, Pensionskasse oder Direktversicherung (§ 100 Abs. 3 Nr. 2 EStG). Werden sowohl Umlagen als auch Beiträge im Kapitaldeckungsverfahren erhoben, müssen die beiden Vermögensmassen getrennt verwaltet und abgerechnet werden, damit die Beiträge zum Kapitaldeckungsverfahren begünstigt werden können.[44] 40

– Die Auszahlung der zugesagten Alters-, Invaliditäts- oder Hinterbliebenenversorgung muss in Form einer Rente oder eines Auszahlungsplans erfolgen (§ 100 Abs. 3 Nr. 4 EStG). Damit werden vergleichbare Voraussetzungen wie bei § 3 Nr. 63 EStG und wie bei § 3 Nr. 56 EStG geschaffen.[45] Dieses Erfordernis soll lt. BMF auch bei der reinen Beitragszusage gelten.[46] Allein die 41

40 Ebenda, S. 68.
41 BT-Drucks. 780/16, S. 68; BMF-Schreiben v. 6.12.2017, Rz. 108.
42 BT-Drucks. 780/16, S. 67.
43 BMF-Schreiben v. 6.12.2017, Rz. 112.
44 Ebenda, Rz 105.
45 BT-Drucks. 18/12612, S. 36.
46 BMF-Schreiben v. 6.12.2017, Rz. 136.

Möglichkeit, anstelle lebenslanger Altersversorgungsleistungen eine Kapitalauszahlung zu wählen, steht der Förderung nicht entgegen. Wird das Wahlrecht jedoch ausgeübt, greift die volle Besteuerung nach § 22 Nr. 5 Satz 1 EStG.[47] Die Finanzverwaltung lässt es unbeanstandet, wenn die Ausübung des Wahlrechts innerhalb des letzten Jahres vor dem altersbedingten Ausscheiden aus dem Erwerbsleben erfolgt; die Beitragsleistungen können weiterhin nach § 100 EStG gefördert werden. Für die Berechnung der Jahresfrist komme es auf das im Zeitpunkt der Ausübung des Wahlrechts vertraglich vorgesehenen Ausscheidens aus dem Erwerbsleben an. Bei einer Hinterbliebenenleistung darf das Wahlrecht steuerunschädlich im zeitlichen Zusammenhang mit dem Tod des ursprünglich Berechtigten ausgeübt werden.[48]

42 – Außerdem darf von den Beiträgen nur jeweils derselbe prozentuale Anteil zur Deckung der Vertriebskosten herangezogen werden (§ 100 Abs. 3 Nr. 5 EStG). Dies bedeutet, dass für Beiträge zu Versicherungsprodukten mit gezillmerten Abschlusskosten der Förderbetrag nicht gewährt wird. Vertriebskosten dürfen nicht zu Lasten der ersten Beiträge einbehalten werden, sondern nur als fester Anteil der laufenden Beiträge.[49] Man darf wohl davon ausgehen, dass von den zum Zeitpunkt des Inkrafttretens der neuen Förderregelung bestehenden Verträge ein großer Teil gezillmerte Abschlusskosten enthält. Daher trifft das BMF für am 1.1.2018 bereits bestehende Verträge folgende Regelung: Für sie kann ausnahmsweise eine Förderung in Anspruch genommen werden, sobald für die Restlaufzeit die verbliebenen Abschluss- und Vertriebskosten und die ggf. neu anfallenden Abschluss- und Vertriebskosten jeweils als fester Anteil der ausstehenden laufenden Beiträge einbehalten werden.[50]

d) Maßgebende Verhältnisse (§ 100 Abs. 4 Satz 1 EStG)

43 Gem. § 100 Abs. 4 Satz 1 EStG sind für die Inanspruchnahme des Förderbetrages die Verhältnisse im Zeitpunkt der Beitragsleistung maßgeblich, spätere Änderungen der Verhältnisse sind unbeachtlich.

---

47 BT-Drucks. 18/12612, S. 37.

48 Zum Vorstehenden siehe BMF-Schreiben v. 6.12.2017, Rz. 136.

49 BT-Drucks. 780/16, S. 68.

50 BMF-Schreiben v. 6.12.2017, Rz. 137.

Beispiel Bezügeerhöhung bei laufendem Arbeitgeberbeitrag: Erhöht sich unterjährig der laufende Arbeitslohn, kann ab dem Erhöhungszeitpunkt der Förderbetrag bei Überschreiten der Geringverdiener-Gehaltsgrenze nicht mehr in Anspruch genommen werden. Für den in den Monaten vor der Bezügeerhöhung bereits in Anspruch genommenen Förderbetrag hat das aber nachträglich keine Auswirkungen. 44

Beispiel zum unterjährigen Ausscheiden bei laufendem Arbeitgeberbeitrag: 45
Zahlt der Arbeitgeber monatlich einen zusätzlichen Arbeitgeberbetrag, der in der Jahresssumme € 240 erreichen würde (z.B. monatlich € 20), könnte er dafür ohne weiteres den Förderbetrag in Anspruch nehmen. Scheidet nun der Arbeitnehmer im Laufe des Jahres aus, würde der Arbeitgeber den an sich vorgesehenen jährlichen Mindestbetrag für die Förderung von € 240 nicht erreichen. Gleichwohl muss der bislang erhaltene Förderbetrag nicht zurückgezahlt werden, denn der Grundsatz lautet, dass immer auf die Verhältnisse im Zeitpunkt der Inanspruchnahme des Förderbetrags, also auf den Lohnabrechnungszeitpunkt abgestellt wird.[51]

e) Rückzahlung von Förderbeträgen (§ 100 Abs. 4 Sätze 2 bis 4 EStG)

Nach § 100 Abs. 4 Sätze 2-4 EStG sind die für den Arbeitnehmer nach Absatz 1 geltend gemachten Förderbeträge dann zurückzugewähren, wenn eine Anwartschaft auf Leistungen aus einer nach Absatz 1 geförderten betrieblichen Altersversorgung später verfällt (z.B. bei Ausscheiden vor Erfüllen der Unverfallbarkeitsfrist nach § 1b BetrAVG) und sich daraus eine Rückzahlung an den Arbeitgeber ergibt. Dies gilt allerdings nur insoweit, als der Förderbetrag auf die Rückzahlung entfällt. Dies ist bedeutsam, weil es trotz Verfalls der Anwartschaft sein kann, dass je nach Ausgestaltung des Versorgungsmodells keine Rückflüsse an den Arbeitgeber erfolgen. Dies wäre etwa dann der Fall, wenn freiwerdende Beträge aus verfallbaren Anwartschaften einem kollektiven Puffer im Rahmen einer reinen Beitragszusage zugeführt werden. 46

Sind allerdings Förderbeträge zurückzugewähren, dann sind sie in der Lohnsteuer-Anmeldung für den Lohnzahlungszeitraum, in dem die Rückzahlung an den Arbeitgeber fließt, der an das Betriebsstättenfinanzamt abzuführenden Lohnsteuer hinzuzurechnen. 47

Mit der Regelung in den Sätzen 2 bis 4 soll sichergestellt werden, dass die Förderung nur zum Tragen kommt, soweit der Arbeitnehmer aufgrund der zusätzlichen Arbeitgeberbeiträge auch in den Genuss von Leistungen der betrieblichen Altersversorgung kommen kann.[52] 48

51 BT-Drucks. 780/16, S. 69.
52 Vgl. BT-Drucks. 18/12612, S. 37.

f) Lohnsteuerprüfung sowie Straf- und Bußgeldvorschriften (§ 100 Abs. 5 EStG)

49 Nach § 100 Abs. 5 EStG gelten verschiedene andere allgemeine lohnsteuerliche Vorschriften auch für den Förderbetrag. Das sind insbesondere die Regelungen zur Lohnsteuer-Außenprüfung und zur lohnsteuerlichen Anrufungsauskunft (§§ 41, 41a, 42e, 42f und 42g EStG). Sollte bei einer Lohnsteuer-Außenprüfung festgestellt werden, dass die Voraussetzungen für den Förderbetrag nicht vorgelegen haben, können die Lohnsteuer-Festsetzungen geändert werden.[53] Weiterhin sind die für Steuervergütungen geltenden Vorschriften der Abgabenordnung (außer § 163 AO) anwendbar sowie weitere Vorschriften der AO, insbesondere Straf- und Bußgeldvorschriften.

g) Steuerfreiheit des zusätzlichen Arbeitgeberzuschusses (§ 100 Abs. 6 EStG)

50 Der zusätzliche Arbeitgeberbeitrag, der durch den Förderbetrag vom Fiskus bezuschusst wird, ist für den Arbeitnehmer lohnsteuerfrei nach § 100 Abs. 6 EStG. Diese Steuerfreiheit tritt *neben* den Steuerfreibetrag des § 3 Nr. 63 EStG. Das steuerfreie Volumen des § 3 Nr. 63 EStG wird also durch den Arbeitgeberbeitrag in Höhe von bis zu € 480 *nicht* verbraucht.[54]

4. Übertragung von Versorgungsanwartschaften

a) Übertragung bei Arbeitgeberwechsel

51 Anwartschaften auf betriebliche Altersversorgung können nach § 4 BetrAVG nur auf einen *neuen Arbeitgeber* übertragen werden. Diese Einschränkung der Übertragbarkeit gilt nur für gesetzlich unverfallbare Anwartschaften. Eine gesetzlich unverfallbare Anwartschaft liegt vor, wenn der Arbeitnehmer vor Eintritt des Versorgungsfalls ausscheidet, jedoch zu diesem Zeitpunkt das 21. Lebensjahr bereits vollendet hatte und die Zusage mindestens drei Jahre bestanden hatte (§ 1b Abs. 1 Satz 1 BetrAVG).

52 Die Übertragung der Versorgungszusage kann entweder durch Übernahme der Zusage durch den neuen Arbeitgeber erfolgen (§ 4 Abs. 2 Nr. 1 BetrAVG) oder durch Übertragung des Werts der unverfallbaren Anwartschaft (Übertragungswert) auf den neuen Arbeitgeber, der eine wertgleiche Zusage erteilt (§ 4 Abs. 2 Nr. 2 BetrAVG).

53 Die Übertragung des Übertragungswertes nach § 4 Abs. 2 Nr. 2 BetrAVG ist durch § 3 Nr. 55 EStG explizit steuerfrei gestellt. Wegen des Verweises in § 3

---

53 BT-Drucks. 780/16, S. 69.

54 Ebenda.

Nr. 55 EStG auf § 4 Abs. 2 Nr. 2 BetrAVG sind dem Wortlaut nach nur gesetzlich unverfallbare Anwartschaften steuerlich begünstigt. Mit dem Betriebsrentenstärkungsgesetz wurde der Anwendungsbereich von § 3 Nr. 55 EStG auf vertraglich unverfallbare Anwartschaften ausgeweitet. Laut Gesetzesbegründung war nicht ersichtlich, warum die Übertragung von vertraglich unverfallbaren Anwartschaften auf betriebliche Altersversorgung nicht steuerbegünstigt sein sollten.[55] Hierzu wurde folgender zweiter Halbsatz in § 3 Nr. 55 EStG eingefügt: „... *dies gilt auch, wenn eine Versorgungsanwartschaft aus einer betrieblichen Altersversorgung aufgrund vertraglicher Vereinbarung ohne Fristerfordernis unverfallbar ist.*"

Von § 3 Nr. 55 EStG weiterhin nicht flankiert sind die Fälle der sog. Über- 54
kreuz-Übertragung, wo also eine Versorgungsanwartschaft aus einem versicherungsförmigen Durchführungsweg (beim alten Arbeitgeber) in eine Direktzusage oder Unterstützungskassenzusage beim neuen Arbeitgeber überführt wird oder umgekehrt.[56]

b) Übertragung ohne Arbeitgeberwechsel

Die Zahlung eines Beitrages an einen Pensionsfonds, eine Pensionskasse oder 55
eine Direktversicherung löst beim Arbeitnehmer grundsätzlich lohnsteuerlichen Zufluss aus – soweit nicht explizit steuerfrei gestellt – weil für ihn hierdurch ein unentziehbarer Anspruch auf die Versorgungsleistung gegen den Versorgungsträger begründet wird.[57]

Durch das Betriebsrentenstärkungsgesetz wurde in § 3 Nr. 55c Satz 2 EStG 56
ein neuer Buchstabe a eingefügt. Hierdurch wird klargestellt, dass die Übertragung von Anwartschaften aus einer betrieblichen Altersversorgung, die über einen Pensionsfonds, eine Pensionskasse oder ein Lebensversicherungsunternehmen durchgeführt wird, auf einen anderen Träger einer betrieblichen Altersversorgung in Form eines Pensionsfonds, einer Pensionskasse oder eines Lebensversicherungsunternehmens keine Einkommensteuer auslöst, soweit keine Zahlungen an den Arbeitnehmer erfolgen. Damit ist ein Wechsel des Versorgungsträgers möglich, ohne dass aufgrund der Übertragung der Deckungsmittel von einem Versorgungsträger zum anderen ein steuerlicher Zufluss beim Arbeitnehmer anzunehmen ist.

Die Übertragung führt auch zu keiner Novation i.S.d. § 20 Abs. 1 Nr. 6 EStG, 57
wenn die vertraglichen Hauptelemente (Versicherungssumme, Laufzeit oder

55 BT-Drucks. 780/16, S. 55.

56 BMF-Schreiben v. 6.12.2017, Rz. 61.

57 BFH v. 24.8.2017 – VI R 58/15 –, BFHE 259, 321, BStBl II 2018, 72 m.w.N.

abgesicherte biometrische Risiken) nicht geändert werden. Die Besteuerung der späteren Leistung erfolgt so, als wenn die Übertragung nicht stattgefunden hätte.[58]

5. Insolvenzsicherung durch Eintritt in eine Rückdeckungsversicherung

58 Wird betriebliche Altersversorgung in einem insolvenzsicherungspflichtigen Durchführungsweg durchgeführt, so haben die Versorgungsberechtigten bei Insolvenz des Arbeitgebers grundsätzlich einen Anspruch auf die Leistungen gegen den Träger der Insolvenzsicherung (Pensions-Sicherungs-Verein auf Gegenseitigkeit – PSVaG). Mit dem Betriebsrentenstärkungsgesetz ist nunmehr eine Neuregelung dergestalt aufgenommen worden, dass an die Stelle des Anspruchs gegen den PSVaG auf Verlangen des Versorgungsberechtigten die Versicherungsleistung aus einer auf sein Leben abgeschlossenen Rückdeckungsversicherung tritt (§ 8 Abs. 3 BetrAVG). Dies geschieht dergestalt, dass der Versorgungsberechtigte als Versicherungsnehmer in die Versicherung eintritt. Nach allgemeinen steuerlichen Regeln fließt ihm damit in diesem Zeitpunkt allerdings ein lohnsteuerpflichtiger Vorteil in der Höhe des Rückkaufwertes der Versicherung zu.[59] Dieser Vorgang wird jedoch durch den neuen § 3 Nr. 65 Buchst. d EStG steuerfrei gestellt.

59 Die Besteuerung der späteren Leistungen aus der übernommenen Lebensversicherung regelt ein neuer Satz 5 in § 3 Nr. 65 EStG. Danach gehören die späteren Versorgungsleistungen des Lebensversicherers oder der Pensionskasse, soweit sie auf Beiträgen beruhen, die bis zum Eintritt des Arbeitnehmers in die Versicherung geleistet wurden, zu den sonstigen Einkünften nach § 22 Nr. 5 Satz 1 EStG. Der Gesetzgeber sieht dies als Vorteil sowohl für den Arbeitnehmer als auch für das Versicherungsunternehmen an, weil der Arbeitnehmer die gesamte Leistung aus der fortgeführten Versicherung nach § 22 EStG (und nicht teilweise nach § 19 EStG) versteuert, weswegen in der Einkommensteuererklärung keine Aufteilung vorgenommen werden und das Versicherungsunternehmen keinen Lohnsteuerabzug vornehmen müsse. Allerdings muss das Versicherungsunternehmen eine Rentenbezugsmitteilung (§ 22a EStG) an die zentrale Stelle übermitteln.[60] Dies gilt auch für Gesellschafter-Geschäftsführer einer GmbH.[61]

---

58 BT-Drucks. 780/16, S. 55.

59 Ebenda, S. 59.

60 Ebenda, S. 59.

61 BMF-Schreiben v. 6.12.2017, Rz. 54.

Soweit Leistungsteile aus einer solchen Rückdeckungsversicherung später auf eigenen Beiträgen beruhen, etwa, weil der Arbeitnehmer die Versicherung aus eigenen Mitteln fortgesetzt hat, sind diese Leistungen als sonstige Einkünfte i.S.v. § 22 Nr. 5 Satz 1 oder Satz 2 EStG zu versteuern. Hierdurch wird einerseits eine volle nachgelagerte Besteuerung für auf geförderten Beiträgen beruhende Leistungen sichergestellt,[62] die Leistungen, die auf geförderten Beiträgen beruhen, sind nach § 22 Nr. 5 Satz 1 EStG voll zu versteuern. Andererseits werden die Leistungen, die auf nicht geförderten Beiträgen beruhen, nach § 22 Nr. 5 Satz 2 Buchst. a EStG entweder mit dem Ertragsanteil (lebenslange Rentenleistungen sowie Berufsunfähigkeits-, Erwerbsminderungs- und Hinterbliebenenrenten) oder nach § 22 Nr. 5 Satz 2 Buchst. b i.V.m. § 20 Abs. 1 Nr. 6 EStG (Kapitalleistung) versteuert.[63] 60

II. Riester-Rente im Rahmen betrieblicher Altersversorgung

In der Praxis kam bisher die zulagengeförderte betriebliche Altersversorgung („bAV-Riester“) kaum vor,[64] obwohl jeder Arbeitnehmer nach § 1a Abs. 3 BetrAVG bei der Entgeltumwandlung verlangen kann, dass der Arbeitgeber die Voraussetzungen für die Riester-Förderung schafft. Der Grund dafür liegt auf der Hand: Bis zum Inkrafttreten des Betriebsrentenstärkungsgesetzes unterlagen die Renten aus einem Riester-Vertrag, der als bAV-Riester abgeschlossen wurde, der Versicherungspflicht in der Krankenversicherung der Rentner (KVdR). Es wurde somit der allgemeine Beitragssatz von zuletzt 14,6% erhoben und von dem Rentenzahlbetrag abgezogen. Derselbe Vertrag, abgeschlossen als privater Riestervertrag, erlitt diesen Beitragsabzug nicht. Es war daher nahezu nie zweckmäßig, den Riester-Vertrag als betriebliche Altersversorgung abzuschließen. Diese Rechtslage hat sich durch das Betriebsrentenstärkungsgesetz geändert. Nun sind betriebliche Riester-Verträge beitragsfrei in der KVdR und gerade für Geringverdiener, die sich meist zwischen verschiedenen Sparformen für die vorteilhafteste zu entscheiden haben, tritt nun bAV-Riester in den Vordergrund. Und dies umso mehr, je größer die zu erwartende Zulagenförderung für sie ausfällt. Dies gilt ganz besonders, wenn ein Anspruch auf eine oder mehrere Kinderzulagen besteht. 61

62 BT-Drucks. 780/16, S. 59.

63 BMF-Schreiben v. 6.12.2017, Rz. 55.

64 Nur 0,1% der Direktversicherungsanwartschaften war Stand Ende 2013 riestergefördert, s. BT-Drucks. 780/16, S. 47.

1. Die Riester-Förderung in der bAV

a) Anspruch auf Schaffung der Fördervoraussetzungen (§ 1a Abs. 3 BetrAVG)

62 Die Riester-Rente kann sowohl im Rahmen der privaten Altersvorsorge durchgeführt werden als auch im Rahmen der betrieblichen Altersversorgung. Nach § 1a Abs. 3 BetrAVG kann ein Arbeitnehmer verlangen, dass für seine Entgeltumwandlung die Voraussetzungen für eine Förderung nach den §§ 10a, 82 Abs. 2 EStG geschaffen werden, wenn die betriebliche Altersversorgung über einen Pensionsfonds, eine Pensionskasse oder eine Direktversicherung durchgeführt wird. Zu den Altersvorsorgebeiträgen im Sinne des § 82 EStG gehören auch die aus dem individuell versteuerten Arbeitslohn des Arbeitnehmers geleisteten Beiträge an einen Pensionsfonds, eine Pensionskasse oder eine Direktversicherung zum Aufbau einer kapitalgedeckten betrieblichen Altersversorgung (§ 82 Abs. 2 S. 1 Buchst. a) EStG). Auch nach dem Ausscheiden aus dem Arbeitsverhältnis vom Arbeitnehmer geleistete Beiträge, die der Arbeitnehmer selbst erbringt, zählen gemäß § 82 Abs. 2 S. 1 Buchst. b) EStG als Altersvorsorgebeiträge, wenn der entsprechende Vertrag eine Auszahlung der zugesagten Altersversorgungsleistung in Form einer Rente oder eines Auszahlungsplans vorsieht (§ 1 Abs. 1 Satz 1 Nr. 4 des Altersvorsorgeverträge-Zertifizierungsgesetzes).

63 Alternativ zur Zulagenförderung sieht § 10a EStG die Möglichkeit vor, Altersvorsorgebeiträge nach § 82 EStG zuzüglich der nach den §§ 79ff. EStG zustehenden Zulagen jährlich bis zu € 2.100 (bzw. bis zu € 2.160 in den Fällen des § 10a Abs. 3 Sätze 1–3 EStG) als Sonderausgabe abzuziehen. Diese Möglichkeit besteht nur für in der inländischen gesetzlichen Rentenversicherung Pflichtversicherte und den weiteren in § 10a EStG genannten Personengruppen (z.B. Beamte). Voraussetzung für den Sonderausgabenabzug ist, dass der Steuerpflichtige gegenüber der zuständigen Stelle (§ 81a EStG) schriftlich einwilligt, dass diese der zentralen Stelle (Deutsche Rentenversicherung Bund, § 81 EStG) jährlich bestimmte Daten mitteilt. Ebenso ist Voraussetzung, dass der Steuerpflichtige gegenüber dem Anbieter in die Datenübermittlung einwilligt.

64 Es wird von Amts wegen eine Günstigerprüfung vorgenommen. Ist der Sonderausgabenabzug für den Steuerpflichtigen günstiger als der Anspruch auf die Zulage, erhöht sich die unter Berücksichtigung des Sonderausgabenabzugs ermittelte tarifliche Einkommensteuer um den Anspruch auf Zulage, § 10a Abs. 2 EStG. Sind die Zulagen günstiger, scheidet der Sonderausgabenabzug aus.

b) Fördervoraussetzungen

Aus dem Zusammenspiel von § 1a Abs. 3 BetrAVG und den §§ 10a, 82 EStG ergeben sich also folgende Voraussetzungen für die Riester-Förderung im Rahmen betrieblicher Altersversorgung: 65

- Zunächst darf der Entgeltumwandlungsanspruch nach § 1a BetrAVG des Arbeitnehmers noch nicht ausgeschöpft sein.
- Außerdem besteht der Anspruch auf Schaffung der Fördervoraussetzung nur, wenn die Durchführung der betrieblichen Altersversorgung über eine Direktversicherung, eine Pensionskasse oder einen Pensionsfonds erfolgt. Der Anspruch des Arbeitnehmes scheidet somit aus, wenn die betriebliche Altersversorgung im Unternehmen des Arbeitgebers im Wege einer Unterstützungskasse oder einer Direktzusage durchgeführt wird. Es muss sich um eine kapitalgedeckte betriebliche Altersversorgung handeln (§ 82 Abs. 2 EStG).
- Die Auszahlung der zugesagten Altersversorgungsleistung muss in Form einer Rente oder eines Auszahlungsplans (§ 1 Abs. 1 Satz 1 Nr. 4 Altersvorsorgeverträge-Zertifizierungsgesetz) vorgesehen sein. Das gilt nach Ansicht der Finanzverwaltung auch bei einer reinen Beitragszusage.[65]
- Die Inanspruchnahme der Riester-Förderung ist nur für individuell versteuerte Beiträge möglich. § 82 Abs. 2 Buchst. a BetrAVG spricht von Beiträgen, die aus dem individuell versteuerten Arbeitslohn des Arbeitnehmers geleistet werden. Hierzu gehören sowohl vom Arbeitnehmer als auch vom Arbeitgeber finanzierte Beiträge.[66]
- Außerdem darf das Wahlrecht für die Zulagenförderung (§ 1a Abs. 3 BetrAVG) nicht durch ein für das Unternehmen geltenden Tarifvertrag ausgeschlossen sein.[67]

c) Tarifdispositivität

Wie zuvor erwähnt ist § 1a BetrAVG tarifdispositiv (§ 19 Abs. 1 BetrAVG). Daher können die Tarifvertragsparteien auch den Anspruch auf die Schaffung der Fördervoraussetzungen ausschließen. Wenngleich dies in der Vergangenheit in vielen Tarifverträgen erfolgte, dürfte sich das in der Zukunft ändern. Die Entlastung der bAV-Riester-Renten von der Beitragspflicht in der Krankenversicherung der Rentner dürfte vor allem für viele zulagenberechtigte Geringverdiener künftig ein überragendes Interesse an bAV-Riester auslösen. Auch aus Gewerk- 66

65 BMF-Schreiben v. 6.12.2017, Rz. 68.
66 Ebenda, Rz. 66f.
67 Höfer, BetrAVG, Bd. I, § 1a Rz. 57.

schaftskreisen ist zu vernehmen, dass gerade für Branchen mit eher unterdurchschnittlichem Einkommensniveau in dieser Hinsicht ein besonderer Schwerpunkt gesetzt werden dürfte. Der durch die Zulagenförderung und ggf. einen hinzukommenden Arbeitgeberzuschuss insgesamt eingezahlte Beitrag wird häufig einen starken positiven Hebel für vergleichsweise geringe Arbeitnehmerbeiträge bewirken.

67 Berechnungsbeispiel

Arbeitnehmer, zwei Kinder, Jahreseinkommen € 24.000
Jährlicher Mindest-Eigenbeitrag 4% von € 24.000 = € 960
Gesamtbeitrag:

Riester-Grundzulage	€ 175
Riester-Kinderzulage 2 x € 300	€ 600
Mindest-Eigenbeitrag für Arbeitnehmer für ungekürzte Zulage	€ 185
Altersvorsorgebeitrag insgesamt	€ 960
vom Arbeitnehmer getragener Anteil (prozentual)	19,27%

d) Wahl zwischen Riester-Förderung und Steuerfreiheit nach § 3 Nr. 63 EStG

aa) Vorteilhaftigkeit der Steuerfreiheit nach § 3 Nr. 63 EStG

68 Beitragszahlungen zu Pensionsfonds, Pensionskassen und Direktversicherungen werden sowohl steuerlich als auch beitragsrechtlich gefördert. Seit dem 1.1.2018 bleiben gemäß § 3 Nr. 63 EStG Beiträge bis zu 8% der BBG steuerfrei.[68] Von diesen steuerfreien Beiträgen (auch, soweit sie über Entgeltumwandlung finanziert wurden) bleiben bis zu 4% der BBG beitragsfrei in der Sozialversicherung (§ 1 Abs. 1 Nr. 9 SvEV).

69 Von der steuerlichen Förderung profitieren vor allem Arbeitnehmer mit einer gewissen Steuerbelastung, von der Beitragsfreiheit alle diejenigen, deren Einkommen beitragspflichtig ist, also vor allem unterhalb der Beitragsbemessungsgrenze in der Rentenversicherung liegt.

bb) Vorteilhaftigkeit der Riester-Förderung

70 Wie zuvor bereits erwähnt kann im Falle einer Entgeltumwandlung jeder Arbeitnehmer unter den Voraussetzungen des § 1a Abs. 3 BetrAVG verlangen, dass die Riester-Förderung auf seine Entgeltumwandlung angewendet wird. Das bedeutet, dass nach der Systematik der Riesterförderung entweder die Zulagenförderung eintritt, oder alternativ die geleisteten Beiträge als Sonderausgaben

68 Ausf. B. Rz. 9ff.

in der Einkommensteuererklärung des Arbeitnehmers geltend gemacht werden können. Da die Beiträge in diesen Fällen der Entgeltumwandlung aus dem versteuerten und verbeitragten Einkommen, also dem Nettoeinkommen des Arbeitnehmers stammen, spricht man häufig auch von der „Netto-Entgeltumwandlung".

Dabei ist dabei die Zulagenförderung insbesondere für Geringverdiener günstig. Für Arbeitnehmer mit Kindern ist wegen der Nutzung der Kinderzulage diese Förderung besonders vorteilhaft. Arbeitnehmer in weniger stabilen Beschäftigungsverhältnissen profitieren ebenfalls, weil im Gegensatz zu der durch die Steuerfreiheit geförderten Brutto-Entgeltumwandlung keine Verminderung des für die Bemessung der Sozialleistungen oder des Arbeitslosengeldes maßgebenden Einkommens erfolgt. 71

cc) Beratungspflicht des Arbeitgebers

Der Arbeitgeber hat keine Beratungspflicht gegenüber dem Arbeitnehmer im Hinblick auf die Wahl zwischen Riester-Förderung und einer Entgeltumwandlung unter Anwendung der Steuerfreiheit nach § 3 Nr. 63 EStG. 72

Das Bundesarbeitsgerichts[69] hat eine Verpflichtung des Arbeitgebers zum Hinweis auf den Entgeltumwandlungsanspruch nach § 1a BetrAVG abgelehnt mit der Begründung, dass die Initiative zur Entgeltumwandlung nach der Konzeption des Gesetzes vom Arbeitnehmer auszugehen hat: Nach § 1a Abs. 1 Satz 1 BetrAVG könne der Arbeitnehmer vom Arbeitgeber *verlangen*, dass Teile seiner künftigen Entgeltansprüche durch Entgeltumwandlung für seine betriebliche Altersversorgung verwendet werden. Die Entscheidung zur Vornahme einer Entgeltumwandlung obliege daher allein dem Arbeitnehmer; er könne über die Verwendung seines künftigen Arbeitsentgelts frei disponieren. Mitwirkungspflichten des Arbeitgebers entstünden erst, nachdem der Arbeitnehmer sein Verlangen nach Entgeltumwandlung geäußert hat. 73

Etwas anderes gilt auch nicht für den Anspruch auf die Riester-Förderung nach § 1a Abs. 3 BetrAVG. Auch diese wird nur auf Initiative des Arbeitnehmers hin gewährt: Soweit der Arbeitnehmer einen Anspruch auf Entgeltumwandlung für betriebliche Altersversorgung nach Abs. 1 hat, kann er gem. § 1a Abs. 3 BetrAVG *verlangen*, dass die Voraussetzungen für eine Förderung nach den §§ 10a, 82 Abs. 2 EStG erfüllt werden. In Anlehnung an die Rechtsprechung des Bundesarbeitsgerichts folgt daher, dass den Arbeitgeber die Wahl des Arbeitnehmers zwischen einer Entgeltumwandlung mit oder ohne Riesterförderung 74

69 BAG, Urteil vom 21. Januar 2014, 3 AZR 807/11, BAGE 147, 155, BetrAV 2014, 481.

nicht beratend begleiten muss, weil Mitwirkungspflichten des Arbeitgebers erst *nach* einer diesbezüglichen Entscheidung des Arbeitnehmers entstehen.

75 Berät der Arbeitgeber aber dennoch, dann muss die Beratung umfassend und zutreffend sein. Er läuft sonst Gefahr, wegen der Verletzung freiwillig eingegangener Sorgfaltspflichten ohne Not Haftungstatbestände zu schaffen.

76 Eine gute Option für die Praxis könnte darin bestehen, Arbeitnehmer nicht individuell zu beraten, sondern allgemeine Berechnungsbeispiele oder Übersichten mit Vorteilhaftigkeitsbetrachtungen für musterhaft beschriebene Gehaltsgruppen zur Verfügung zu stellen, woraus die Arbeitnehmer eine grobe Einschätzung ableiten können für ihre eigene Entscheidung über die Inanspruchnahme der Förderung nach § 3 Nr. 63 EStG oder nach §§ 10a, 79 ff. EStG.

77 Insbesondere im Zusammenhang mit Optionssystemen, bei denen Arbeitnehmer automatisch in eine Entgeltumwandlung einbezogen werden, könnten in Tarifverträgen typisierende Festlegungen getroffen werden, die für definierte Gruppen von Arbeitnehmern standardmäßig zunächst die Netto-Entgeltumwandlung vorsehen.[70]

e) Riester-Förderung im Rahmen von betrieblicher Altersversorgung vs. privater Altersvorsorge

78 Im Hinblick auf den Prozess der Zulagengewährung macht es keinen Unterschied, ob es sich bei dem Förderprodukt um einen bAV-Riester oder einen privaten Riestervertrag handelt. Der bAV-Riester unterscheidet sich jedoch in anderen Punkten von der Riester-Förderung im Rahmen privater Altersversorgung:

- Wohnriester, also die steuerliche Förderung von selbst genutztem Wohneigentum, ist im Rahmen der betrieblichen Altersversorgung nicht möglich. Das ist systemimmanent, weil in einem kollektiven Versorgungssystem wie der betrieblichen Altersversorgung eine Vorleistung nicht möglich ist.
- Ein weiterer Unterschied besteht darin, dass bei der Riester-Förderung im Rahmen von betrieblicher Altersversorgung das Erfordernis der Zertifizierung des Altersvorsorgevertrages entfällt.
- Die Regelungen des BetrAVG sind zu beachten: Bei einem bAV-Riester handelt es sich um eine Entgeltumwandlung im Rahmen betrieblicher Altersversorgung. Das bedeutet unter anderem, dass das Abfindungsverbot beachtet werden muss. Abfindungen sind damit nur im laufenden Arbeits-

70 Vgl. ausf. zu den „Default"-Vorbelegungen im Tarifvertrag A. Rz. 172.

verhältnis möglich. Eine Übertragung der Anwartschaft ist nur auf einen neuen Arbeitgeber möglich.

- Bei einem bAV-Riestervertrag ist der Vertragspartner des Versorgungsträgers nicht der Arbeitnehmer, sondern der Arbeitgeber. Wechselt ein Arbeitnehmer mit einem bAV-Riester-Vertrag den Arbeitgeber, so ist damit häufig ein Anbieterwechsel verbunden. Solche Übertragungen sind gem. § 3 Nr. 55 EStG nicht steuerpflichtig und führen auch nicht zu einer schädlichen Verwendung nach § 93 EStG, wenn das geförderte Altersvorsorgevermögen auf eine der in § 82 Abs. 2 Buchst. a EStG genannten Einrichtungen der betrieblichen Altersversorgung zum Aufbau einer kapitalgedeckten betrieblichen Altersversorgung übertragen und eine lebenslange Altersversorgung vorgesehen wird. Kann der Arbeitnehmer bei einem Arbeitgeberwechsel den Vertrag nicht als betriebliche Altersversorgung fortführen, so ist eine Fortsetzung mit eigenen Beiträgen als privater Riester-Vertrag möglich.

f) Verfahren

Für die Erlangung der Zulage muss der Zulageberechtigte bei seinem Anbieter 79
einen Antrag einreichen (§ 89 EStG). Er hat hierfür Zeit bis zum Ablauf des zweiten Kalenderjahres, das auf das Beitragsjahr folgt. Auch ein sog. Dauerzulagenantrag ist möglich. Der Anbieter ist verpflichtet, diverse Daten zu erfassen (u.a. Steuer-Identifikationsnummer, Angaben zur Ermittlung des Mindesteigenbeitrages und der Kinderzulage) und an die zentrale Stelle zu übermitteln. Die zentrale Stelle ermittelt auf Grund der von ihr erhobenen oder der ihr übermittelten Daten, ob und in welcher Höhe ein Zulageanspruch besteht und veranlasst die Auszahlung an den Anbieter zugunsten des Zulageberechtigten (§ 90 EStG). Der Anbieter hat die erhaltenen Zulagen dann den begünstigten Verträgen gutzuschreiben. Erkennt die zentrale Stelle nachträglich, dass der Zulageanspruch nicht besteht oder weggefallen ist, so fordert sie die zu Unrecht gutgeschriebenen oder ausgezahlten Zulagen zurück. Der Anbieter belastet dann das Konto des Vorsorgevertrages entsprechend. Die Überprüfung der Zulagenberechtigung erfolgt anhand zahlreicher Daten, die der zentralen Stelle von verschiedenen Institutionen, wie z.B. den Rentenversicherungsträgern, den Meldebehörden und den Finanzämtern übermittelt werden (§ 91 EStG).

g) Schädliche Verwendung

Im Falle einer schädlichen Verwendung des Altersvorsorgevermögens sind die 80
Zulagen und Steuerermäßigungen zurückzuzahlen (§ 93 EStG). Eine schädliche

Verwendung liegt im Bereich der betrieblichen Altersversorgung in folgenden Fällen nicht vor:

- Übertragung eines bAV-Riester-Vertrages auf einen neuen Arbeitgeber gemäß § 4 Abs. 2 und 3 BetrAVG, vorausgesetzt, das geförderte Altersvorsorgevermögen wird auf eine der in § 82 Abs. 2 Buchst. a EStG genannten Einrichtungen der betrieblichen Altersversorgung zum Aufbau einer kapitalgedeckten betrieblichen Altersversorgung übertragen und eine lebenslange Altersversorgung vorgesehen.
- Abfindung von Anwartschaften der betrieblichen Altersversorgung, soweit das geförderte Altersvorsorgevermögen zugunsten eines auf den Namen des Zulageberechtigten lautenden Altersvorsorgevertrages übertragen wird.
- Im Falle einer Insolvenz des Arbeitgebers durch den dann kraft Gesetzes stattfindenden gesetzlichen Forderungs- und Vermögensübergang auf den Pensions-Sicherungsverein (PSVaG) nach § 9 BetrAVG und der damit einhergehenden schuldbefreienden Übertragung der Leistungspflicht auf den PSVaG nach § 8 Abs. 1 BetrAVG.[71]

2. Finanzielle Verbesserungen der bAV-Riester Förderung durch das BRSG

a) Anhebung der Grundzulage

81 Mit dem Betriebsrentenstärkungsgesetz wurde § 84 Satz 1 EStG dahingehend geändert, dass die Grundzulage von € 154 auf nunmehr € 175 jährlich angehoben wurde. Dies bedeutet eine Erhöhung der seit 2008 unverändert gebliebenen Grundzulage um € 21 jährlich. Der Gesetzgeber verspricht sich davon einen größeren Anreiz insbesondere für Geringverdiener, etwas für die eigene Altersvorsorge zu tun.[72]

b) Abschaffung der Doppelverbeitragung

82 Zulagengeförderte Beiträge des Arbeitnehmers entstammen dem versteuerten und verbeitragten Einkommen. Gleichwohl unterlagen nach der bis Ende 2017 geltenden Rechtslage die späteren Leistungen mit dem allgemeinen Beitragssatz (§ 241 SGB V) *auch* der Beitragspflicht in der gesetzlichen Kranken- und Pflegeversicherung. Diese sog. Doppelverbeitragung erkannte der Gesetzgeber als ein zu starkes Verbreitungshemmnis für den bAV-Riester. Die Statistik zeigte, dass nur 0,1% der Direktversicherungsanwartschaften die Riesterförderung

---

71 Ausf. dazu unten B. Rz. 93.

72 BT-Drucks. 780/16, S. 62.

nutzten.[73] Daher wurde § 229 SGB V durch das Betriebsrentenstärkungsgesetz geändert. Gemäß § 229 Abs. 1 Satz 1 Nr. 5, 2. HS SGB V bleiben nun Leistungen aus Altersvorsorgevermögen i.S.d. § 82 EStG bei der Einkunftsart „Renten der betrieblichen Altersversorgung einschließlich der Zusatzversorgung im öffentlichen Dienst und der hüttenknappschaftlichen Zusatzversorgung" außer Betracht. Sie gehören damit nicht zu den mit „der Rente vergleichbaren Einnahmen (Versorgungsbezüge)" und werden somit bei versicherungspflichtigen Rentnern nicht der Beitragsbemessung nach § 237 SGB V zugrunde gelegt. Damit wird der bAV-Riester ab 2018 beitragsrechtlich genau wie ein privater Riester-Vertrag behandelt: Die Versorgungsleistungen werden nicht noch ein zweites Mal verbeitragt, nachdem in der Ansparphase schon die Beitragsleistungen aus verbeitragtem Einkommen erbracht werden mussten.

Trotz dieser eindeutigen und unmissverständlichen Formulierung in der 83
Neufassung des § 229 SGB V zur Beitragsbefreiung von Leistungen aus Altersvorsorgevermögen soll dies offenbar jedoch möglichst nicht für Altersvorsorgevermögen gelten, die *vor dem Inkrafttreten des BRSG* gebildet wurden. Nach Ansicht der Finanzverwaltung[74] sowie des GKV-Spitzenverbands[75] soll nämlich beitragsprivilegiertes Altersvorsorgevermögen nur dann vorliegen, wenn sich der Steuerpflichtige bewusst für die Riester-Förderung entschieden hat, also seiner Versorgungseinrichtung bereits in der Vergangenheit mitgeteilt hat oder mit Wirkung für die Zukunft mitteilt, dass er die Riester-Förderung in Anspruch nehmen möchte und die Versorgungseinrichtung daraufhin ihre Pflichten als Anbieter nach § 80 EStG wahrnimmt.[76] Eine solche Einschränkung findet sich allerdings weder explizit im Gesetzeswortlaut noch in der Gesetzesbegründung zum Betriebsrentenstärkungsgesetz.

In seinem Schreiben an die aba vom 23.11.2017 ist das Bundesministerium 84
für Gesundheit (BMG)[77] sogar noch restriktiver. Danach soll Altersvorsorgever-

73 Ebenda, S. 47.
74 BMF-Schreiben v. 6.12.2017, Rz. 75.
75 GKV-Rundschreiben RS 2018/021 vom 11.1.2018, S. 2.
76 BMF-Schreiben v. 6.12.2017, Rz. 75.
77 BMG, Schr. v. 23.11.2017 an die aba: „[...] vielen Dank für Ihre E-Mail vom 17. November 2017 zur Erhebung von Beiträgen in der gesetzlichen Kranken- und Pflegeversicherung im Rahmen der betrieblichen Altersversorgung. In Abstimmung mit dem Bundesministerium der Finanzen (BMF) und dem Bundesministerium für Arbeit und Soziales (BMAS) teile ich Ihnen Folgendes mit: Mit dem Gesetz zur Stärkung der betrieblichen Altersversorgung und zur Änderung anderer Gesetze (Betriebsrentenstärkungsgesetzes) wurde die Verbeitragung der Auszahlung einer betrieblichen Altersversorgung aus Altersvorsorgevermögen nach § 92 Einkommensteuergesetz neu geregelt. Mit der Ergänzung des § 229 des Fünften Buches Sozialgesetzbuch (SGB V) im Rahmen der Definition von in der Gesetzlichen Krankenversicherung beitragspflichtigen Ver-

mögen überhaupt nur *ab dem Zeitpunkt* vorliegen können, ab dem der Steuerpflichtige seiner Versorgungseinrichtung entweder in der Vergangenheit bereits mitgeteilt hat oder jetzt mit Wirkung für die Zukunft mitteilt, dass er die Riester-Förderung in Anspruch nehmen möchte.

85 In der Praxis sorgt diese strenge Auslegung des Begriffs des Altersvorsorgevermögens für große Unsicherheit bei den betroffenen Versorgungsträgern. Denn oftmals werden oder wurden Beiträge in der Vergangenheit aus dem individuell versteuerten Einkommen entnommen und an die Versorgungseinrichtung abgeführt. Dies geschah naturgemäß dann, wenn im Rahmen einer Entgeltumwandlung gem. § 1a Abs. 3 BetrAVG die Riester-Rente gewählt wurde und deshalb gem. § 52 Abs. 4 S. 12 EStG auf die Steuerfreiheit nach § 3 Nr. 63 EStG verzichtet wurde. Aber auch wenn der nach Ansicht der Finanzverwaltung vorrangig zu berücksichtigende Arbeitgeberbeitrag die Höchstgrenzen des § 3 Nr. 63 EStG bereits ausfüllte oder überschritt oder im Falle von Eigenbeiträgen (§ 1 Abs. 2 Nr. 4 BetrAVG) wurden die Beiträge aus individuell versteuertem Einkommen entnommen. Anders als nun vom GKV-Spitzenverband und vom BMF verlangt hat der Arbeitnehmer dabei allerdings *gegenüber der Versorgungseinrichtung* seinen Willen, die Förderung in Anspruch nehmen zu wollen, wohl kaum jemals explizit kundgetan.

86 Es gab für diesen Personenkreis bislang auch überhaupt keine Veranlassung, gegenüber dem Arbeitgeber, geschweige denn gegenüber dem Versorgungsträger,

---

sorgungsbezügen wurde festgelegt, dass Betriebsrenten bei der Verbeitragung außer Betracht bleiben, soweit es sich um „Leistungen aus Altersvorsorgevermögen im Sinne des § 92 EStG“ handelt. Es werden also nur solche Leistungen beitragsrechtlich privilegiert, deren korrespondierende Altersvorsorgevermögen im Rahmen der Riester-Förderung erfasst worden sind. Das spiegelt den Sinn und Zweck der Regelung wider, wonach Riester-Verträge im Rahmen der betrieblichen Altersversorgung und privat abgeschlossene Riester-Verträge künftig beitragsrechtlich gleich behandelt werden sollen. Die neue Vorschrift im § 229 SGB V regelt demgegenüber nicht, dass Betriebsrenten immer beitragsfrei wären, sofern sie auf Zahlungen der Beschäftigten aus dem sog. Netto-Gehalt beruhen. Auch reicht die alleinige Bereitstellung „riesterfähiger Tarife“ durch die Versorgungseinrichtung für die Beitragsfreistellung nicht aus. Über diesen Punkt bestand im Gesetzgebungsverfahren Einvernehmen auf Seiten der Bundesregierung und der Koalitionsfraktionen. Genau daran knüpft die Ergänzung in Randziffer [75] im überarbeiteten o.g. BMF-Schreiben an. Dort wird darauf hingewiesen, dass Altersvorsorgevermögen nur ab dem Zeitpunkt vorliegen kann, ab dem der Steuerpflichtige seiner Versorgungseinrichtung in der Vergangenheit bereits mitgeteilt hat bzw. mit Wirkung für die Zukunft mitteilt, dass er die Risester-Förderung in Anspruch nehmen möchte, und die Versorgungeinrichtung daraufhin ihre Pflichten als Anbieter nach § 80 EStG wahrnimmt. Ein formaler Zulagenantrag muss nicht gestellt werden. Dies bedeutet insbesondere auch, dass solche Versorgungseinrichtungen der betrieblichen Altersversorgung, die gar keine Riester-Förderung anbieten, auch nicht in den Anwendungsbereich der neuen Beitragsfreistellung fallen können. […]“.

zu erklären, dass für die oberhalb der Höchstgrenze des §3 Nr. 63 EStG liegenden Beitragsleistungen die Riester-Förderung in Anspruch genommen werden soll. Denn gerade für diesen Personenkreis dürfte oftmals offensichtlich gewesen sein, dass eine Zulagenförderung nicht in Betracht kam. Dies dürfte vor allem dann der Fall gewesen sein, wenn wegen der Einkommenshöhe von vornherein feststand, dass im Rahmen der sog. „Günstigerprüfung" nach §10a Abs. 2 EStG ohnehin der Sonderausgabenabzug nach §10a EStG zur Anwendung gelangen würde.

Außerdem gab es für eine Erklärung gegenüber dem Versorgungsträger, die Riester-Förderung nutzen zu wollen, bis zum 1.1.2018 auch im Hinblick auf die Beitragspflicht in der KVdR keinen Anlass, da das aus den Altersvorsorgebeiträgen gebildete Altersvorsorgevermögen bei bAV-Riester ohnehin stets beitragspflichtige Rentenleistungen hervorbrachte. Erst mit der Einführung des §229 Abs. 1 Nr. 5 2. HS SGB V hat sich das ab 2018 geändert. Erst jetzt sollen die aus den Altersvorsorgevermögen resultierenden Rentenleistungen in der gesetzlichen Krankenversicherung beitragsfrei bleiben.

Relativ zeitnah hat das BMF seine strenge Haltung – jedenfalls in Bezug auf **87**
die Vergangenheit – entschärft. Mit Schreiben vom 6. Juli 2018 hat das BMF gegenüber der Versorgungsanstalt des Bundes und der Länder (VBL) sowie gegenüber anderen Trägern der öffentlichen und kirchlichen Zusatzversorgung erklärt, dass die „seinerzeit aus versteuertem Arbeitslohn entrichteten Beiträge zu Altersvorsorgevermögen im Sinne des § 92 EStG führen und damit der entsprechende Anteil der darauf beruhenden Versorgungsleistungen beitragsfrei in der Sozialversicherung ist. [...] Auch die Forderung der „bewussten Entscheidung für die Riester-Förderung" wird als erfüllt angesehen. [...] Heute gilt: Sind die Finanzierungsanteile des Arbeitnehmers unter Anwendung der Grundsätze der o.g. Rechtsprechung dem Grunde nach steuerfrei, aber verlangt der Arbeitnehmer auf Grundlage von § 3 Nummer 63 Satz 2 EStG eine individuelle Besteuerung, führen die aus versteuertem Arbeitslohn erbrachten Finanzierungsanteile der Arbeitnehmer zu Altersvorsorgevermögen."

Dieses Schreiben ist bedauerlicherweise nicht eindeutig. Vermutlich aber soll damit ausgedrückt werden, dass die Leistungen beitragsfrei bleiben sollen, wenn sie auf Beiträgen beruhen, *die in der Vergangenheit* geleistet wurden und die entweder aufgrund eines Verzichts des Steuerpfichtigen auf die Steuerfreiheit oder aufgrund des Überschreitens der Höchstgrenzen in § 3 Nr. 63 EStG versteuert wurden.

Für Leistungen, die auf *fortan* geleisteten Beiträgen beruhen, soll das offensichtlich nur dann gelten, wenn explizit auf die Steuerfreiheit des Beitrages verzichtet wurde. Dieses Schreiben schafft somit zwar eine Erleichterung für Altersvorsorgevermögen, das in der Vergangenheit gebildet wurde. Leider bleibt aber unklar, wie die zeitliche Abgrenzung zwischen „seinerzeit" geleisteten Beiträgen und „jetzt" geleisteten Beiträgen zu ziehen ist.

c) Teilweise Freistellung von laufenden Renten aus zusätzlicher Altersvorsorge in der Grundsicherung (§ 82 Abs. 4 SGB XII)

88 Das Betriebsrentenstärkungsgesetz fasste auch § 82 SGB XII neu. In Absatz 4 ist nunmehr folgendes geregelt: „Bei der Hilfe zum Lebensunterhalt und Grundsicherung im Alter und bei Erwerbsminderung ist ferner ein Betrag von € 100 monatlich aus einer zusätzlichen Altersvorsorge der Leistungsberechtigten zuzüglich 30 vom Hundert des diesen Betrag übersteigenden Einkommens aus einer zusätzlichen Altersvorsorge der Leistungsberechtigten abzusetzen, höchstens jedoch 50 vom Hundert der Regelbedarfsstufe 1 zu § 28."

89 Mit dieser Einführung eines Einkommensfreibetrags für zusätzliche Altersvorsorge erhofft sich der Gesetzgeber gerade bei Geringverdienern einen zusätzlichen Anreiz für freiwillige, zulagengeförderte Altersvorsorge schaffen zu können.[78] Durch diese Neuregelung bleibt eine monatliche Rente in Höhe von € 100 zuzüglich 30% des übersteigenden Einkommens bei der Grundsicherung anrechnungsfrei. Allerdings ist die Anrechnungsfreiheit auf 50% der Regelbedarfsstufe 1 nach der Anlage zu § 28 SGB XII begrenzt. Das bedeutet angesichts der für das Kalenderjahr 2018 geltenden Beträge, dass 50% von € 416, also € 208, beitragsfrei bleiben.

---

90 Berechnungsbeispiel:

Von einer monatlichen Rente von € 500 bleibt der Sockelbetrag von € 100 sowie 30% des übersteigenden Betrags, also 30% von € 400 bzw. € 120 anrechnungsfrei. Zusammen wären € 220 anrechnungsfrei. Allerdings greift hier die für 2018 geltende Höchstbegrenzung von € 208, die damit effektiv anrechnungsfrei bleiben.

---

91 Zu den Arten von anrechnungsfreien Altersvorsorgeleistungen gehören nach § 82 Abs. 5 SGB XII laufende Zahlungen aus

- einer betrieblichen Altersversorgung im Sinne des Betriebsrentengesetzes,
- einem nach § 5 des Altersvorsorgeverträge-Zertifizierungsgesetzes zertifizierten Altersvorsorgevertrag und
- einem nach § 5a des Altersvorsorgeverträge-Zertifizierungsgesetzes zertifizierten Basisrentenvertrag.

78 BT-Drucks. 780/16, S. 43.

d) Schonung des Altersvorsorgevermögens bei Bezug von Grundsicherung (§§ 43 Abs. 1, 90 Abs. 2 Nr. 2 SGB XII)

Parallel zur Privilegierung der laufenden Renten aus Altersvorsorgevermögen in der Grundsicherung ist auch das Vermögen selbst privilegiert. Altersvorsorgevermögen i.S.d. § 10a EStG oder §§ 79 ff. EStG muss in der Auszahlungsphase mit Blick auf die Grundsicherung nicht als Vermögen eingesetzt werden, sofern die Auszahlung als monatliche oder sonstige regelmäßige Leistung erfolgt (z.B. als zusammengefasste Auszahlungen nach § 1 Abs. 1 Satz 1 Nr. 4 Buchst. a, 3. Halbsatz AltZertG). Allerdings unterfällt bei einer förderschädlichen Auszahlung des Altersvorsorgevermögens das Vermögen nicht mehr länger dem Begriff des Altersvorsorgevermögens gemäß § 90 Abs. 2 Nr. 2 SGB XII und ist ab dann verwertbares Vermögen, soweit es die Vermögensfreigrenzen nach § 90 Abs. 2 Nr. 2 und 3 SGB XII überschreitet.[79] 92

e) Keine schädliche Verwendung bei Übertragung von Altersvorsorgevermögen im Insolvenzfall zu oder vom PSVaG gemäß den §§ 8 Abs. 1, 9 BetrAVG

Die klarstellende Schließung einer Gesetzeslücke erfolgte im Rahmen des § 93 EStG. Die Vorschrift regelt die Rückzahlung der Zulagen für den Fall einer schädlichen Verwendung. Gemäß Abs. 2 stellten folgende Konstellationen schon bisher keine steuerlich schädliche Verwendung dar: 93

- die Übertragung von gefördertem Altersvorsorgevermögen auf einen anderen auf den Namen des Zulageberechtigten lautenden Altersvorsorgevertrag (§ 1 Abs. 1 Satz 1 Nr. 10 Buchst. b AltZertG);
- die Übertragung auf einen neuen Arbeitgeber gemäß § 4 Abs. 2 und 3 BetrAVG, wenn das geförderte Altersvorsorgevermögen auf eine der in § 82 Abs. 2 lit. a EStG genannten Einrichtungen der bAV zum Aufbau einer kapitalgedeckten betrieblichen Altersversorgung übertragen und eine lebenslange Altersversorgung im Sinne der §§ 1 Abs. 1 Satz 1 Nr. 4 oder 1 Abs. 1 Satz 1 Nr. 4 und 5 AltZertG in der bis zum 31.12.2004 geltenden Fassung vorgesehen wird;
- in den übrigen Fällen der Abfindung von Anwartschaften der bAV, soweit das geförderte Altersvorsorgevermögen zugunsten eines auf den Namen des Zulageberechtigten lautenden Altersvorsorgevertrages geleistet wird.

Dieser Ausnahmekatalog wurde durch das Betriebsrentenstärkungsgesetz erweitert. Nunmehr sind auch der gesetzliche Forderungs- und Vermögensübergang nach § 9 BetrAVG auf den PSVaG im Insolvenzfall und die spätere gesetz- 94

79 BT-Drucks. 780/16, S. 45.

lich vorgesehene schuldbefreiende Übertragung dieses Vermögens vom PSVaG auf das Versicherungskonsortium nach § 8 Abs. 1 BetrAVG steuerlich eindeutig nicht schädlich. Mit dieser Regelung wollte der Gesetzgeber die Auffassung der Finanzverwaltung zugunsten der Beteiligten auf eine rechtliche Grundlage stellen. Der Übertragungsvorgang wirkt sich auf die Besteuerung nach § 22 Nr. 5 EStG nicht aus.[80]

f) Keine schädliche Verwendung im Versorgungsausgleich (§ 93 Abs. 3 Satz 4 EStG)

95 § 93 Abs. 3 EStG regelt ferner, dass Auszahlungen zur Abfindung einer Kleinbetragsrente nicht als schädliche Verwendung gelten. Eine Kleinbetragsrente ist gem. § 93 Abs. 3 Satz 2 EStG eine Rente, die bei gleichmäßiger Verrentung des gesamten zu Beginn der Auszahlungsphase zur Verfügung stehenden Kapitals eine monatliche Rente ergibt, die 1% der monatlichen Bezugsgröße nach § 18 SGB IV nicht übersteigt. Mit dem Betriebsrentenstärkungsgesetz ist § 93 Abs. 3 EStG um einen neuen Satz 4 erweitert worden. Danach gelten die Sätze 1 bis 3 des Absatzes 3 entsprechend, wenn nach dem Beginn der Auszahlungsphase ein Versorgungsausgleich durchgeführt wird und sich dadurch die Rente unter diesen Schwellenwert verringert. Der Gesetzeber wollte damit eine steuerunschädliche Abfindung auch in den Fällen ermöglichen, in denen nach Beginn der Auszahlungsphase ein Versorgungsausgleich durchgeführt wird und die bisherige Rente sich dadurch auf den Wert einer Kleinbetragsrente verringert.[81]

g) bAV-Riester bei freiwillig gesetzlich Krankenversicherten

96 Bei freiwillig versicherten Rentnern in der gesetzlichen Krankenversicherung wird für die Beitragsbemessung gem. §240 Abs. 1 SGB V die gesamte wirtschaftliche Leistungsfähigkeit des freiwilligen Mitglieds berücksichtigt. Hierzu zählen neben einer eventuellen gesetzlichen Rente und anderen Versorgungsbezügen auch alle weiteren Einkünfte. Und das sind bei freiwillig Versicherten auch Leistungen aus privaten Riesterverträgen oder aus bAV-Riester-Verträgen. Allerdings ist auf diese Leistungen nur der ermäßigte Beitragssatz (§243 SGB V) zu zahlen, denn der allgemeine Beitragssatz gilt nur für Versorgungsbezüge und zu diesen gehören die Altersvorsorgeleistungen seit der Änderung in §229 SGB V nicht mehr.

80 BT-Drucks. 780/16, S. 64.

81 Ebenda, S. 65.

3. Verfahrenserleichterungen für bAV-Riester durch das Betriebsrentenstärkungsgesetz

a) Erleichterungen bei der Kinderzulage

Die Kinderzulage beträgt unverändert € 185 jährlich bzw. für ab 2008 geborene 97
Kinder € 300 jährlich. Jedoch ist durch das Betriebsrentenstärkungsgesetz insoweit eine Verfahrensvereinbarung geschaffen worden, als die Kinderzulage nicht mehr demjenigen Zulageberechtigten zusteht, dem für dieses Kind das Kindergeld „ausgezahlt" wird, sondern die Kinderzulage steht demjenigen zu, demgegenüber das Kindergeld „festgesetzt" wird. Hintergrund dieser Gesetzesänderung war eine Anpassung des Gesetzwortlauts an die aktuelle Verwaltungspraxis: Der Datenabgleich mit anderen Verwaltungsträgern erlaubt der zentralen Stelle nur die Feststellung, wem gegenüber das Kindergeld festgesetzt wurde, nicht aber die Feststellung des tatsächlichen Zahlungsempfängers.[82]

b) Frist für Zulagenrückforderung

Wenn ein Zulagenanspruch nicht besteht oder weggefallen ist und die zentrale 98
Stelle dies nachträglich erkennt, kann sie die Zulagen zurückfordern. Zu einer solchen Konstellation kann es kommen, da die Zulagen zunächst aufgrund der Angaben des Antragstellers gewährt und erst später geprüft werden. Bislang sah § 90 Abs. 3 EStG für die Rückforderung keine Frist vor. Die Praxis hat jedoch gezeigt, dass die Zurückforderung von Zulagen für sehr weit zurückliegende Beitragsjahre zu Beschwerden der Betroffenen geführt hat.[83] Die zentrale Stelle hat daher künftig nur noch bis zum Ende des zweiten auf die Ermittlung der Zulage folgenden Jahres Zeit, die Richtigkeit der Zulagengewährung zu überprüfen. Maximal ein weiteres Jahr hat die zentrale Stelle dann noch Zeit, die Zulage zurückzufordern.

c) Zulagenrückforderung direkt von dem Zulagenberechtigten

Durch das Betriebsrentenstärkungsgesetz wurde in § 90 EStG ein neuer Abs. 3a 99
eingefügt. Dieser ermöglicht es der zentralen Stelle, zu Unrecht gewährte Zulagen direkt vom Betroffenen zurückzufordern, wenn das auf dem Vertrag vorhandene Guthaben nicht ausreicht, um daraus den Rückforderungsbetrag zu decken. Dieses unmittelbare Rückforderungsrecht gegenüber dem Betroffenen gilt für die Teilung von Riester-Anwartschaften im Rahmen von Versorgungs-

---

82 Ebenda, S. 63.
83 Ebenda.

ausgleichsverfahren, bei einem Altersvorsorge-Eigenheimbetrag (§ 92a Abs. 1 EStG) oder der Darlehenstilgung bei Altersvorsorgeverträgen (§ 1 Abs. 1a AltZertG).

d) Nachholmöglichkeit für Einwilligung zur Datenübermittlung

100 Nach § 10a Abs. 1 Satz 1 Halbsatz 2 EStG muss der Zulageberechigte spätestens bis zum Ablauf des Beitragsjahres gegenüber der zuständigen Stelle einwilligen, dass der zentralen Stelle jährlich alle erforderlichen Daten mitgeteilt werden, insbesondere Informationen zur Zugehörigkeit zum begünstigten Personenkreis, Daten zur Ermittlung des Mindesteigenbeitrags und hinsichtlich der Kinderzulage. Damit ist die Frist für die Einwilligung in die Datenübermittlung durch das Betriebsrentenstärkungsgesetz verkürzt worden. Bislang war die Einwilligung bis zum Ablauf des zweiten Kalenderjahres möglich, das auf das Beitragsjahr folgt. Der Gesetzgeber gewährt jedoch die Möglichkeit, diese Einwilligung nachzuholen. Die Nachholmöglichkeit ist in einem neuen Absatz 5 in § 90 EStG geregelt. Die Nachholmöglichkeit besteht bis zum Ende des Festsetzungsverfahrens.[84]

e) Längere Frist für jährliche Bescheinigung

101 Nach § 92 EStG hat der Anbieter dem Zulageberechtigten jährlich eine Bescheinigung u.a. über die geleisteten Altersvorsorgebeiträge und die Zulagen zu erteilen. Durch das Betriebsrentenstärkungsgesetz ist klargestellt worden, dass diese Bescheinigung nicht nur jährlich, sondern auch noch bis zum Ablauf des dem Beitragsjahr folgenden Jahres erteilt werden kann.[85]

f) Datenaustausch zwischen Träger der Sozialhilfe und zentraler Stelle (§ 94 Abs. 3 EStG)

102 § 94 EStG erhielt durch das Betriebsrentenstärkungsgesetz einen neuen Absatz 3. Die neue Vorschrift stellt eine Querinformation der Datenstelle der Rentenversicherungsträger an den jeweiligen Träger der Sozialhilfe sicher im Falle einer steuerschädlichen Verwendung von Altersvorsorgevermögen durch einen Bezieher von Hilfe zum Lebensunterhalt bzw. Grundsicherung.[86]

---

84 BT-Drucks. 18/12612, S. 35.
85 BT-Drucks. 780/16, S. 63.
86 Ebenda, S. 65.

Diese Neuregelung in § 94 EStG ist im Zusammenhang mit dem neu eingeführtem Absatz 1a in § 118 SGB XII zu sehen. Hiernach wird ein Datenaustausch zwischen dem Sozialhilfeträger und der zentralen Stelle über die Datenstelle der Rentenversicherungsträger eingeführt.[87] Der Sozialhilfeträger zeigt den erstmaligen Bezug von Hilfe zum Lebensunterhalt oder Grundsicherung, das Ausscheiden aus dem Hilfebezug sowie den erneuten Bezug an, wenn bei Antragstellung Vermögen nach § 90 Abs. 2 Nr. 2 SGB XII vorliegt, also eines nach § 10a oder Abschnitt XI EStG geförderten Altersvorsorgevermögens i.S.d. § 92 EStG, von dessen Einsatz oder Verwertung die Sozialhilfe nicht abhängig gemacht werden darf. 103

4. Anbieterhaftung bei fehlenden oder fehlerhaften Meldungen (§ 96 Abs. 2 EStG)

§ 96 Abs. 2 EStG wurde durch das Betriebsrentenstärkungsgesetz neu gefasst. 104
Geregelt wird der Fall, dass der Anbieter vorsätzlich oder grob fahrlässig Daten unrichtig oder unvollständig oder gar nicht übermittelt, obwohl der Zulageberechtigte seiner Informationspflicht nachgekommen war. In einem solchen Fall haftet der Anbieter für die entgangene Steuer und die zu Unrecht gewährte Steuervergünstigung. Nach der Gesetzesbegründung können fehlende oder fehlerhafte Meldungen der Anbieter zu Steuerausfällen führen, es bestand aber bislang keine Möglichkeit, den Anbieter für entgangene Steuern in Anspruch zu nehmen.[88]

5. Beratung durch die gesetzliche Rentenversicherung (§ 15 Abs. 4 SGB I)

§ 15 Abs. 4 SGB I wurde durch das Betriebsrentenstärkungsgesetz neu gefasst. 105
Danach sollen nunmehr die Träger der gesetzlichen Rentenversicherung produkt- und anbieterneutral Auskünfte erteilen über Möglichkeiten zum Aufbau einer staatlich geförderten zusätzlichen Altersvorsorge. Im Interesse einer höheren Verbreitung der zusätzlichen Altersvorsorge sollen die Träger der gesetzlichen Rentenversicherung künftig über die gesamte staatlich geförderte zusätzliche Altersvorsorge Auskünfte erteilen.

87 Ebenda, S. 46.
88 Ebenda, S. 65.

III. Reformanregungen für die Durchführung des bAV-Riesters

106 Das Verfahren zur Riester-Rente, insbesondere das Datenaustauschverfahren mit der zentralen Zulagenstelle für Altersvermögen (ZfA), ist hoch automatisiert. Möglicherweise werden daher nicht alle Versorgungsträger im Rahmen von Sozialpartnermodellen auch bAV-Riester zur Verfügung stellen. Es kommt hinzu, dass Anbieter und Förderberechtigter bei bAV-Riester nicht in einem unmittelbaren Vertragsverhältnis stehen, sondern dass der Arbeitgeber wie bei allen bAV-Lebensversicherungsverträgen Versicherungsnehmer und damit auch der formal verpflichtete Beitragszahler wird. Dem Arbeitgeber liegen außerdem oftmals gerade für Bestandsarbeitnehmer nicht alle benötigten Antragsdaten vor.

107 Es stellt sich daher die Herausforderung, die Prozesse und Abläufe so zu gestalten, dass große Volumina förderberechtigter Arbeitnehmer auf ein einfaches Verfahren zum Abschluss von Riester-Renten-Verträgen stoßen. Insbesondere die Beantragung und die Genehmigung der Zulagen sollte sehr einfach gestaltet werden, wenn die erfolgreiche, massenhafte Verbreitung des bAV-Riesters gelingen soll. Das große Ziel des Betriebsrentenstärkungsgesetzes, die bislang unversorgten 12 bis 13 Mio. Arbeitnehmer zu erreichen, könnte dazu führen, dass – bei Regelung des bAV-Riesters in den Tarifverträgen – möglicherweise schlagartig eine große Zahl von Arbeitnehmern in das System aufgenommen werden müsste. Für diese Massenverfahren, die vor allem auf die Geringverdiener abzielen, braucht es daher ein sehr einfaches Verfahren. Die Verfasser halten vor diesem Hintergrund die nachstehenden Anregungen für sinnvoll und für diskussionswürdig.

108 Ein fiktives Szenario könnte wie folgt aussehen: In einem Tarifvertrag wird den vom Tarifvertrag erfassten Unternehmen das Optionsmodell zur Verfügung gestellt und zudem festgelegt, dass Arbeitgeber und Arbeitnehmer jeweils einen Beitrag von € 20 pro Monat zur betrieblichen Altersversorgung in einen versicherungsförmigen Durchführungsweg leisten. Die Beiträge des Arbeitgebers und des Arbeitnehmers wären im Rahmen von § 3 Nr. 63 EStG steuerfrei. Der Arbeitnehmer hätte nunmehr die Möglichkeit, auf die Steuerfreiheit seines Beitragsteils zu verzichten und stattdessen die Förderung nach §§ 10a, 79 ff. EStG zu nutzen. Zu diesem Zweck wäre es erforderlich, dass der Arbeitnehmer der eingeschalteten Versorgungseinrichtung mitteilt, dass er die Förderung in Anspruch nehmen möchte.[89] Zwar birgt diese notwendige Mitwirkungshandlung des Arbeitnehmers das Risiko, dass dieser schlicht untätig bleibt und die Fördermöglichkeit ungenutzt lässt. Aber

89 BMF v. 6.12.2017, Rz. 75.

bezüglich der Entscheidung für die bAV-Riester Förderung wäre ein Automatismus nicht zweckmäßig: Zum einen könnte es sein, dass Arbeitnehmer tatsächlich den bAV-Riester nicht in Anspruch nehmen wollen, etwa, weil sie bereits ihre Zulagen in einem bestehenden Versicherungsvertrag erhalten. Zum anderen ist de lege lata nicht nur eine entsprechende Erklärung hinsichtlich der Zulagenförderung erforderlich, sondern im Hinblick auf den Datenschutz auch die explizite Zustimmung des Arbeitnehmers zur Datenverarbeitung. Mit dieser könnten gleichzeitig fehlende Daten des Arbeitnehmers erhoben werden.

Es wäre aber auch eine andere Vorgehensweise denkbar, bei der das Mit- 109
wirkungserfordernis des einzelnen Arbeitnehmers im Interesse einer größtmöglichen Nutzung der Fördermöglichkeit auf ein Minimum reduziert werden könnte. So könnte die Versorgungseinrichtung den Arbeitnehmern einen vorformulierten Auftrag, ähnlich der Dauerzulagevollmacht im bestehenden Verfahren, zur Verfügung stellen, den diese nur noch zu unterschreiben hätten. Der Auftrag könnte darauf lauten, im Interesse der Betroffenen die Zulagenberechtigung prüfen und ggf. alles zu unternehmen, damit die Zulagen dem Vertrag gutgeschrieben werden können. Der Auftrag würde nicht nur aus datenschutzrechtlichen Gründen die ausdrückliche Einwilligung enthalten, sondern auch sämtliche Ermächtigungen, die es dem Versorgungsträger erlauben, bei Behörden und anderen Stellen alle erforderlichen Daten und Auskünfte (z.B. Steuernummer, Rentenversicherungsnummer, Kindergeldnummer) abzufragen sowie im Namen des Arbeitnehmers den Zulagenantrag bei der ZfA zu stellen.

Die Ermächtigung würde auch eine jährliche Überprüfung der Verhältnisse 110
und Beantragung der Zulagen (Dauerzulageantrag) umfassen, damit etwaige Veränderungen (z.B. Geburt eines Kindes) im Zulageverfahren berücksichtigt werden können.

Der Versorgungsträger würde im Falle einer erfolgreichen Beantragung der 111
Zulagen den Arbeitgeber benachrichtigen, damit dieser hinsichtlich der Lohnversteuerung des Beitrages von der Steuerfreiheit nach § 3 Nr. 63 EStG umstellt auf eine Zahlung des Beitrags aus dem versteuerten und verbeitragten Nettogehalt des Arbeitnehmers. Eine gesonderte postalische Mitteilung an den Arbeitnehmer über die Bewilligung wäre im Interesse eines schlanken Verfahrensablaufs nicht zwingend geboten, zumal der Versorgungsträger dem Förderberechtigten ohnehin jährlich eine Bescheinigung über die Zulagen auszustellen hat. Zudem sieht der Arbeitnehmer anhand seiner Lohnabrechnung, dass die Beiträge ab der Umstellung nicht mehr aus dem Bruttoentgelt entnommen werden.

Im Interesse eines maximal automatisierbaren Ablaufes erscheinen zusätz- 112
lich folgende gesetzlichen Vereinfachungen für bAV-Riester Massenverfahren erwägenswert:

113 – Kinderzulage: Es wäre zu begrüßen, wenn hinsichtlich der Kinderzulagen grundsätzlich qua gesetzlicher Fiktion davon ausgegangen werden könnte, dass die Kinder demjenigen Elternteil in dem Umfang zustehen, wie Kinderfreibeträge auf der Lohnsteuerkarte eingetragen sind. Der Versorgungsträger müsste vom antragstellenden Arbeitnehmer die Ermächtigung erhalten, im Rahmen der Zulagenbeantragung zu prüfen, ob für diese Kinder bereits Zulagen gezahlt werden, etwa zugunsten anderer Verträge des Zulageberechtigten oder an den anderen Elternteil.

114 – Mindesteigenbeitrag: Derzeit ermittelt sich der Mindesteigenbeitrag mit 4% des sozialversicherungspflichtigen Entgelts des Vorjahres. Das lässt sich für den Arbeitgeber aber nicht immer zutreffend ermitteln, etwa bei Neueinstellungen oder bei Bezug von anderen Einkünften wie Elterngeld. Hier könnte durch eine Gesetzesänderung eine entscheidende Verbesserung herbeigeführt werden, etwa indem der Mindesteigenbeitrag im Rahmen des bAV-Riesters als erfüllt gilt, wenn der Arbeitnehmer einen bestimmten absoluten Mindestbetrag (z.B. € 20 im Monat) oder einen bestimmten prozentualen Betrag (4% des aktuellen Arbeitsentgelts) erbracht hat. Eine solche Vereinfachung wurde bereits im Rahmen des Konzeptpapiers der hessischen Landesregierung für die Deutschlandrente vorgeschlagen.

115 – Verzicht auf Rückforderungen der Zulagen: Das vorstehend beschriebene bAV-Riester Modell hätte den wesentlichen Vorteil, dass die häufigsten Fehlerquellen im Zulageverfahren von Beginn an bereits eliminiert wären. Der häufigste Fehler bei den Zulagenanträgen ist die fehlende Förderberechtigung. Dies kann bei den bAV-Riester Anträgen nicht vorkommen, denn sozialversicherungspflichtig beschäftigte Arbeitnehmer sind stets unmittelbar Berechtigte. Auch ein zu geringer Eigenbeitrag könnte durch eine Pauschalregelung von Anfang an seitens des Arbeitgebers sichergestellt werden. Die ZfA könnte im Rahmen des bAV-Riesters so das kosten- und zeitaufwendige Prüfungsverfahren im Hinblick auf die Zulagenberechtigung aussetzen. Allerdings sollte das Gesetz eine Missbrauchsklausel erhalten, die die Rückforderung der Zulagen insbesondere in Betrugsfällen erlaubt, wenn etwa bewusst falsche Angaben gemacht werden.

116 – Abstellen auf die Verhältnisse im Zeitpunkt des Zulagenantrags: Ähnlich wie in § 100 EStG geregelt, sollte es im Rahmen des bAV-Riesters ausschließlich auf die Verhältnisse in dem Zeitpunkt ankommen, in dem Zulagenantrag gestellt wird. Dies würde ein einfaches Verfahren erlauben und Fehlerquellen vermeiden. Änderungen im Laufe des Kalenderjahres hätten dann keine Auswirkungen mehr auf die Förderberechtigung.

117 – Schaffung eines einfachen Vorverfahrens zur Statusfeststellung: Anbieter, Arbeitnehmer und Arbeitgeber sollen die Möglichkeit erhalten, weit vor

dem Stellen des Zulagenantrages möglichst in einem vollautomatisierten Verfahren adhoc bei der ZfA die dort bereits bekannten Daten abzufragen. So könnten sie bereits zu Beginn der Entgeltumwandlung erkennen, ob für den Steuerpflichtigen bereits Grund- oder Kinderzulagen gewährt werden. Sie erhielten so eine Entscheidungsgrundlage dafür, ob es für den Arbeitnehmer zweckmäßig ist, bei der Bruttoentgeltumwandlung zu bleiben oder stattdessen die Nettoentgeltumwandlung zu wählen. Ergäbe sich aus einer solchen Statusabfrage beispielsweise, dass die Zulagen bereits ausgeschöpft sind, wäre eine Netto-Entgeltumwandlung nicht mehr sinnvoll.

Teil C – Versicherungsaufsichtsrechtliche Aspekte der reinen Beitragszusagen

I. Zusammenhang von Betriebsrenten- und Versicherungsaufsichtsrecht

1. Rechtssystematische Bedeutung des VAG für die bAV

1 Das Versicherungsaufsichtsrecht ist für drei der fünf Durchführungswege der betrieblichen Altersversorgung unmittelbar bedeutsam, weil sie von Versorgungsträgern durchgeführt werden, die selbst den Vorschriften des VAG unterworfen sind. Dies sind bekanntlich die Durchführungswege Direktversicherung[1], Pensionskasse und Pensionsfonds.[2] Der Durchführungsweg Unterstützungskasse wird dann vom Versicherungsaufsichtsrecht berührt, wenn die Unterstützungskassenzusage durch Rückdeckungsversicherungen finanziert wird. Gleiches gilt für die Direktzusage des Arbeitgebers gegenüber dem Arbeitnehmer, wenn sie mit Hilfe von Lebensversicherungsverträgen rückgedeckt wird.

2 Dennoch war die praktische Relevanz des Versicherungsaufsichtsrechts in der betrieblichen Altersversorgung in der Vergangenheit eher begrenzt. Anders war es lediglich beim Durchführungsweg Pensionsfonds. Die Inhalte der Zusagen, die von Pensionsfonds durchgeführt werden dürfen (s. § 236 VAG), sowie Einzelheiten ihrer Finanzierung sind nämlich im VAG geregelt (s. § 239 Abs. 3 S. 2 VAG) und gestalten so unmittelbar das Rechtsverhältnis zwischen Pensionsfonds und Arbeitgeber aus.

---

1 Der Begriff „Direktversicherung“ erhält damit im BetrAVG zwei Bedeutungen, zum einen als Legaldefinition gemäß § 1b Abs. 2 S. 1 BetrAVG. Dort bezeichnet er ein Vertragsverhältnis. Zum anderen als Bezeichnung von Lebensversicherungsunternehmen, die keine Pensionskassen sind, gemäß § 1 Abs. 2 Nr. 2a BetrAVG.

2 Als durchführende Einrichtungen für reine Beitragszusagen lässt § 244a Abs. 1 VAG Pensionsfonds, Pensionskassen und andere Lebensversicherungsunternehmen zu. Nach diesem Wortlaut wäre es auch sog. **„kleinen Versicherungsunternehmen“ i.S.d. §§ 211 ff. VAG** erlaubt, reine Beitragszusagen durchzuführen. Für sie gelten nach § 213 VAG im Wesentlichen die reduzierten Eigenkapitalanforderungen des Regimes von Solvency I. Im Weiteren wird allerdings davon ausgegangen, dass diese Unternehmen als Anbieter reiner Beitragszusagen nicht in Erscheinung treten werden, weil die Möglichkeiten des sie kennzeichnenden kollektiven Ausgleichs innerhalb der Beitragsschwelle für kleine Versicherungsunternehmen in Höhe von € 5 Mio nicht sinnvoll realisierbar erscheint. Soweit im Folgenden auf andere Lebensversicherungsunternehmen Bezug genommen wird, sind durchweg Unternehmen gemeint, die den Regelungen von Solvency II unterliegen.

https://doi.org/10.1515/9783110574777-003

Bedeutsam waren hingegen stets die ebenfalls im VAG geregelten Informationspflichten in der betrieblichen Altersversorgung gemäß § 144 VAG. Diese Vorschrift gilt gemäß Abs. 1 S. 1 unmittelbar nur für Lebensversicherungsunternehmen, die Leistungen der betrieblichen Altersversorgung erbringen. Durch Verweisung erstreckt sie sich jedoch auch auf Pensionskassen (s. §§ 234 Abs. 1, 212 Abs. 1, 234 Abs. 3 S. 1 Nr. 7 VAG) und Pensionsfonds (s. §§ 237 Abs. 1 S. 1, 212 Abs. 1, 237 Abs. 3 Nr. 9 VAG). 3

Es ist übrigens nicht völlig klar, ob diese Informationspflichten auch für reine Beitragszusagen gelten.[3] Denn rechtssystematisch handelt es sich dabei um öffentlich-rechtliche Verpflichtungen dieser Unternehmen gegenüber den Versorgungsberechtigten. Diese Informationspflichten waren bis zur Reform des VVG im Jahr 2007[4] für alle Arten von Versicherungsverträgen einschließlich der betrieblichen Altersversorgung in § 10a Abs. 1 VAG i.V.m. der Anlage Teil D zum VAG in der bis zum 31.12.2007 geltenden Fassung[5] geregelt. Mit der Reform des VVG zum 1.1.2008 wurden die Informationspflichten für Versicherungsverträge – mit Ausnahme der betrieblichen Altersversorgung – in das Versicherungsvertragsrecht (VVG) integriert, denn der Gesetzgeber hielt seinerzeit die aufsichtsrechtliche Zuordnung dieser rein vertrags- bzw. privatrechtlichen Gegenstände für „nicht sachgerecht". Für Verträge der betrieblichen Altersversorgung sah er sich allerdings an diesem Weg gehindert, weil auf Pensionsfonds das Versicherungsvertragsgesetz nicht anzuwenden sei.[6] 4

Damit sind die weiterhin im VAG geregelten Informationspflichten in der betrieblichen Altersversorgung weiterhin dem öffentlichen Recht zuzuordnen.[7] Diese Systematik hat der Gesetzgeber des BRSG nicht nur beibehalten, sondern sogar intensiviert, indem er für die reine Beitragszusage zusätzliche Informationspflichten gegenüber Versorgungsberechtigten in § 41 PFAV aufgenommen hat. 5

Aber auch die im VAG geregelten Informationspflichten ändern nichts an dem grundsätzlichen Befund, dass das Versicherungsaufsichtsrecht in der Praxis der betrieblichen Altersversorgung bislang nur sehr begrenzt in Erscheinung getreten ist. 6

---

3 S.u. ausf. C. Rz. 95.

4 Gesetz zur Reform des Versicherungsvertragsrechts vom 23. November 2007, BGBl I 2007, S. 2631.

5 Art. 1 Nr. 7a, Achtes Gesetz zur Änderung des Versicherungsaufsichtsgesetzes sowie zur Änderung des Finanzdienstleistungsaufsichtsgesetzes und anderer Vorschriften vom 28. Mai 2007, BGBl I 2007, S. 923 f.

6 BT-Drucks. 16/3945, S. 121.

7 Ebenso *Herdter*, Der Gruppenversicherungsvertrag, 2010, S. 108 f., mit Überblick zum Meinungsstand.

7 Insofern findet mit dem BRSG ein (weiterer) Paradigmenwechsel statt. Die Adressaten des BetrAVG, bei der reinen Beitragszusage sind das vor allem die Tarifvertragsparteien, haben bei der Ausgestaltung der Tarifverträge über reine Beitragszusagen erstmals auch die versicherungsaufsichtsrechtlichen Vorgaben detailliert in den Blick zu nehmen. Sie enthalten nämlich die Gestaltungsspielräume, bei denen die Tarifvertragsparteien entscheiden müssen, ob und ggf. wie sie sie ausfüllen wollen oder nicht. Das betrifft beispielsweise die Frage, ob die Ansparphase rein individuell, gemischt individuell-kollektiv oder sogar rein kollektiv ausgestaltet werden soll, wie vorsichtig bzw. chancen- und damit auch risikoreich die Kapitalanlage ausgestaltet sein soll, wie die Rechnungsgrundlagen zur Bestimmung der anfänglichen Rentenhöhe ermittelt werden sollen, wie der Mechanismus der Absenkung bzw. Erhöhung der laufenden Renten ausgestaltet sein soll usw. Den Rahmen für die Gestaltung der angesprochenen – bei weitem nicht abschließenden – Themenfelder steckt das Versicherungsaufsichtsrecht ab. Damit erreicht es erstmals sehr konkret die arbeitsrechtliche Ebene und ist nicht mehr nur ein Rechtsgebiet im Hintergrund, das keiner nennenswerten Beachtung durch die sog. Stakeholder der arbeitsrechtlichen Ebene bedarf.

8 Die Verantwortung für die aufsichtsrechtliche Konformität der Vereinbarungen zwischen den Tarif- und ggf. Betriebsparteien wird dadurch freilich nicht verlagert. Sie verbleibt ausschließlich bei den ohnehin dem VAG unterliegenden durchführenden Einrichtungen. Dies ergibt sich expressis verbis aus § 39 Abs. 1 S. 2 i.V.m. S. 1 PFAV. Es findet seinen Ausdruck beispielsweise auch in der Pflicht zur Vorlage der Durchführungsvereinbarungen gegenüber der Aufsichtsbehörde gem. § 42 PFAV. Die Tarifvertrags- und ggf. Betriebsparteien werden daher mit der Ermöglichung reiner Beitragszusagen nicht zugleich Aufsichtsobjekt des VAG.

2. Reglementierung der reinen Beitragszusage im BetrAVG und im VAG

9 Die enge Verzahnung von BetrAVG und VAG bei der reinen Beitragszusage ist auf den ersten Blick nicht sofort erkennbar. So nimmt das BetrAVG das VAG an keiner Stelle unmittelbar in Bezug, das VAG das BetrAVG nur bei der Beschreibung des Anwendungsbereichs des neuen Teils 4a des VAG in § 244a Abs. 1 VAG. Der Sache nach sind hingegen zahlreiche Gegenstände, die typischerweise aufsichtsrechtliche Tatbestände betreffen, (auch) im BetrAVG angesprochen. Ohne dies explizit auszusprechen, sah der Gesetzgeber hierfür wohl angesichts der Besonderheit der Art der Zusage eine Notwendigkeit. Bei der reinen Beitragszusage sagt der Arbeitgeber die Zahlung von Beiträgen an eine der drei

durchführenden Einrichtungen zu (s. § 1 Abs. 2 Nr. 2a BetrAVG). Dem Modell des sog. „pay and forget" entsprechend trifft er demgegenüber keine Aussage zum Umfang der sich daraus ergebenden Leistungen.[8] Primär ist das im VAG und in der PFAV geschehen, die der Gesetzgeber als finanzaufsichtsrechtliche Flankierung der betriebsrentenrechtlichen Grundlegung der reinen Beitragszusage verstanden wissen will.[9] Dennoch setzte er auch im BetrAVG einen inhaltlichen Rahmen für die Leistungen.

Dies manifestiert sich insbesondere in § 22 BetrAVG in der Überschrift „Ar- 10
beitnehmer und Versorgungseinrichtung". Es wird also das Rechtsverhältnis zwischen Arbeitnehmer und Einrichtung in einer eigenen systematisch dem Arbeitsrecht zuzuordnenden Regelung verankert. § 22 Abs. 1 S. 1 BetrAVG beschreibt den Leistungsinhalt, nämlich laufende Leistungen der betrieblichen Altersversorgung. Absatz 2 der Vorschrift enthält ein an die Versorgungseinrichtung gerichtetes Garantieverbot.

§ 22 Abs. 2 S. 1 BetrAVG bestimmt die sofortige Unverfallbarkeit im Verhält- 11
nis zwischen Arbeitnehmer und Versorgungseinrichtung. § 22 Abs. 2 S. 2 BetrAVG trifft eine Aussage zur Behandlung von Erträgen der Versorgungseinrichtung und enthält damit einen typischen aufsichtsrechtlichen Regelungsgegenstand.

Augenfällig wird eine gewisse Substitution dessen, was bei den bisher be- 12
kannten Zusagearten im Betriebsrentenrecht geregelt ist, durch das Versicherungsaufsichtsrecht in § 22 Abs. 2 Nr. 2 BetrAVG. Dem Arbeitnehmer steht bei den bisherigen Zusagearten nach § 4a BetrAVG ein Auskunftsanspruch bezüglich seiner Versorgungsansprüche gegenüber dem Arbeitgeber zu. Da dieser bei der reinen Beitragszusage über keine Informationen zur voraussichtlichen Leistungshöhe verfügen muss, gilt diese Auskunftspflicht dort nach § 1 Abs. 2 Nr. 2a BetrAVG nicht. Stattessen ordnet § 22 Abs. 2 Nr. 2 BetrAVG an, dass sich der Anspruch auf Auskunft gegen die durchführende Einrichtung richtet.[10]

Die Verzahnung von Arbeitsrecht und Aufsichtsrecht manifestiert sich wei- 13
ter in § 23 Abs. 1 BetrAVG. Danach soll im Tarifvertrag ein Sicherungsbeitrag vereinbart werden. Diese Aussage betrifft die arbeitsrechtliche Ebene. Sie ist daher im BetrAVG systematisch zutreffend verortet. Den unmittelbaren Bezug zur aufsichtsrechtlichen Ebene erhält § 23 Abs. 1 BetrAVG aber durch die darin enthaltene Zwecksetzung, nämlich „Zur Absicherung der reinen Beitragszusage". Dies wird in der Gesetzesbegründung näher erläutert. Danach kann dieser

---

8 S. *Droßel*, Das neue Betriebsrentenrecht, 1. Aufl. 2018, Teil 2 Rn. 98.

9 BT-Drucks. 18/11286, S. 32 f.

10 S. auch Höfer/de Groot/Küpper/Reich/*Höfer*, Betriebsrentenrecht (BetrAVG) – Bd. 1, 21. EL Januar 2018, § 22 Rn. 5.

„Zusatzbeitrag" die Leistungen absichern, indem etwa ein höherer Kapitaldeckungsgrad erreicht wird oder eine „konservativere Kapitalanlage realisiert wird". Beides hätte man bisher eher im Aufsichtsrecht geregelt. Nach der Gesetzesbegründung kann der dort „Zusatzbeitrag" genannte Sicherungsbeitrag auch für eine kollektiv ausgestaltete Ansparphase zum Aufbau kollektiven Kapitals herangezogen werden. Auch eine solche Regelung hätte man bisher eher auf der aufsichtsrechtlichen Ebene erwartet.[11]

14 Augenfällig ist die Verzahnung von Arbeitsrecht und Versicherungsaufsichtsrecht auch bei § 25 S. 1 BetrAVG. Das Bundesministerium für Arbeit und Soziales wurde darin ermächtigt, im Einvernehmen mit dem Bundesministerium der Finanzen durch Rechtsverordnung „Mindestanforderungen an die Verwendung der Beiträge" einer reinen Beitragszusage festzulegen. Mit „Verwendung der Beiträge" meint der Gesetzgeber hier nicht die Leistungsseite. Sie ist bereits in § 244b Abs. 1 VAG beschrieben. Vielmehr bezieht sich die Ermächtigung auf die Kapitalanlage.[12] Der Gesetzgeber erläutert dies weiter dahin, dass die in der Verordnung gesetzten Grenzen „weder von der durchführenden Einrichtung noch von den Sozialpartnern überschritten werden" dürfen. Zur Ausfüllung dieser Ermächtigung hat der Gesetzgeber selbst § 34 PFAV eingeführt.[13] Allerdings verweist § 34 S. 2 PFAV für die Anlage der Beiträge einer reinen Beitragszusage vollumfänglich auf die für alle Pensionsfonds geltenden §§ 16 bis 20 PFAV. Sie seien „entsprechend anzuwenden".

15 § 33 PFAV erstreckt diese Regelung auf alle Einrichtungen, die eine reine Beitragszusage durchführen. Die Verordnungsermächtigung des § 25 Abs. 1 S. 1 BetrAVG wurde somit – bislang jedenfalls – noch nicht für spezifische Regelungen zur Kapitalanlage bzw. zur Verwendung der Beiträge bei reinen Beitragszusagen genutzt.[14] Auch die Eingangsformel der PFAV nimmt das BetrAVG daher konsequenterweise (noch) nicht in Bezug. Dies könnte sich ändern, wenn im Zuge der Etablierung von Sozialpartnermodellen aus der Praxis spezifische Festlegungen benötigt werden sollten, etwa im Bereich der Kostenerstattung der durchführenden Einrichtung gegenüber den Sozialpartnern für ihre Aktivitäten bei der Durchführung und Steuerung der tarifvertraglichen Altersversorgung.

16 Allerdings illustriert die Verankerung der Ermächtigung im BetrAVG und die vom Gesetzgeber zum Ausdruck gebrachte Bindung auch der Sozialpartner

---

11 BT-Drucks. 18/11286, S. 46; s. auch *Heck*, BetrAV 2017, 556 (561).

12 Ebenda, S. 47.

13 Ebenda, S. 56.

14 Wohl anders Kisters-Kölkes/Linden/Meissner/*Meissner*, Leitfaden bAV: Betriebsrentenstärkungsgesetz, 2. Aufl. 2017, S. 126.

an die Kapitalanlageregeln der durchführenden Einrichtungen das direkte Hineinwirken des Versicherungsaufsichtsrechts in das Arbeitsrecht der reinen Beitragszusage: Vermögensanlage und Versorgungsleistung sind die beiden Seiten derselben Medaille.

Inhaltlich ist der der reinen Beitragszusage im BetrAVG gesetzte Rahmen 17
sehr generisch. Er beschränkt sich auf das Erbringen laufender Leistungen und das Garantieverbot in § 22 Abs. 1 S. 1 und 2 BetrAVG. In diesem Sinne wird zutreffend festgestellt, dass das Aufsichtsrecht die arbeitsrechtlichen Regelungen nicht nur ergänzt, sondern ausfüllt.[15]

Auf Seiten des VAG drückt sich die gestiegene Wechselbeziehung zum 18
BetrAVG markant darin aus, dass VAG und PFAV jeweils um einen eigenen Teil für die reine Beitragszusage erweitert worden sind. Im VAG ist das der mit „Reine Beitragszusagen in der betrieblichen Altersversorgung" überschriebene Teil 4a und in der PFAV der „Durchführung reiner Beitragszusagen in der betrieblichen Altersversorgung" überschriebene Teil 2. In dieser Intensität enthielt das VAG bislang keine Regelungen, die letztlich den Umfang der Versorgung beeinflussen. Zwar regelt die PFAV auch die Durchführungswege Pensionskasse und Pensionsfonds. Jedoch bezogen sich die bisherigen Regelungen bei der Pensionskasse lediglich auf die unternehmensaufsichtsrechtliche Seite und nur in geringem Umfang auf Gegenstände mit Rückkoppelung zum Betriebsrentenrecht, namentlich die Leistungsinhalte gemäß § 232 Abs. 1 Nr. 2 bis 4 VAG. Ähnlich verhält es sich beim Pensionsfonds. Dort ergeben sich die Leistungsinhalte aus § 236 VAG und wirken so auf den Inhalt der arbeitsrechtlichen Zusage. Die reine Beitragszusage folgt hier zwangsläufig einer abweichenden Systematik. Die arbeitsrechtliche Zusage beschränkt sich gemäß § 1 Abs. 2 Nr. 2a BetrAVG auf die Zahlung von Beiträgen an eine durchführende Einrichtung. Die Einzelheiten der sich daraus ergebenden Leistung sind dann nicht mehr deren Gegenstand.[16] Die Leistungsdetails müssen daher andernorts ausgestaltet werden. Und eben das geschieht im VAG und in der PFAV. § 244b VAG determiniert die Arten der Leistungen. Für die Regeln zur Verwendung der Beiträge und zur Bestimmung der Höhe der Leistungen setzt die PFAV den Rahmen. § 35 Abs. 3 PFAV trifft Aussagen über die Verwendung des Zusatzbeitrags und § 35 Abs. 1 und 2 PFAV über die Zuordnung des mit den Beiträgen gebildeten Kapitals zu

15 Kisters-Kölkes/Linden/Meissner/*Meissner*, a.a.O., S. 113.

16 S. *Droßel*, a.a.O., Teil 2 Rn. 98. Zu weitgehend allerdings die dortige Folgerung, Beitrags- und Leistungsseite seien vollständig entkoppelt (ebenda Rz. 99); es besteht weiterhin ein versicherungsmathematischer Zusammenhang zwischen dem Ergebnis aus den geleisteten Beiträgen und der Höhe der Rente. Entkoppelung verstanden als Willkür untersagt der Gleichbehandlungsgrundsatz des § 138 Abs. 2 VAG.

den einzelnen Arbeitnehmern. Dem entsprechen auch die Regeln zur Höhe der Leistungen in den §§ 36ff. PFAV.

19 Letztlich machen die hier beschriebenen Durchbrechungen tradierter Zuordnungen von arbeitsrechtlichen und aufsichtsrechtlichen Regelungen deutlich, dass mit der reinen Beitragszusage etwas völlig Neues entstanden ist. Hatte das Versicherungsaufsichtsrecht in der Vergangenheit vor allem die Finanzinstitutionen zu überwachen, die ihren Versicherungsnehmern ein konkretes, beziffertes Leistungsversprechen erteilt haben, ist das nun anders, denn ein solches Leistungsversprechen gibt es nicht mehr. Die Aufsicht überwacht daher vorrangig die Einhaltung des selbstgesetzten Regelwerks der Tarifvertragsparteien in einem vom Gesetz her recht weit gefassten Rahmen. Insbesondere die Regeln für die Kapitalanlage setzen die Tarifvertragsparteien in weiten Teilen selbst. Der Schwerpunkt liegt daher insgesamt nicht mehr in der Staatsaufsicht, sondern auf dem Gestaltungsspielraum der Sozialpartner.

II. Leistungsarten

20 Bei der reinen Beitragszusage wird die arbeitsrechtliche Verpflichtung auf die Zahlung von *Beiträgen* beschränkt. Es ist daher konsequent, dass der Gesetzgeber im Betriebsrentenrecht die *Leistungs*seite inhaltlich kaum näher ausgestaltet hat. § 1 Abs. 2 Nr. 2a BetrAVG verlangt lediglich, dass die Beiträge der „Finanzierung von Leistungen der betrieblichen Altersversorgung“ dienen müssen. Betriebliche Altersversorgung ist in § 1 Abs. 1 S. 1 BetrAVG definiert als „Leistungen der Alters-, Invaliditäts- oder Hinterbliebenenversorgung“ aus Anlass des Arbeits- bzw. Dienstverhältnisses. Diese sehr weite Definition, verlangt nach herrschender Meinung, dass wenigstens *eines* der sog. „biometrischen Risiken“ von der Versorgungszusage (teilweise) abgedeckt wird. Damit ist auch klar, dass jede Auszahlungsform zulässig ist, also auch Einmal- bzw. Kapitalzahlungen, wenn sie nach ihrer Zweckbestimmung der Alters-, Invaliditäts- oder Hinterbliebenenversorgung dienen. Diese allgemeine Definition bildet einen weiten Rahmen im Sinne einer hinreichenden Bedingung, zur Erfassung aller Formen von betrieblicher Altersversorgung. Sie bildet zugleich eine negative Abgrenzung zu allen anderen Arten von Leistungen, die dann umgekehrt *nicht* betriebliche Altersversorgung im Sinne des BetrAVG sind.

21 Die allgemeine Definition der bAV wird jedoch für die Leistungen, die unter einer reinen Beitragszusage zugesagt werden dürfen, durch § 244b Abs. 1 VAG weiter konkretisiert. Adressat dieser Regelung sind nach Wortlaut und Systematik ausschließlich Pensionsfonds, Pensionskassen und andere Lebensversicherungsunternehmen. Mittelbarer Adressat sind damit indirekt jedoch auch die

Tarifparteien. Sie schaffen gemäß § 1 Abs. 2 Nr. 2a BetrAVG „durch Tarifvertrag oder auf Grund eines Tarifvertrages" gewissermaßen die Eintrittskarte zur reinen Beitragszusage. Verlassen sie dabei den Katalog der zulässigen Leistungsinhalte des § 244b Abs. 1 VAG, darf ein Versorgungsträger den Tarifvertrag jedenfalls insoweit nicht durchführen. Dies ist in § 39 Abs. 2 S. 2 PFAV auch kodifiziert. Danach hat die durchführende Einrichtung zu prüfen, ob ein entsprechender Tarifvertrag mit den aufsichtsrechtlichen Vorgaben übereinstimmt. Ist dies nicht der Fall, verstößt also der Tarifvertrag gegen die aufsichtsrechtlichen Vorgaben, muss die Durchführung unterbleiben. Anderenfalls läge ein aufsichtsrechtlicher Missstand i.S.v. § 298 Abs. 1 S. 2 VAG vor, der die Aufsichtsbehörde nach § 298 Abs. 1 S. 1 VAG zum Einschreiten berechtigen würde.[17]

1. Lebenslange Renten

Die zentrale Regelung der zulässigen Leistungsarten enthält § 244b Abs. 1 Nr. 2 22
VAG. Danach dürfen die durchführenden Einrichtungen reine Beitragszusagen nur dann durchführen, wenn „die allgemeinen Versicherungsbedingungen oder die Pensionspläne eine lebenslange Zahlung als Altersversorgungsleistung vorsehen". Wird eine lebenslange Altersrente zugesagt, liegt damit in jedem Fall eine „lebenslange Zahlung als Altersversorgungsleistung" vor.

2. Invaliditäts- und Hinterbliebenenrenten

Der enge Wortlaut des § 244b Abs. 1 Nr. 2 VAG löst darüber hinaus aber die Fra- 23
ge aus, ob neben die lebenslange Zahlung einer Altersversorgungsleistung auch noch andere Leistungen treten dürfen, namentlich Invaliditäts- und Hinterbliebenenleistungen. Sie gehören gemäß der Legaldefinition in § 1 Abs. 1 S. 1 BetrAVG zu den Leistungen der betrieblichen Altersversorgung.[18] Aus der Gesetzesbegründung zu § 244b Abs. 1 Nr. 3 VAG ergibt sich, dass sie auch bei reinen Beitragszusagen vorgesehen werden dürfen.[19]

Nach dieser Vorschrift muss festgelegt sein, dass das Versorgungskapital so- 24
wie Zinsen und Erträge „planmäßig für laufende Leistungen verwendet werden". Hier fällt der terminologische Unterschied zu § 244b Abs. 1 Nr. 2 VAG auf, wo von einer „lebenslangen Zahlung als Altersversorgungsleistung" die Rede ist. Die Ge-

17 Vgl. u. C. Rz. 131.

18 Näher hierzu Blomeyer/Rolfs/Otto/*Rolfs*, Betriebsrentengesetz, 6. Aufl. 2015, § 1 Rn. 23 ff.

19 BT-Drucks. 18/11286, S. 54.

setzesbegründung zeigt, dass die Verwendung des Versorgungskapitals ausschließlich für laufende Leistungen und „insbesondere auch für Leistungen der Invaliditätsversorgung“ gelte. Damit wird deutlich, dass der Gesetzgeber unter einer reinen Beitragszusage auch Invaliditätsleistungen zulassen will.

25 Hinterbliebenenleistungen werden in § 36 Abs. 1 PFAV sogar explizit erwähnt. Danach sind in die Ermittlung des Kapitaldeckungsgrades[20] auch die Anwartschaften auf Hinterbliebenenleistungen einzubeziehen. Auch die Gesetzesbegründung zu § 22 Abs. 2 S. 1 BetrAVG betont, dass die sofortige Unverfallbarkeit bewusst auf die Altersrentenanwartschaft beschränkt ist und sich nicht auf Invaliditäts- und Hinterbliebenenrentenanwartschaften erstreckt. Bei den beiden Letzteren sollte dadurch „Spielraum für passgenaue und effiziente Lösungsmöglichkeiten im Sinne der Beschäftigten eröffnet“ werden.[21] Daraus ergibt sich insgesamt zweifelsfrei, dass der Gesetzgeber wie selbstverständlich davon ausgeht, dass auch Invaliditäts- und Hinterbliebenenrenten unter einer reinen Beitragszusage vereinbart werden können.[22]

26 In der Fachdiskussion kam die Frage auf, ob im Rahmen einer reinen Beitragszusage auch *ausschließlich* Invaliditäts- und/oder Hinterbliebenenleistungen, also losgelöst von einer Altersrente, zugesagt werden können. Zweifel ergeben sich daraus, dass die Versorgungsträger nach dem Wortlaut des § 244b Abs. 1 Nr. 2 BetrAVG „[...] reine Beitragszusagen nur dann durchführen [dürfen], wenn [...] 2. die [...] Pensionspläne eine lebenslange Zahlung als Altersversorgungsleistung vorsehen [...]“. Hieraus wird gefolgert, reine Beitragszusagen müssten *zwingend und immer* eine lebenslange Altersversorgungsleistung enthalten.[23] Dies sei eine auch von der Versicherungsaufsicht zu beachtende Zulässigkeitsvoraussetzung.

27 Dem kann jedoch nicht gefolgt werden. Es war erkennbar nicht die Absicht des Gesetzgebers, und es gibt für ein solches Verständnis auch keinen vernünftigen Grund. Im Gegenteil, die Lektüre der Gesetzesbegründung offenbart, dass hier lediglich eine sprachlich nicht ganz glückliche Formulierung gewählt wurde. Denn nach der Gesetzesbegründung zu § 244b Abs. 1 Nr. 2 BetrAVG „[...] muss sich die durchführende Einrichtung verpflichten, Altersversorgungsleistungen als lebenslange Zahlungen zu erbringen. Eine Einmalauszahlung ist

---

20 Vgl. C. III. 3. d).

21 BT-Drucks. 18/11286, S. 45.

22 Ebenso Höfer/de Groot/Küpper/Reich/*Höfer*, a.a.O., § 22 Rn. 13; *Heck*, BetrAV 2017, S. 556 f.

23 *Rolfs*, NZA 2017, 1225 (1228), wohl den lediglich den Gesetzeswortlaut wiedergebenden *Rößler* insoweit missverstehend; vgl. *Rößler*, DB 2017, 367 (369), vgl. ferner Höfer/de Groot/Küpper/Reich/*Höfer*, a.a.O., § 22 Rn. 24, die offenbar ebenfalls nicht von einer zwingenden Altersrentenkomponente bei der reinen Beitragszusage ausgehen.

ausgeschlossen."[24] Gemeint ist also, dass zugesagte Altersversorgungsleistungen nur als laufende Renten, nicht aber als Einmalkapital ausgezahlt werden dürfen. Es geht also nur um den Auszahlungsmodus. Die Vorschrift enthält nicht das Postulat einer zwingenden Altersversorgungsleistung im engeren Sinne. Ein Rechtsgedanke dieser Art ist, soweit ersichtlich, zuvor noch nie von irgendeiner Seite formuliert worden und sollte an dieser Stelle auch nicht konstruiert werden. Denn es ist ganz herrschende Meinung, dass die Legaldefinition der betrieblichen Altersversorgung in § 1 Abs. 1 S. 1 BetrAVG zulässt, dass eines oder eine beliebige Kombination von biometrischen Risiken durch die Versorgungszusage ganz oder teilweise abgedeckt werden. Es gibt keinen Anhaltspunkt in der Literatur oder in der Entstehungsgeschichte des BRSG, welcher darauf hindeutet, von diesem allgemeinen Grundsatz solle bei der reinen Beitragszusage abgewichen werden.

Reine Beitragszusagen können daher ohne weiteres allein Invaliditäts- und/ **28**
oder Hinterbliebenenleistungen vorsehen (zu den Auszahlungsmodalitäten s. unten Rn. 32ff.).

3. Einmalkapitalzahlungen

Differenziert zu beantworten ist die Frage, in welcher Form die Leistungen aus **29**
der reinen Beitragszusage nach den einzelnen Leistungsarten erbracht werden dürfen, nämlich nur als Rentenzahlungen oder auch als Einmalkapital?

Versorgungsleistungen im Alter *müssen* nach § 244b Abs. 1 Nr. 2 VAG, wie **30**
vorstehend bereits dargelegt, lebenslang erbracht werden. Das bedeutet, dass Einmalkapitalzahlungen ausgeschlossen sind. Die Gesetzesbegründung bringt dies an zwei Stellen unmissverständlich zum Ausdruck. Dort heißt es nämlich, „Kapitalzahlungen sind also nicht möglich"[25] bzw. „Eine Einmalzahlung ist ausgeschlossen".[26] Dies entspricht auch der allgemeinen Auffassung in der Literatur.[27] Lediglich für Abfindungen im Rahmen des § 22 Abs. 4 S. 3 BetrAVG ist eine Kapitalzahlung erlaubt.

Das Verbot von Kapitalzahlungen bei reinen Beitragszusagen hat neben der **31**
sozialpolitischen Dimension, nämlich eine lebenslange Versorgung bis ins ggf.

---

24 BT-Drucks. 18/11286, S. 53f.

25 Ebenda, S. 45.

26 Ebenda, S. 54.

27 Höfer/de Groot/Küpper/Reich/*Höfer*, a.a.O., § 22 Rn. 11; Kisters-Kölkes/Linden/Meissner/*Meissner*, a.a.O., S. 201; Brand/Baroch Castellvi/*Baroch Castellvi*, VAG, 1. Aufl. 2018, § 244b Rn. 4f.; *Heck*, BetrAV 2017, 556f.

hohe Alter sicherzustellen, auch mehrere finanzierungstechnische Reflexe für den Versorgungsträger. In sozialpolitischer Hinsicht kollektiviert der Träger durch die lebenslangen Renten die Langlebigkeitsrisiken im Interesse der Versorgungsberechtigten. Demgegenüber bestünde im Falle von Einmalzahlungen die Gefahr, dass das ausgezahlte Geld nicht zu einer lebenslangen Rente reicht. Ein zweiter Effekt ist die Verbesserung der finanziellen Stabilität des Versorgungsträgers durch die zeitliche Streckung der Zahlungsströme. Er ist nicht gezwungen, vergleichsweise hohe Einmalbeträge zu bestimmten Zeitpunkten bereitzustellen, sondern kann die Auszahlungen über einen großen Zeitraum verteilen (allerdings relativiert sich dieser Aspekt mit steigender Größe des Kollektivs). Das Gebot lebenslanger Altersrenten (§ 244b Abs.1 Nr. 2 VAG) folgt unmittelbar auf das Garantieverbot (§ 244b Abs. 1 Nr. 1 VAG). Beide Vorschriften stehen in einem systematischen Zusammenhang, denn beide zusammen formen ganz wesentlich die finanzielle Statik der Träger von reinen Beitragszusagen. Wenn an dieser Stelle für die typischerweise bedeutendste Versorgungsleistung, die Altersrente, eine Einschränkung der sonst üblichen Freiheit der Gestaltung der Auszahlungssystematik vorgenommen wird, dann muss das Verständnis dieser Norm auch darauf gerichtet sein.

32 Das Verbot von Einmalkapitalzahlungen, das in der Gesetzesbegründung[28] erläutert wird, bezieht sich daher stets nur auf die Altersversorgungsleistungen, sodass insofern für Invaliditäts- und Hinterbliebenenleistungen zunächst keine Schlüsse gezogen werden können. Bei diesen „vorzeitigen Leistungen“ ist nach dem Wortlaut des § 244b Nr. 3 VAG das Versorgungskapital „für laufende Leistungen“ zu verwenden. Geht man davon aus, dass es sich hierbei um einen bewussten Unterschied in der Wortwahl des Gesetzgebers handelt, öffnet dies auf jeden Fall die Tür zu befristeten Invaliditäts- und Hinterbliebenenleistungen. Die Abstufung kann ohne Weiteres so verstanden werden, dass die Altersrente lebenslang, andere Zahlungen im Rahmen der reinen Beitragszusage nicht zwingend lebenslang, aber wenigstens als laufende Raten erfolgen müssen.

33 Dem Gesetz wäre demzufolge Genüge getan, wenn Invaliditäts- und Hinterbliebenenleistungen nur befristet als Zeitrente gewährt würden. Dies entspricht ohnehin der Praxis der Gewährung von Invaliditätsrenten aller Art. Denn ganz überwiegend wird die Wiedereingliederung des Betroffenen in das Erwerbsleben angestrebt („Reha vor Rente“). Daher wäre die Forderung nach einer lebenslangen Invaliditätsrente ab dem (erstmaligen) Eintritt der Invalidität ohnehin nicht sachgerecht.[29]

28 BT-Drucks. 18/11286, S. 45 und S. 54.

29 A.A. Kisters-Kölkes/Linden/Meissner/*Meissner*, a.a.O., S. 124, die nur lebenslange Invaliditätsrenten für zulässig halten.

Im Übrigen weist auch die Gesetzesbegründung im Zusammenhang mit der nur für Altersrentenanwartschaften geltenden sofortigen Unverfallbarkeit auf eine unterschiedliche Behandlung von Altersrenten und anderen Leistungen hin. Denn die Aufrechterhaltung der (befristeten) Verfallbarkeit von Invaliditäts- und Hinterbliebenenrentenanwartschaften wird damit begründet, dass den Tarifparteien so „Spielraum für passgenaue und effiziente Lösungsmöglichkeiten im Sinne der Beschäftigten eröffnet" werde.[30] An dieser Stelle lässt sich auch an dem verwendeten Begriff *Renten*anwartschaften ablesen, dass für den Gesetzgeber die Frage nach der Zulässigkeit von Einmalkapitalzahlungen für Invaliditäts- und Hinterbliebenenleistungen offenkundig nicht im Fokus stand. 34

Die Aufsichtsbehörde beabsichtigt dem Vernehmen nach, die Gewährung von Einmalkapitalzahlungen für Hinterbliebenenleistungen zuzulassen. Diese begrüßenswerte und für die Praxis sehr wichtige Freiheit bei der Gestaltung der Auszahlungsmodalitäten kann sich ebenfalls auf die Gesetzesbegründung stützen. Denn wie bereits erwähnt, bezieht sie das Verbot von Kapitalzahlungen nur auf die Altersleistungen und betont, dass das „Versorgungskapital ausschließlich für laufende Leistungen (Renten) zu verwenden ist; das gilt insbesondere auch für Leistungen der Invaliditätsversorgung".[31] Diese ausführliche Betonung der Alters- und Invaliditätsrenten, ohne Erwähnung der Hinterbliebenenleistungen, legt in die Vermutung nahe, dass wirklich *nur* in den hier genannten Fällen eine Kapitalzahlung verhindert werden sollte. Es erscheint daher methodisch vertretbar, ausnahmsweise[32] einen Umkehrschluss zu ziehen und im Fall der Hinterbliebenenversorgung eine Einmalzahlung zuzulassen. 35

Der Hinterbliebenenbegriff selbst ist dabei weder durch das Betriebsrenten- noch das Aufsichtsrecht eingeschränkt und kann daher von den Sozialpartnern grundsätzlich frei bestimmt werden.[33] Allerdings werden in der Praxis die vorhandenen steuerlichen Restriktionen dennoch zu beachten sein. 36

4. Keine Leistungsgarantien (Garantieverbot)

§ 244b Abs. 1 Nr. 1 VAG untersagt dem Versorgungsträger bei reinen Beitragszusagen, jedwede Leistung bzw. Leistungshöhe zu garantieren. Dasselbe bestimmt 37

30 BT-Drucks. 18/11286, S. 45.

31 Ebenda, S. 54; ebenso *Rolfs*, NZA, 2017, 1225 (1227), der für Hinterbliebene ebenfalls Einmalzahlungen für zulässig hält.

32 Vgl. *Larenz*, Methodenlehre der Rechtswissenschaft, 2. A. (Kurzfassg. d. 6. A.), 1992, S. 278.

33 S. Höfer/de Groot/Küpper/Reich/*Höfer*, a.a.O., § 22 Rn. 20; zu den steuerlichen Beschränkungen vgl. BMF-Schr. v. 6.12.2017, Rz. 4.

§ 22 Abs. 1 S. 2 BetrAVG. Ursprünglich war dieses sog. Garantieverbot lediglich in § 244b Abs. 1 Nr. 1 VAG-E enthalten.[34] Im Gesetzgebungsverfahren wurde zutreffend darauf hingewiesen, dass dies EU/EWR-Anbieter, die im Wege des Dienstleistungsverkehrs oder der Niederlassung nach § 57 VAG in Deutschland tätig würden, nicht binden würde.[35] Um diesbezügliche Aufsichtsarbitrage zu verhindern und gleiche Wettbewerbsbedingungen herzustellen, wurde das Garantieverbot im Laufe des Gesetzgebungsverfahrens auch im BetrAVG verankert.[36]

38 Dieses Verbot war eines der umstrittensten Elemente des Gesetzgebungsverfahrens.[37] Der Gesetzgeber hat dennoch daran festgehalten. Er hat es zum einen damit begründet, dass Garantien in den anderen Durchführungswegen angeboten werden können und das Sozialpartnermodell lediglich ein *zusätzliches* Angebot zur Verfügung stelle. Zum anderen würde Versicherern gegenüber Pensionskassen und Pensionsfonds andernfalls ein Wettbewerbsvorteil verschafft.[38]

39 Von der inneren Logik einer reinen Beitragszusage ausgehend ist das Garantieverbot auch folgerichtig. Man darf diese auch als Antwort des Gesetzgebers auf die sog. Niedrigzinsphase deuten,[39] die jedenfalls teilweise mit Null- oder Negativzinsphase treffender bezeichnet wäre. Der Gesetzgeber stellt im Kapitel „Wesentlicher Inhalt des Entwurfs" nämlich heraus, dass die garantierten Leistungen im Niedrigzinsumfeld vergleichsweise gering seien, teilweise sogar die Perspektive auf einen Inflationsausgleich aus den Kapitalerträgen fehle.[40] Versorgungspläne ohne Garantien können das Kapital freier anlegen. Sie sind nicht auf die Sicherstellung von Garantien durch Anlage in möglichst risikofreie Nominalwerte angewiesen.[41] Damit ermöglicht die reine Beitragszusage auch die Beteiligung der Arbeitnehmer am Produktivkapital. Sog. sichere Anleihen sind im Übrigen bei jahrzehntelangen Ansparprozessen lediglich vermeintlich risikofrei, wenn man sich die Tatsache vor Augen führt, dass Staatsbankrotte durch Währungsreformen und den damit einhergehenden Wertverlusten bei angeblich sicheren

---

34 BT-Drucks. 18/11286, S. 15.

35 S. etwa Stellungnahme der aba zur öffentlichen Anhörung im Ausschuss für Arbeit und Soziales des Deutschen Bundestages am 27.3.2017, S. 14, abrufbar unter www.aba-online.de; ebenso Kisters-Kölkes/Linden/Meissner/*Meissner*, a.a.O., S. 117 f.; Höfer/de Groot/Küpper/Reich/*Höfer*, a.a.O., § 23 Rn. 46.

36 S. BT-Drucks. 18/12612, S. 31.

37 S. etwa Stellungnahme des Bundesrates vom 10.2.2017, BR-Drucks. 780/16, S. 2; Stellungnahme des Gesamtverbandes der deutschen Versicherungswirtschaft e.V., Ausschussdrucks. 18(11)971, S. 11.

38 BT-Drucks. 18/11286, S. 84.

39 S. auch Höfer/de Groot/Küpper/Reich/*Höfer*, a.a.O., § 22 Rn. 3.

40 BT-Drucks. 18/11286, S. 32.

41 Höfer/de Groot/Küpper/Reich/*Höfer*, a.a.O., § 22 Rn. 22.

Staatsanleihen immer wieder vorkommen und damit historisch nichts Ungewöhnliches darstellen. Die diesbezügliche Sicherheit der letzten 70 Jahre in Deutschland und Europa bietet keine Gewähr für die Zukunft.

Ein weiterer Aspekt, der für das Verbot von Garantien sprach, lag in der Ge- 40
fahr, dass die entsprechenden Deckungskapitalien im konventionellen Sicherungsvermögen der durchführenden Einrichtungen angelegt und dazu herangezogen würden, ältere Verträge mit hohen Garantien quer zu subventionieren. Dies hätte die derzeit ohnehin in den Lebensversicherungsbeständen bereits bestehende Generationenungerechtigkeit mit der Finanzierung von älteren Verträgen mit hohem Garantiezins durch Erträge jüngerer Verträge mit niedrigerem Garantiezins erheblich intensiviert.[42]

Bei bAV-Riester-Verträgen könnten sich Zweifel am Garantieverbot dadurch 41
ergeben, dass nach § 1 Abs. 1 S. 1 Nr. 3 AltZertG zu Beginn der Auszahlungsphase mindestens die eingezahlten Altersvorsorgebeiträge zur Verfügung stehen müssen. Diese Zusage des Produktgebers ist für diese Verträge konstitutiv. Allerdings ergibt sich aus § 82 EStG, dass diese Restriktion für sog. bAV-Riester-Verträge nicht gilt. § 82 Abs. 1 S. 1 EStG definiert als Altersvorsorgebeiträge Beiträge, die in einen nach § 5 AltZertG zertifizierten Vertrag gezahlt werden. § 82 Abs. 2 S. 1 EStG erweitert den Begriff der Altersvorsorgebeiträge um Beiträge, die aus versteuertem Arbeitslohn eines Arbeitnehmers zur betrieblichen Altersversorgung an eine der drei durchführenden Einrichtungen gezahlt werden. Eine Zertifizierung und damit die Einhaltung der Zertifizierungskriterien des § 1 Abs. 1 S. 1 AltZertG ist damit bei Riester-Verträgen zur betrieblichen Altersversorgung nicht erforderlich.[43] Lediglich die Einhaltung von § 1 Abs. 1 S. 1 Nr. 4 AltZertG wird durch entsprechende Verweisung in § 82 Abs. 2 S. 1 EStG verlangt. Im Ergebnis gilt die sog. Beitragsgarantie von § 1 Abs. 1 S. 1 Nr. 3 AltZertG demnach für Riester-Verträge zur betrieblichen Altersversorgung weder unmittelbar noch durch Verweisung.

III. Finanzierung

1. Anwartschaftsphase

a) Individuelle, kollektive oder gemischte Kapitalbildung

Während der Anwartschafts- oder Ansparphase sind strukturell drei Modelle 42
denkbar, ein rein individuelles, ein rein kollektives und ein gemischt individu-

42 S. Brand/Baroch Castellvi/*Baroch Castellvi*, a.a.O., § 138 Rn. 22.

43 Vgl. Höfer/de Groot/Küpper/Reich/*Höfer*, a.a.O., § 1a Rn. 54.

ell-kollektives. Ein individuelles Modell ist dadurch gekennzeichnet, dass jedem Anwärter Vermögenswerte – in der Regel Fondsanteile –, zugeordnet sind, die mit den für ihn gezahlten Beiträgen erworben werden. Bei Rentenübergang stellt dann der Wert der Anteile zum Rentenbeginn das Kapital dar, auf dessen Grundlage die Rentenhöhe ermittelt wird.[44] Dies entspricht der Kategorie fondsgebundene Lebensversicherung nach Anlage 1 Nr. 21 sowie § 124 Abs. 2 S. 1 VAG. Ein kollektives Modell ist dadurch gekennzeichnet, dass die mit den Beiträgen der Anwärter erworbenen Vermögenswerte dem Kollektiv dieser Anwärter zugeordnet sind. Bei Rentenübergang wird in Abhängigkeit von den gezahlten Beiträgen und den erwirtschafteten Erträgen ein konkreter Betrag ermittelt und eine logische Sekunde dem Anwärter zugeordnet. Dieser Betrag stellt dann die Grundlage für die Ermittlung der Rentenhöhe dar. Ein gemischtes Modell enthält beide Arten von Zuordnung. Bei Rentenübergang stellt dann der individuell zugeordnete und – ggf. – der aus dem kollektiven Teil individualisierte Betrag die Grundlage für die Ermittlung der Rentenhöhe dar.

43 Dem BRSG lässt sich eindeutig entnehmen, dass rein individuelle und gemischte Modelle ermöglicht werden sollen. Legislatorischer Anknüpfungspunkt ist § 35 Abs. 1 PFAV. Dessen S. 1 ist in der Hinsicht indifferent. Er trifft die Aussage, dass in der Ansparphase die Deckungsrückstellung, also der Umfang der Verpflichtungen in der Bilanz, das planmäßig zuzurechnende Versorgungskapital ist. Aktiv- und Passivseite sind damit immer identisch.[45] Darin kommt mittelbar auch zum Ausdruck, dass die Anwärter das Kapitalanlagerisiko tragen. Ob die Deckungsrückstellung dabei individuell oder kollektiv gebildet werden soll, lässt sich dem nicht entnehmen. Eine Ableitung erlaubt § 35 Abs. 1 S. 2 PFAV mit der Aussage, dass „dabei" ein kollektives Versorgungskapital gebildet werden kann, das den Anwärtern insgesamt planmäßig zugerechnet ist. Die Formulierung „dabei kann" erhellt, dass in § 35 Abs. 1 S. 1 PFAV ein individuelles Modell als Grundmodell verankert sein soll, wenn man nämlich ergänzt: „muss aber nicht". Daraus lässt sich weiter ableiten, dass jedenfalls teilweise kollektives Versorgungskapital, und damit ein gemischt individuell-kollektives Modell möglich ist. Der Wortlaut von § 35 Abs. 1 S. 2 PFAV schließt aber ein vollständig kollektives Modell jedenfalls nicht aus.[46] Ob das kollektive Versorgungskapital des S. 2 das individuelle des S. 1 vollständig oder nur teilweise verdrängen kann, bleibt nämlich nach dem Wortlaut offen.

---

44 Vgl. Höfer/de Groot/Küpper/Reich/*Höfer*, a.a.O., § 22 Rn. 24.

45 Kisters-Kölkes/Linden/Meissner/*Meissner*, a.a.O., S. 125; *Schobert*, Die reine Beitragszusage, 2017, S. 108.

46 Ein vollständig kollektives Modell ablehnend, aba und IVS, a.a.O., S. 8.

Die Gesetzesbegründung zu § 35 PFAV erläutert zu dessen S. 2, dass „in den Regelungen zur Deckungsrückstellung klargestellt (wird), dass die Deckungsrückstellung auch Puffer umfassen kann".[47] Dies schließt vollständig kollektive Modelle ebenfalls nicht aus. Es trifft lediglich die Aussage, dass ein kollektiver Puffer, wenn er vorgesehen wird, ebenfalls Teil der Deckungsrückstellung ist. Damit hat der Gesetzgeber auf Hinweise in der Anhörung der Sachverständigen reagiert. Es war vorgebracht worden, dass ohne gesetzliche Regelung die Gefahr bestehe, dass ein gesetzlicher Sicherungspuffer nicht als Deckungsrückstellung anerkannt werden und dies körperschaftsteuerliche Nachteile nach sich ziehen könne.[48] 44

Der Regierungsentwurf ist zur Frage der Zulassung auch eines vollständig kollektiven Modells in der Ansparphase nicht völlig eindeutig. Ein kollektives Sparmodell wird dort wie folgt beschrieben: „Im Unterschied zum individuellen Ansatz wird bei einem kollektiven Sparmodell ein Teil der vorhandenen Mittel nicht den einzelnen Anwärtern zugeordnet, sondern einem kollektiven Sicherheitspuffer zugeführt." Das deutet darauf hin, dass „kollektives Modell" als gemischt individuell-kollektives Modell zu verstehen ist. Im nachfolgenden Absatz heißt es dann jedoch: „Für den Vermögensaufbau in der Ansparphase können die Sozialpartner ein individuelles oder ein kollektives Modell anwenden; möglich ist auch eine Kombination beider Modelle."[49] Das, was weiter oben als kollektives Modell beschrieben ist – teilweiser kollektiver Sicherheitspuffer – ist eine Kombination aus individuellem und kollektivem Modell. Daher lässt sich „kollektives Modell" in der soeben zitierten Passage sinnvoll nur als rein kollektives Modell verstehen. 45

Für dieses Verständnis spricht auch der nachfolgende Satz der Gesetzesbegründung. Dort wird die Rentenphase wie folgt charakterisiert: „In der Rentenbezugszeit sollen sich Schwankungen der Kapitalanlage nicht sofort auf die Höhe der Auszahlungen auswirken. Daher wird ein kollektives Entsparmodell benötigt, ...".[50] Da in der Rentenphase keine individuelle Vermögenszuordnung mehr stattfindet, ist das Wort „kollektiv" hier zu lesen als „vollständig kollektiv".[51] 46

Aus versicherungsaufsichtsrechtlicher Sicht dürfte demnach neben einem rein individuellen und einem Mischmodell auch ein rein kollektives Modell zu- 47

47 BT-Drucks. 18/12612, S. 33.

48 Stellungnahme der Arbeitsgemeinschaft für betriebliche Altersversorgung e.V. aba, Ausschussdrucksache 18(11)971, S. 50 (60); Stellungnahme des IVS – Institut der versicherungsmathematischen Sachverständigen für Altersversorgung e.V., Ausschussdrucksache 18(11)971, S. 101 f.

49 BT-Drucks. 18/11286, S. 55.

50 Ebenda.

51 Vgl. o. C. Rz. 42 bzw. u. C. Rz. 63.

lässig sein. Es würde bedeuten, dass die Beiträge im Augenblick der Zahlung vollständig in kollektiv zu bildendem Kapital aufgehen und keinerlei individuelle Zuordnung stattfindet. Nur beim Rentenübergang wird für eine logische Sekunde daraus ein Kapitalbetrag individualisiert, aus dem sich dann unter Anwendung der dann geltenden Rechnungsgrundlagen die bei Rentenbeginn zu zahlende Rentenhöhe bestimmt.[52]

48 Soweit es sich um Entgeltumwandlung handelt, könnten sich hiergegen unter dem Gesichtspunkt der Wertgleichheit aus § 1 Abs. 2 Nr. 3 BetrAVG Zweifel ergeben. Die Wertgleichheit könnte mit der Überlegung in Frage gestellt werden, dass dem gezahlten Beitrag keinerlei Sicherheit darüber gegenübersteht, dass dieser Beitrag zu einer gleichwertigen Versorgung führt. Der Gesetzgeber hat in der Begründung hierauf selbst eine Antwort gegeben. Danach liegt nämlich bei der Entgeltumwandlung Wertgleichheit i.S.v. § 1 Abs. 2 Nr. 3 BetrAVG bei der reinen Beitragszusage dann vor, „wenn der vom Arbeitgeber zu leistende Beitrag an die Versorgungseinrichtung dem umgewandelten Entgeltbetrag nach Abzug möglicher Steuern und Sozialversicherungsbeiträge entspricht".[53] Dies liegt auch auf der Linie des bisherigen Verständnisses der Wertgleichheit. Sie ist bei einer Äquivalenz von Leistung und Gegenleistung gewährleistet.[54] Die Äquivalenz besteht hier dem Grunde nach darin, dass den gezahlten Beiträgen eine Versorgung gegenübersteht, die die Chancen der Kapitalmärkte nutzt und selbstverständlich auch deren Risiken ausgesetzt ist. Mit den Beiträgen wird die Chance auf eine höhere Versorgungsleistung „erkauft" als sie die Zusage garantierter Leistungen erbringen könnte, bei gleichzeitiger Inkaufnahme der damit verbundenen Risiken. Damit auch der Höhe nach Wertgleichheit besteht, muss freilich sichergestellt sein, dass der zur Verrentung zur Verfügung stehende Kapitalbetrag der Entwicklung der Beiträge und ihrer daraus resultierenden Erträge im Verhältnis zum gesamten kollektiven Deckungskapital entspricht. Dieser Aspekt ergibt sich auch schon aus dem der Lebensversicherung (einschließlich Pensionsfondsverträgen) zugrundeliegenden Gleichbehandlungsgebot. Auf die nicht abschließend geklärte Frage, ob Wertgleichheit bei Entgeltumwandlung eine Mindestverzinsung oder jedenfalls Kapitalerhalt impliziert,[55] kommt es damit für die reine Beitragszusage nicht an. Der Gesetzgeber hat diese nämlich explizit auch für die Entgeltumwandlung geöffnet, wie sich beispielsweise aus § 23 Abs. 2 BetrAVG ergibt, und zwar ohne Ausschluss kollektiver Modelle. Man wird die die unter der Aufsicht der Tarifparteien stehende reine Beitragszusage

---

52 Vgl. C. Rz. 64.
53 BT-Drucks. 18/11286, S. 42.
54 S. *Langohr-Plato*, ZAP 2013, 1015 f.
55 Hierzu *Reich/Rutzmoser*, DB 2007, 2314 (2317).

eher als Indiz dafür heranziehen können, dass Wertgleichheit bei der Entgeltumwandlung nicht generell eine Mindestverzinsung oder einen nominellen Kapitalerhalt voraussetzt.

Unabhängig davon wird abzuwarten sein, ob unter dem Gesichtspunkt der 49
Akzeptanz bei den Arbeitnehmern ein rein kollektives Ansparmodell das Mittel der Wahl ist. Insbesondere im Fall der Entgeltumwandlung wird ein Arbeitnehmer nur schwer akzeptieren, dass ihm von dem Umwandlungsbetrag unmittelbar ein bestimmter Betrag auf seinem „Versorgungskonto“ zugeordnet wird, sondern alles in einem großen, für ihn letztlich nicht greifbaren Kapitalanlagetopf „verschwindet“. Umgekehrt bestehen Unsicherheiten bei einem rein individuellen Modell. Es ignoriert nämlich zum Nachteil jedes Einzelnen die Möglichkeiten zur Glättung der volatilen Wertentwicklung durch kollektives Sparen. Da keine Puffer gebildet werden, hängt die Höhe der Rente eines Arbeitnehmers völlig von der Höhe seines individuellen Vermögens zum Zeitpunkt des Rentenübergangs ab. Es besteht somit in der Hinsicht kein Unterschied zu einer privaten fondsgebundenen Rentenversicherung. Der Berechtigte ist damit ungedämpft den Zufälligkeiten des Kapitalmarktes ausgeliefert. Das jedoch soll durch die Möglichkeiten des BRSG gerade verhindert werden.[56]

Mit dem Gedanken einer reinen Beitragszusage vereinbar erscheinen daher 50
bei rein individuellen Gestaltungen allenfalls Verträge mit Life-Cycle-Modellen, die bei Annäherung des einzelnen an den Ruhestand sukzessive den Anteil volatiler Anlagen im Portfolio reduzieren und so die Wertentwicklung – allerdings mit deutlichen Nachteilen bei den Renditechancen – verstetigen.[57]

Solche rein individuellen Modelle müssten zwangsläufig auch die Möglich- 51
keit vorsehen, dass der Arbeitnehmer in der Ansparphase die ausgewählten Fonds wechseln kann. Den Begünstigten ggf. über Jahrzehnte an der zu Beginn getroffenen Fondsauswahl bzw. Anlageentscheidung festzuhalten, wäre nicht zweckmäßig, ja sogar realitätsfremd. Allerdings wäre das Vorhalten und die Durchführung von jederzeitigen Fondswechseln auf individueller Ebene mit erheblichen Verwaltungskosten verbunden. Vor allem die dabei benötigte Beratung müsste sichergestellt (und bezahlt) werden. Und selbst mit diesen Vorkehrungen muss man kein Prophet sein, um vorhersagen zu können, dass in mehr oder minder vielen Einzelfällen ein solches individualisiertes Vorsorgesparen auch schiefgehen und nicht zum erwünschten Ergebnis führen wird. Damit jedoch ist klar, dass ein rein individuelles Modell der reinen Beitragszusage aus mehreren Gründen nicht für alle geeignet ist.

---

56 BT-Drucks. 18/11286, S. 55.

57 Vgl. aba und IVS, a.a.O., S. 11.

52 Kurz: Die Bildung von kollektivem Kapital betrachtet der Gesetzgeber als gewissermaßen konstitutiv für die reine Beitragszusage.[58] Es ist offenkundig, dass ein Mischmodell aus individueller und kollektiver Anlage in der Ansparphase die vorzuziehende Lösung ist.

b) Flankierungen bei der Ingangsetzung

53 Soll eine reine Beitragszusage neu eingerichtet werden, besteht die Gefahr, dass bald nach Einrichtung Leistungen fällig werden, denen aber noch kein ausreichender Kapitalstock gegenübersteht. Am augenfälligsten wäre dies etwa bei einer reinen Beitragszusage, die auch Hinterbliebenenleistungen vorsieht. Stirbt kurz nach der Einrichtung ein Arbeitnehmer, und sind Hinterbliebene lebenslang zu versorgen, kann dies ein bei Beginn noch kleines Kollektiv überfordern. Eine ähnliche Situation ergibt sich, wenn viele Arbeitnehmer im rentennahen Alter bei Beginn einbezogen werden. Dann kann es zu Kleinbetragsrenten kommen, die zwar kapitalisiert werden können. Dies entspricht aber nicht dem Zweck einer reinen Beitragszusage und kann deren Akzeptanz schnell gefährden.

54 Da die kapitalanlageseitig erwarteten Vorteile der reinen Beitragszusage, vor allem das Funktionieren der Glättungsmechanismen, erst mit zunehmender Laufzeit ihre volle Wirkung tatsächlich entfalten, ist daher ein mehrstufiges, zeitlich gestaffeltes Modell zweckmäßig. So könnte bei einem normalen Pensionierungsalter 67 zum Beispiel wie folgt vorgegangen werden:[59]

- Aufnahme bis zum vollendeten 57. Lebensjahr: Chancenorientierte, langfristige Anlageform
- 57. bis 62. Lebensjahr: Wahlrecht für den Begünstigten
- Aufnahme ab dem 62. Lebensjahr: Einbindung in separate, sichere Sparform

55 Mit anderen Worten: Im Hinblick auf die Altersrenten bietet es sich an, Anwärter nur bis zu einem bestimmten Alter, das längere Zeit vor dem Renteneintritt liegt, in die kapitalmarktorientierte Anlageform mit hohen Aktienanteilen zuzulassen.

56 Unter dem Gesichtspunkt des AGG dürften dem keine Bedenken entgegenstehen. § 10 Nr. 4 AGG lässt Altersgrenzen *für die Aufnahme* in Betriebsrentensysteme als Voraussetzung für den Bezug von Altersrenten oder Invaliditätsleistungen zu.[60] Zwar steht die Altersgrenze nicht in völligem Belieben des

58 BT-Drucks. 18/11286, S. 54; s. auch Kisters-Kölkes/Linden/Meissner/*Meissner*, a.a.O., S. 115.
59 Vgl. o. A. IV. 5. b).
60 Näher Erfurter Kommentar zum Arbeitsrecht/*Schlachter*, 18. Aufl. 2018, § 10 AGG Rn. 10.

Arbeitgebers, bzw. bei der reinen Beitragszusage der Tarifparteien.[61] So hat die Rechtsprechung eine Höchstaltersgrenze von 50 Jahren als noch nach § 10 Nr. 4 AGG gerechtfertigt beurteilt.[62]

Hier geht es jedoch nicht um die *Aufnahme* in die Versorgung bzw. die reine Beitragszusage, sondern nur um die altersabhängig *gestufte Abgrenzung bezüglich der Kapitalanlage*. Ohnehin wird bei beitragsbezogenen Systemen eine Altersgrenze hinsichtlich der Aufnahme in die Versorgung von bedeutenden Stimmen in der Literatur für unzulässig gehalten. So soll für „alle beitragsbezogenen Versorgungssysteme, bei denen die zu erbringende Versorgungsleistung nach versicherungsmathematischen Gesichtspunkten kalkuliert wird", kein sachliches Bedürfnis für eine Höchstaltersgrenze bestehen. Bei arbeitgeberfinanzierter Versorgung schütze die Unverfallbarkeitsfrist, bei arbeitnehmerfinanzierter Versorgung hingegen könnten Höchstaltersgrenzen wegen §§ 1a Abs. 1, 1b BetrAVG generell nicht vorgesehen werden.[63] 57

Diesen Überlegungen steht entgegen, dass bei reinen Beitragszusagen wegen der sofortigen Unverfallbarkeit der Schutz des Arbeitgebers bzw. des Versichertenkollektivs nicht mehr greift. Das Problem ist, dass ein nur kurz dem Kollektiv angehörender Versorgungsberechtigter gerade in der Startphase des Modells sehr stark von dem kollektiven Ausgleich profitieren könnte, ohne jemals selbst zum Aufbau der entsprechenden Puffer beigetragen zu haben. 58

Dies macht deutlich, dass die in der Literatur erhobenen Stimmen wohl stillschweigend von einer individuell finanzierten Leistungsphase ausgehen. Es ist jedoch fraglich, ob diese Argumente auf ein in der Rentenzahlungszeit vollständig kollektives System, zumal mit dem Verbot von Kapitalzahlungen, Anwendung finden können. Dort kommt es nämlich auf ein gewisses Mindestvolumen an, um den Ausgleich im Kollektiv als Instrument gegen hohe Volatilität erreichen zu können und um unverhältnismäßig hohen Verwaltungskosten entgegenzuwirken. Die Begrenzung der Volatilität findet sich als legislatorisches Ziel ausdrücklich in § 39 Abs. 1 PFAV. Daher besteht hier ein sachlicher Grund für eine Höchstaltersgrenze, sei es für die Aufnahme überhaupt, mindestens aber für die altersabhängige Segmentierung der Kapitalanlage. 59

Für vorgesehene Hinterbliebenen- und Invaliditätsversorgungen bietet sich in der Phase der Einrichtung einer Versorgung für den Versorgungsträger der 60

---

61 S. hierzu *Ahrendt*, RdA 2016, 129 (130).

62 BAG Urt. v. 12.2.2013, Az. 3 ZR 356/12, NZA 2014, 848, allerdings ist hiergegen eine Verfassungsbeschwerde anhängig.

63 *Rolfs*, NZA, 2008, 553 (556); ebenso *Rengier*, NZA 2006, 1251, 1254; weitergehend *Preis*, BetrAV 2010, 513, (514): auch bei leistungsorientierten Versorgungen unzulässig.

Abschluss von Rückdeckungsversicherungen an. Dies ist gemäß § 34 S. 2 i.V.m. § 17 Abs. 1 Nr. 5 PFAV zulässig.[64] Auf diese Weise kann die Zahlung entsprechender Leistungen an die Berechtigten auch schon kurz nach Einrichtung der reinen Beitragszusage sichergestellt werden, denn der ggf. plötzlich auftretende Kapitalbedarf wird durch den Versicherer gedeckt.

61 Eine weitere Möglichkeit zur Stabilisierung der Ingangsetzungsphase besteht darin, einen Sicherungsbeitrag gewissermaßen als Anschubfinanzierung zu vereinbaren.[65]

2. Rentenphase

a) Rentenübergang

62 Die Rentenphase beginnt mit dem *Übergang* von der Anspar- in die Rentenphase. Zu diesem Zeitpunkt wird nach § 37 Abs. 1 S. 1 PFAV die anfängliche Rente bestimmt. Grundlage hierfür ist nach § 37 Abs. 2 PFAV das bei Rentenbeginn vorhandene Versorgungskapital des Versorgungsanwärters. Dabei handelt es sich zunächst um das dem konkreten Anwärter individuell zugerechnete Versorgungskapital.

63 Soweit kollektives Kapital in der Ansparphase gebildet worden ist, kann es noch hinzukommen und wird damit individualisiert, allerdings nur für eine logische Sekunde. Ob kollektives Kapital gebildet wurde und teilweise auf einen Einzelnen zu übertragen ist, hängt von den hierzu getroffenen Regelungen in den entsprechenden Vereinbarungen ab. Die grundsätzliche Mechanik wird zweckmäßigerweise vorsehen, dass kollektive Puffer der Auffüllung des zu verrentenden Versorgungskapitals dienen, wenn der Zeitpunkt des Rentenübergangs in eine ungünstige Kapitalmarktsituation fällt und dadurch das Versorgungskapital gemessen an Vergleichswerten bzw. den vorgesehenen Zielrenten unverhältnismäßig niedrig wäre. Die entsprechenden Vereinbarungen sollten hierfür ein regelbasiertes System vorsehen, um Willkür zu vermeiden und dem Gleichbehandlungsgrundsatz des § 138 Abs. 2 VAG für Direktversicherungen sowie i.V.m. §§ 234 Abs. 1, 212 Abs. 1 VAG für Pensionskassen bzw. §§ 237 Abs. 1 S. 1, 212 Abs. 1 VAG für Pensionsfonds Genüge zu tun. Die entsprechenden Regelungen hierfür in den entsprechenden Vereinbarungen müssen dabei die in den Tarifverträgen ggf. enthaltenen Vorgaben beachten.

64 Versicherungstechnisch entspricht die lebenslange Rente in diesem System einer sofort beginnenden Leibrente gegen Einmalbeitrag, allerdings ohne

---

64 Vgl. C. Rz. 168.

65 Vgl. C. Rz. 88.

die Garantie der Höhe künftiger Rentenzahlungen (vgl. § 244b Abs. 1 Nr. 1 VAG).[66] Die exakte Höhe der anfänglichen Rente ergibt sich aus der Anwendung der Rechnungsgrundlagen auf das nach den oben beschriebenen Regeln individualisierte Versorgungskapital. Die Rechnungsgrundlagen bestehen aus den Annahmen über die Sterblichkeit, die in der anzuwendenden Sterbetafel ausgedrückt wird, im zugrunde gelegten Rechnungszins, mit dem der Barwert der Rentenzahlung bestimmt wird, und in den Kosten für die Verwaltung der Verträge einschließlich des Kapitals sowie der Rentenzahlungen. Dabei dürfen die Rechnungsgrundlagen – anders als es in der Lebensversicherung regelmäßig der Fall ist (vgl. für den Rechnungszins etwa § 2 Abs. 2 S. 1 DeckRV) – nicht dauerhaft garantiert werden. Dies käme einer Garantie bei den Leistungen gleich. Sie ist wegen des Garantieverbots aus § 244b Abs. 1 Nr. 1 VAG und § 22 Abs. 1 S. 2 BetrAVG untersagt.

Gegen eine feste Vereinbarung der Kosten für einen Zeitraum von fünf Jahren, und damit im Ergebnis insoweit einer Garantie, dürften keine Bedenken 65
bestehen. Dies korrespondiert mit den reduzierten Eigenkapitalanforderungen für Pensionsfonds und Pensionskassen bei höchstens für fünf Jahre garantierten Verwaltungskosten.[67] Zwischen den beiden Gegenständen besteht zwar kein zwingender innerer sachlicher Zusammenhang. Aber die Fünfjahresfrist für die Festlegung der Kosten bietet jedenfalls eine Orientierung dafür, ab wann eine Garantie von Rechnungsgrundlagen einen qualitativen Sprung darstellen dürfte und deshalb als dauerhaft und damit als unzulässig anzusehen ist. Die Berücksichtigung der planmäßigen Verwaltungskosten ordnet § 37 Abs. 1 S. 2 PFAV ausdrücklich an. Sie sind nach bestem Schätzwert zu kalkulieren.[68]

Zu den übrigen Rechnungsgrundlagen – Rechnungszins und Sterblichkeit – 66
verweist § 37 Abs. 1 S. 3 PFAV auf die Grundlagen, mit denen der Barwert für die Bestimmung des Kapitaldeckungsgrades nach § 36 Abs. 1 S. 2 PFAV berechnet wird. Diese Vorschrift verweist ihrerseits auf die Rechnungsgrundlagen für die Berechnung des Barwertes gemäß § 24 Abs. 2 S. 2 bis 4 PFAV. Auch hier sind beste Schätzwerte, d.h. sog. Rechnungsgrundlagen zweiter Ordnung, anzusetzen.[69] Sie unterscheiden sich von denen erster Ordnung dadurch, dass sie im Unterschied zur Kalkulation bei der Lebensversicherung im Übrigen nicht so hoch sein müssen, „dass das Lebensversicherungsunternehmen allen seinen Verpflichtungen nachkommen und insbesondere für die einzelnen Verträge ausreichende Deckungsrückstellungen bilden kann", wie § 138 Abs. 1 S. 1 VAG verlangt. Sie dürfen also nicht mit Sicherheitszuschlägen, wie bei der Lebens-

66 Vgl. aba und IVS, a.a.O., S. 15.

67 Vgl. C. Rz. 182.

68 aba und IVS, a.a.O., S. 43.

69 Kisters-Kölkes/Linden/Meissner/*Meissner*, a.a.O., S. 135.

versicherung üblich, sondern müssen mit realistischen Annahmen kalkuliert werden, die aber auch vorsichtig und daher mit gewissen Zuschlägen versehen sein müssen. Die Grenzen können dabei fließend sein.

67 Der Rechnungszins für den Rentenübergang (Verrentungszins) ist nach § 24 Abs. 2 S. 2 PFAV vorsichtig zu wählen. Dabei dient der Rechnungszins – anders als in der übrigen Lebensversicherung – nicht der Ermittlung des Barwertes der Leistungen zur Bestimmung der Deckungsrückstellung. Da die Deckungsrückstellung in der Rentenphase nach § 35 Abs. 2 PFAV immer identisch ist mit dem vorhandenen Kapital[70], besteht kein Zusammenhang zwischen Rechnungszins und Deckungsrückstellung. Der Rechnungszins erfüllt im Rahmen der reinen Beitragszusage im Wesentlichen zwei Funktionen. Er dient als Zinssatz zur Bestimmung der nicht garantierten anfänglichen Rente („Zielrente“) gemäß § 37 PFAV, und er dient bei der Ermittlung des Kapitaldeckungsgrades zur Bestimmung des Barwertes der Leistungen gemäß § 36 Abs. 1 PFAV. Der Sache nach handelt es sich beim Verrentungszins um die erwartete Rendite nach Kosten für die Kapitalanlage. Er wird wesentlich bestimmt durch die Struktur der Kapitalanlage für den Rentnerbestand. Dementsprechend kann der Verrentungszins für unterschiedliche Rentnerbestände in unterschiedlichen Sicherungsvermögen bzw. Anlagestöcken differieren.[71]

68 § 37 Abs. 1 S. 4 PFAV lässt freilich einen noch vorsichtigeren Zinssatz als den für die Berechnung des Barwertes nach § 24 Abs. 2 S. 2 PFAV anzusetzenden Rechnungszins zu, mit dem der (kollektive) Kapitaldeckungsgrad nach § 36 Abs. 1 PFAV zu ermitteln ist. Allerdings setzt § 37 Abs. 2 PFAV einem übervorsichtigen Verrentungszins dadurch eine Grenze, dass der (individuelle) Kapitaldeckungsgrad für den konkreten Rentenempfänger bei Beginn der Rentenzahlung 125 % nicht übersteigen darf.[72]

69 Ist der Verrentungszins niedriger als der Zins für die Ermittlung des kollektiven Kapitaldeckungsgrades, entstehen implizite Puffer für das gesamte Kollektiv der Rentner.[73] Je mehr sich der kollektive Kapitaldeckungsgrad 100 % nähert, umso höher ist die Versuchung, den Verrentungszins für Neurentner vorsichtig anzusetzen und so einen möglichst hohen individuellen Kapitaldeckungsgrad der Neurentner zu erreichen, da dadurch der kollektive Kapitaldeckungsgrad gestützt wird. Allerdings wird es aus Gründen der Gleichbehandlung nach § 138 Abs. 2 VAG einer Regel bedürfen, nach der der individuelle Kapitaldeckungsgrad der Neurentner bestimmt wird. So kann beispielsweise für jeden Neurent-

70 Vgl. C. Rz. 64.
71 Vgl. aba und IVS, a.a.O., S. 41f.
72 Höfer/de Groot/Küpper/Reich/*Höfer*, a.a.O., § 22 Rn. 39; s. auch BT-Drucks. 18/11286, S. 57.
73 Vgl. aba und IVS, a.a.O., S. 43.

ner derselbe individuelle Kapitaldeckungsgrad festgelegt werden, oder es wird ein individueller Kapitaldeckungsgrad in Abhängigkeit vom kollektiven Kapitaldeckungsgrad, am zweckmäßigsten wohl im Gleichlauf damit, angestrebt.[74] Wichtig ist in jedem Fall unter Gleichbehandlungsgesichtspunkten, dass eine für alle Neurentner gleiche Methodik angewendet wird.

Bei der Sterblichkeit sind gemäß § 24 Abs. 2 S. 4 PFAV beste Schätzwerte 70
unter Einbeziehung ihrer künftigen Veränderungen anzusetzen. Sicherheitsmargen, wie § 138 Abs. 1 S. 1 VAG sie vorschreibt, sind hier nicht einzukalkulieren.[75] Dadurch wird sichergestellt, dass der Anwärter von seinem Versorgungskapital angemessen profitiert und die durchführende Einrichtung nicht der Versuchung unterliegt, es von vornherein übermäßig zur Stützung des kollektiven Kapitaldeckungsgrades heranzuziehen, wenn dieser einer Stützung bedarf. Bei den anzusetzenden Sterblichkeiten werden, soweit beobachtet, die spezifischen Verhältnisse des jeweiligen Bestandes zu berücksichtigen sein. Dies betrifft etwa Fragen der Antiselektion, des zu erwartenden Geschlechterverhältnisses sowie (Unisex) der Lebenserwartung. Getrennt geschlechtliche Sterbetafeln dürften wegen §§ 19 Abs. 1, § 33 Abs. 5 AGG nicht zulässig sein.[76]

Nachdem die Startrente auf der Grundlage des bei Rentenübergang indivi- 71
duell zugeordneten Versorgungskapitals ermittelt worden ist, wird das Kapital kollektiviert. Es geht in der dem gesamten Rentnerbestand zugeordneten einheitlichen Vermögensmasse auf. Die Rentenphase ist nach der Vorstellung des Gesetzgebers nämlich vollständig kollektiv.[77] Unmittelbar bringen die gesetzlichen Regelungen dies nicht zum Ausdruck. Ein Hinweis findet sich in der Gesetzesbegründung. Dort heißt es „Daher wird ein kollektives Entsparmodell benötigt, ... In der PFAV wird die Grundform des Modells geregelt."[78] Aus dem Kontext könnte dort auch herausgelesen werden, dass das Wort „kollektives" dort zu verstehen ist als gemischt individuell-kollektiv. Im unmittelbar vorhergehenden Absatz der Gesetzesbegründung wird nämlich das kollektive Sparmodell als Modell beschrieben, bei dem „ein Teil" der Mittel nicht individuell zugeordnet, sondern einem kollektiven Puffer zugeführt wird. Es ist offenkundig, dass ein rein individuelles Modell in der Rentenphase nicht funktionieren kann. Die Rentenhöhe wäre vollständig der Entwicklung auf den Kapitalmärkten ausgesetzt. Dies soll gerade verhindert werden. Zudem bestünde das Risiko,

74 Ebenda, S. 15 f.

75 Ebenda, S. 42.

76 Ebenda, S. 15.

77 Kisters-Kölkes/Linden/Meissner/*Meissner*, a.a.O., S. 127; *Grote*, BetrAV 2017, 382 (386); aba und IVS, a.a.O., S. 30.

78 BT-Drucks. 18/11286, S. 55.

dass das individuelle Kapital zu irgendeinem Zeitpunkt vollständig aufgebraucht wäre. Dies wäre insbesondere bei Personen der Fall, deren Lebensdauer die bei den Annahmen zur Sterblichkeit kalkulierte Lebenserwartung übersteigt.

72 Darüber hinaus dürfte mit der Aussage in der Gesetzesbegründung ein vollständig kollektives, nicht ein individuell-kollektives Entsparmodell angesprochen sein. § 35 Abs. 1 PFAV enthält nämlich für die Ansparphase Aussagen zu individuellem und zu kollektivem Versorgungskapital. § 35 Abs. 2 PFAV, der die Deckungsrückstellung in der Rentenphase beschreibt, trifft keine Unterscheidung mehr zwischen individuellem und kollektivem Kapital. § 35 Abs. 3 PFAV beschreibt eine zusätzliche Deckungsrückstellung, die den Versorgungsberechtigten insgesamt zugeordnet ist. Damit sind sowohl Anwärter als auch Rentenempfänger gemeint.[79] § 35 Abs. 3 PFAV sieht dabei vor, dass aus den Zusatzbeiträgen ein solcher Puffer aufgebaut werden kann, aber nicht muss. Geschieht dies nicht, würde demnach keine Regelung zur Verfügung stehen für eine kollektive zusätzliche Deckungsrückstellung für die Rentenempfänger. Aus der völligen Zweckverfehlung rein individuellen Versorgungskapitals in der Rentenphase wird man daher davon ausgehen müssen, dass die vollständig kollektive Rentenphase für den Gesetzgeber so selbstverständlich war, dass er sie weder in § 35 Abs. 2 PFAV noch an anderer Stelle ausdrücklich angesprochen hat. Dennoch finden sich hinreichende Anknüpfungspunkte im Wortlaut, um auch daraus eine vollständig kollektive Rentenphase ableiten zu können. So ist in § 35 Abs. 2 und § 36 Abs. 1 S. 1 PFAV von der Deckungsrückstellung in der Rentenbezugszeit jeweils im Singular die Rede. Ausgehend von dem im Übrigen im Aufsichtsrecht geltenden Grundsatz, dass nach § 138 Abs. 1 S. 1 VAG individuelle Deckungsrückstellungen zu bilden sind,[80] darf man dem Singular durchaus den hier angenommenen Gehalt zuweisen.

b) Rentenanpassungen

73 Die bei Beginn der Rentenphase ermittelte Rente darf wegen des Garantieverbots in § 244 Abs. 1 Nr. 1 VAG und § 22 Abs. 1 S. 2 BetrAVG nicht garantiert werden. Sie kann Veränderungen nach oben und nach unten unterliegen. Scharnier für den Veränderungsmechanismus ist der in § 36 Abs. 1 S. 1 PFAV definierte Kapitaldeckungsgrad. Er stellt das Verhältnis zwischen der Deckungsrückstellung des Kollektivs der Rentenempfänger und dem Barwert der an sie zum Berechnungszeitpunkt des Kapitaldeckungsgrades jeweils zu erbringenden Leis-

79 BT-Drucks. 18/12612, S. 33.

80 S. näher Brand/Baroch Castellvi/*Baroch Castellvi*, a.a.O., § 138 Rn. 9.

tungen dar. Die Deckungsrückstellung wird nach § 36 Abs. 1 S. 1 i.V.m. § 35 Abs. 2 PFAV retrospektiv ermittelt und entspricht so dem dem Rentnerbestand insgesamt zugeordneten Kapital.[81] Zum Barwert der Leistungen zählen nach § 36 Abs. 1 S. 1 a.E. PFAV auch Anwartschaften auf Hinterbliebenenrenten, falls solche bei Versterben eines Rentners fällig werden.

Der Barwert der Renten ist nach § 36 Abs. 1 S. 2 i.V.m. § 24 Abs. 2 S. 4 PFAV 74
mit Rechnungsgrundlagen nach besten Schätzwerten unter Einbeziehung künftiger Veränderungen zu berechnen. Änderungen beim erwarteten Zins bzw. der erwarteten Sterblichkeit können zur Änderung des Barwertes und damit auch des Kapitaldeckungsgrades führen. Gleiches gilt für die wegen der Abhängigkeit vom Kapitalmarkt sich ohnehin ständig verändernde Deckungsrückstellung. Der Kapitaldeckungsgrad misst dabei den Grad der Über- bzw. Unterdeckung. Soweit er 100% übersteigt, besteht eine Überdeckung, soweit er 100% unterschreitet, besteht eine Unterdeckung. § 38 Abs. 1 S. 1 PFAV bestimmt als Untergrenze für den Kapitaldeckungsgrad 100% und i.V.m. § 36 Abs. 2 PFAV als Obergrenze 125%. Wird die Obergrenze überschritten, müssen die Renten nach § 38 Abs. 1 S. 2 Halbs. 2 PFAV erhöht werden. Dadurch wird sichergestellt, dass die durchführende Einrichtung nicht übermäßig Kapital aufbaut, sondern die Leistungsempfänger ab der Grenze von 125% an den von ihnen erwirtschafteten Erträgen beteiligt werden. Hierzu wird vertreten, dass der Kapitaldeckungsgrad 125% überschreiten dürfe, wenn der darüberhinausgehende Betrag durch einen Sicherungsbeitrag gem. § 23 Abs. 1 BetrAVG finanziert sei. Dies wird auf die Gesetzesbegründung gestützt, wonach die Betriebsrenten durch den Sicherungsbeitrag „zusätzlich“ abgesichert werden können.[82] Der Sicherungsbeitrag wird vom Arbeitgeber oder den Tarifparteien aufgebracht und ist als kollektives Stützungsinstrument gedacht.[83] Dieses Ergebnis lässt sich auch unmittelbar auf das Gesetz stützen. Nach § 36 Abs. 1 S. 1 PFAV bildet nämlich die nach § 35 Abs. 2 PFAV für die Rentner – retrospektiv – zu bildende Deckungsrückstellung den Zähler bei der Ermittlung des Kapitaldeckungsgrades. Die aus den Zusatzbeiträgen gebildete Deckungsrückstellung i.S.v. § 35 Abs. 3 PFAV ist danach gerade *nicht* einzubeziehen.

§ 38 Abs. 2 PFAV sieht vor, dass Erhöhungen der laufenden Renten bei ei- 75
nem Kapitaldeckungsgrad zwischen 110% und 125% nur so weit zulässig sind, bis der Kapitaldeckungsgrad auf 110% reduziert ist. Dies stellt wiederum sicher, dass die nach einer Erhöhung eintretenden Rentner nicht dem Risiko einer baldigen Absenkung der Rente ausgesetzt sind, und dient so dem Schutz der Neu-

81 aba und IVS, a.a.O., S. 17.
82 Höfer/de Groot/Küpper/Reich/*Höfer*, a.a.O., § 23 Rn. 9.
83 Hierzu Höfer/de Groot/Küpper/Reich/*Höfer*, a.a.O., § 23 Rn. 10 f.

rentner.[84] Allgemeiner ausgedrückt wird dadurch das Risiko verringert, dass nach einer Erhöhung der Renten eine baldige Absenkung wegen schlechter Entwicklung der Vermögenswerte droht.[85] Diese Untergrenze dient damit zum einen der Generationengerechtigkeit, zum anderen der Reduzierung von Schwankungen der Renten. Sinkt nämlich der Kapitaldeckungsgrad unter 100%, zwingt § 38 Abs. 1 S. 2 Halbs. 1 PFAV zur Absenkung der Leistungen. Dies kann verhindert werden, indem der Deckungsrückstellung für die Leistungsempfänger aus einem bestehende Puffer Mittel zugeführt werden oder die Rechnungsgrundlagen günstiger angenommen werden. Letzteres darf freilich nicht dazu führen, dass beste Schätzwerte hin zu zu optimistischen Annahmen verändert werden. Nach einer Absenkung der Rente muss der Kapitaldeckungsgrad gemäß § 38 Abs. 1 S. 3 PFAV wieder zwischen 100% und 125% liegen. Wird die Rente erhöht, ohne dass der Kapitaldeckungsgrad von 125% überschritten wird – was jedenfalls dann zulässig ist, wenn es die Vereinbarungen vorsehen –, gilt die Untergrenze von 110% ebenfalls.[86]

76 Bei der Höhe der Absenkung ist von allen drei durchführenden Einrichtungen der Gleichbehandlungsgrundsatz des § 138 Abs. 2 VAG zu berücksichtigen. Er gilt für Direktversicherungen unmittelbar, für Pensionskassen und Pensionsfonds über die entsprechenden Verweisungsvorschriften. Dies bedeutet nicht notwendigerweise, dass der proportionale Umfang der Senkung bei allen Rentnern gleich sein muss. Vielmehr dürfen sachgerechte Parameter herangezogen und so die Renten in unterschiedlichem Umfang gesenkt werden. Haben etwa Neurentner durch einen höheren individuellen Kapitaldeckungsgrad aus der jüngeren Zeit zu einer Stabilisierung des kollektiven Kapitaldeckungsgrades beigetragen, so darf dem durch eine ggf. auch befristete moderatere Absenkung als beim Rest des Bestandes Rechnung getragen werden.[87]

77 Eine befristete Unterdeckung von bis zu 10%, wie § 239 Abs. 3 S. 1 bzw. Abs. 4 S. 1 VAG sie für die dortigen Pensionspläne zulässt, sieht der Gesetzgeber für die reine Beitragszusage nicht vor. Dies stellt keinen Systembruch dar. Dort, wo sie zugelassen ist, greift beim endgültigen Scheitern der vollständigen Bedeckung nämlich die Subisidiärhaftung des Arbeitgebers als Auffangmechanismus. Bei der reinen Beitragszusage fehlt dies. Wird die Bedeckung in Höhe von (mindestens) 100% nicht mehr erreicht, müssen die dann eintretenden Rentenempfänger mit einer entsprechend abgesenkten Rente beginnen. Der Zeitraum bis zum endgültigen Scheitern der vollständigen Wiederbedeckung erweist sich

---

84 *Grote*, BetrAV 2017, 382 (387).

85 *Rolfs*, NZA, 2017, 1225 (1227).

86 Kisters-Kölkes/Linden/Meissner/*Meissner*, a.a.O., S. 137.

87 Zu diesem Problem s. *Hagemann*/*Krönung*, BetrAV 2017, 665 (668).

dann in der Rückschau als Finanzierung zu Lasten der nachfolgenden Rentner und damit als „Beitrag" zur Generationenungerechtigkeit.

Zur Abmilderung könnte bei Unterschreiten eines Kapitaldeckungsgrades 78 von 100% auch an eine verteilte Absenkung gedacht werden. Dies erscheint jedenfalls dann problematisch, wenn über einen längeren Zeitraum der Kapitaldeckungsgrad unter 100% verbleibt. Wird er nach der ersten Absenkung erreicht, bestehen hingegen keine Bedenken, weitere Absenkungen, die das Ziel haben, einen Puffer beim Kapitaldeckungsgrad aufzubauen, zu verteilen.[88]

Für die Effektivität des Mechanismus von Erhöhung bzw. Absenkung der 79 Renten bei Verlassen des Korridors ist die ständige Überwachung des Kapitaldeckungsgrades entscheidend. Die Einzelheiten hierzu sind in § 38 Abs. 3 PFAV geregelt. Die Regelung ist nicht konsistent. Satz 1 sieht vor, dass die durchführende Einrichtung die jederzeitige Einhaltung des Korridors zu gewährleisten hat. Das kann als Verpflichtung zur dauernden umfassenden Überwachung des Kapitaldeckungsgrades verstanden werden. Satz 2 lockert dies, indem er die durchführende Einrichtung verpflichtet, die Leistungen – lediglich – mindestens einmal jährlich zu überprüfen und ggf. anzupassen. Wenn die jederzeitige Einhaltung des Korridors gewährleistet sein muss, ist die einmalige Überprüfung pro Jahr und ggf. Anpassung der Leistungen nicht ausreichend. § 38 Abs. 3 S. 2 PFAV ist dann obsolet. Um dieses Spannungsverhältnis aufzulösen wird vertreten, dass Satz 2 jährlich zu mindestens einer exakten Bestimmung des Kapitaldeckungsgrades zwingt, Satz 1 hingegen eine dauernde näherungsweise Anforderungen erfordert.[89] Satz 2 lässt insoweit in der Tat kein anderes Verständnis zu. Die Anforderungen von Satz 1 können demgegenüber auch schon dann als erfüllt angesehen werden, wenn die Überwachung sich darauf erstreckt, den Kapitaldeckungsgrad dann exakt zu bestimmen, wenn Entwicklungen an den für den Kapitaldeckungsgrad entscheidenden Parametern Kapital, erwirtschafteter Zins oder biometrische Grundlagen beobachtet werden, die gegenüber der letzten exakten Bestimmung des Kapitaldeckungsgrades die konkrete Möglichkeit enthalten, dass die vorgegebenen Grenzen über- bzw. unterschritten worden sind.[90] Dann erstreckt sich die kontinuierliche Überwachungspflicht des Satzes 1 auf die Beobachtung der Parameter und die daraus zu erwartenden möglichen Auswirkungen auf den Kapitaldeckungsgrad.

Tarifverträge bzw. sie konkretisierende Durchführungsverträge können in- 80 nerhalb der hier beschriebenen Grenzen Abweichungen vorsehen.[91] So kann

---

88 Ähnlich aba und IVS, a.a.O., S. 21.

89 aba und IVS, a.a.O., S. 44.

90 Ähnlich aba und IVS, a.a.O., S. 18 u. S. 44.

91 Höfer/de Groot/Küpper/Reich/*Höfer*, a.a.O., § 22 Rn. 27; s. auch aba und IVS, a.a.O., S. 32.

beim Kapitaldeckungsgrad beispielsweise ein Korridor von 105% bis 120% festgelegt werden. Unabdingbar ist freilich das Verbot, den Kapitaldeckungsgrad nach einer Absenkung unter 110% rutschen zu lassen.[92]

81 Keine Aussage hat der Gesetzgeber zum Verfahren bei einer Absenkung oder Erhöhung getroffen. Bei Lebensversicherungen und Pensionskassen als durchführenden Einrichtungen könnte ein Verfahren an § 163 Abs. 3 VVG angelehnt werden. Allerdings gilt die Vorschrift für eine Änderung des Leistungsbedarfs und hat als Ziel, die dauernde Erfüllbarkeit der Versicherungsleistung zu gewährleisten (s. § 163 Abs. 1 S. 1 Nr. 1 und 2 VVG). Sie stellt damit ein Korrektiv für garantierte Leistungen dar. Das Konzept der Anpassung der Leistungen nach § 38 PFAV knüpft demgegenüber an gerade nicht garantierte Leistungen und die Abhängigkeit von der Figur des Kapitaldeckungsgrades ab. Unmittelbar gilt die Vorschrift demnach nicht. Für Pensionsfonds würde sie ohnehin keine Anwendung finden, weil für sie das VVG nicht gilt.[93] Damit überlässt der Gesetzgeber das Verfahren der Anpassung vollständig den Parteien des Tarif- bzw. des Durchführungsvertrages.

82 Denkbar wäre demnach eine Änderung ohne jedwede vorherige Information der Leistungsempfänger. Bei Erhöhungen wird ein solches Vorgehen unkritisch sein, nicht aber bei Absenkungen. Hier wird sich nach den Grundsätzen von Treu und Glauben eine vorherige Information aufdrängen, damit sich der Leistungsempfänger auf die Leistungskürzung einstellen kann. Man denke etwa an erteilte Daueraufträge oder Lastschrifteinzugsermächtigungen. Eine Reduktion der laufenden Rente aus heiterem Himmel könnte durchaus auch Schadensersatzpflichten auslösen. Immerhin bietet sich § 163 Abs. 3 VVG als Orientierung für eine entsprechende Regelung im Tarif- oder Durchführungsvertrag an. Die Vorschrift sieht eine Herabsetzung zu Beginn des zweiten Monats nach Zugang der Mitteilung darüber vor. Eine entsprechende Wertung enthält überdies § 203 Abs. 5 VVG für die Neufestsetzung der Prämie in der privaten Krankenversicherung.

83 Die RL (EU) 2016/2341 (EbAV II-RL) setzt demgegenüber Eckpunkte auch für ein Verfahren bei der Absenkung der Leistungen. Nach Art. 43 Abs. 2 RL (EU) 2016/2341 sollen die Leistungsempfänger unmittelbar nach dem Beschluss über die Absenkung und drei Monate vor Umsetzung dieses Beschlusses informiert werden. Setzt der deutsche Gesetzgeber dies so um[94] – die Richtlinie ist bis zum 13.1.2019 umzusetzen, vgl. Art. 64 Abs. 1 S. 1 RL (EU) 2016/2341 – wird also ein zweistufiges Informationsverfahren verbindlich, zunächst eine Information über

---

92 *Hagemann/Krönung*, BetrAV 2017, 665 (667); Höfer/de Groot/Küpper/Reich/*Höfer*, a.a.O., § 22 Rn. 27.

93 Vgl. C. Rz. 159.

94 Der Entwurf sieht dies vor; vgl. BR-Drs. 428/18, S. 21.

den Beschluss und dann eine über die konkrete Höhe der Absenkung. Zwischen der Information über die Höhe und der Absenkung selbst, müssen künftig (mindestens) drei Monate liegen. Die Verbindung der Information über den Beschluss über die Absenkung und deren Höhe in einem Schreiben wird sicherlich möglich sein, wenn gewährleistet ist, dass sie unmittelbar nach dem Beschluss über die Absenkung erfolgt. Auf diese Weise kann der Versorgungsträger den Zeitraum zwischen dem Beschluss und der tatsächlichen Absenkung reduzieren. Ohnehin sollte bei Unterschreiten eines Kapitaldeckungsgrades von 100% der Zeitraum bis zur Absenkung der Renten so kurz wie möglich gehalten werden. Jeder Monat, für den die Renten unverändert bleiben, vergrößert nämlich die Deckungslücke, wenn sich die Vermögenslage bzw. die Aktivseite der Bilanz nicht entsprechend erholt. Dies muss dann durch die Neurentner finanziert werden und befördert daher die Generationenungerechtigkeit.

3. Puffer für Wertschwankungen

Finanzierungspuffer zum Ausgleich von Wertschwankungen des Versorgungs- 84
vermögens und damit zur Stabilisierung der erwarteten und der bereits gezahlten Renten können aus zahlreichen Quellen gebildet werden:

In der Anwartschaftsphase können Puffer
- durch kollektives Sparen aus den Beiträgen und/oder den aus ihnen erzielten Erträgen,
- aus Arbeitgeberzuschüssen zur Entgeltumwandlung und aus
- Sicherungsbeiträgen und den aus ihnen erzielten Erträgen gebildet werden.

In der Rentenphase können Puffer 85
- ebenfalls aus Sicherungsbeiträgen und den aus ihnen erzielten Erträgen und
- innerhalb des Kapitaldeckungsgrades

gebildet werden.

a) Kollektives Sparen in der Anwartschaftsphase

Das kollektive Kapital dient in einem gemischt individuell-kollektiven Modell 86
als Puffer. Deren Zweck in der Ansparphase besteht vornehmlich darin, das individuelle Kapital von Anwärtern, deren Rentenübergang in eine ungünstige Kapitalmarktphase fällt, aufzufüllen und den Anwärter so jedenfalls nicht vollständig den Zufälligkeiten des Kapitalmarktes auszuliefern. Der Puffer kann

auch schon während der Ansparphase zur Verstetigung der Entwicklung des Kapitals herangezogen werden.[95]

87 Ebenso können in der Ansparphase auch die Erträge der Kapitalanlage für den Aufbau von Puffern verwendet werden. Dies ergibt sich aus § 35 Abs. 1 S. 1 i.V.m. S. 2 PFAV. § 35 Abs. 1 S. 1 PFAV beschreibt als Grundlage für das Versorgungskapital die gezahlten Beiträge und die daraus erzielten Erträge. § 35 Abs. 1 S. 2 PFAV knüpft daran an („Dabei“) und eröffnet die Möglichkeit, kollektives Versorgungskapital zu bilden. Fraglich ist, ob das nur auf die Erträge oder auch auf die Beiträge bezogen werden kann. Nach einem wörtlichen und systematischen Verständnis ist dies auch auf die Beiträge zu beziehen.[96] § 35 Abs. 1 S. 2 PFAV enthält in der Hinsicht keine Einschränkung, so dass man ihn so lesen kann, dass er vollständig an die Grundlagen des Versorgungskapitals des Satzes 1 anknüpft. Im Hinblick auf das Gebot der Wertgleichheit aus § 1 Abs. 2 Nr. 3 BetrAVG kann auf die Überlegungen oben unter C. III. 1 a) verwiesen werden.

b) Sicherungsbeiträge (§ 23 Abs. 1 BetrAVG)

88 Ein weiterer Puffer könnte aus einem Sicherungsbeitrag gemäß § 23 Abs. 1 BetrAVG gebildet werden. Nach dieser Vorschrift sollen im Tarifvertrag Sicherungsbeiträge vereinbart werden „zur Absicherung der reinen Beitragszusage“, was auf die Bildung eines Puffers hindeutet.

89 Explizit hingegen sieht § 35 Abs. 3 PFAV vor, dass der Sicherungsbeitrag zur Bildung eines kollektiven Puffers verwendet werden kann. Aus der inneren Systematik von § 35 PFAV ergibt sich dabei, dass aus dem Sicherungsbeitrag ein Puffer sowohl für die Anspar- wie für die Rentenphase gebildet werden kann. § 35 Abs. 1 PFAV beschreibt nämlich die Deckungsrückstellung in der Ansparphase, § 35 Abs. 2 die Berechnung der Deckungsrückstellung in der Rentenphase. § 35 Abs. 3 PFAV regelt dann die Heranziehung des Sicherungsbeitrags zur Bildung einer zusätzlichen Deckungsrückstellung ohne Beschränkung auf Anspar- oder Rentenphase. Die Gesetzesbegründung sowohl zu § 35 PFAV als auch zu § 23 BetrAVG bestätigt dies. An beiden Stellen beschreibt der Gesetzgeber die Verwendung des Sicherungsbeitrags in der Ansparphase und in der Rentenphase, nämlich zur „Stabilisierung der Anwartschaft gegen Ende der Ansparphase“[97] bzw. zur Erhöhung des Kapitaldeckungsgrades in der Rentenphase.[98] In der Ansparphase kann der Sicherungsbeitrag „zum Aufbau kollektiven Kapi-

95 S. *Hagemann/Krönung*, BetrAV 2017, 665 (667); aba und IVS, a.a.O., S. 29.

96 Ebenso *Hagemann/Krönung*, a.a.O., S. 666.

97 BT-Drucks. 18/12612, S. 33.

98 BT-Drucks. 18/11286, S. 55.

tals“ genutzt werden. In der Rentenphase kann er genutzt werden, um die Leistungen „zusätzlich abzusichern“, indem ein höherer Kapitaldeckungsgrad geschaffen oder die Kapitalanlage (sc.: des Puffers)[99] konservativer ausgerichtet wird.[100] Ausdrücklich lässt die Gesetzesbegründung aber auch die Möglichkeit zu, den Sicherungsbeitrag individuell zuzuordnen, also nicht zum Aufbau eines Puffers zu verwenden.

Zur Höhe des Sicherungsbeitrags trifft das Gesetz keine Aussage, auch nicht 90
dazu, ob er in gleichmäßiger oder unterschiedlicher Höhe für bestimmte Zeiträume oder bei Eintritt bestimmter Bedingungen vereinbart werden kann. Unterschiedliche Höhen dürften wohl zulässig sein. So erscheint es etwa sinnvoll, in den ersten Jahren einen höheren Sicherungsbeitrag zu vereinbaren, der in den Folgejahren abgesenkt wird. Auf diese Weise kann das Anlagevolumen schnell eine Größe erreichen, die Volumeneffekte ermöglicht. Weder das Gesetz noch die Begründung enthalten Anhaltspunkte dafür, dass dies nicht zulässig sein sollte.[101] Auch der Zweck spricht nicht dagegen, eher im Gegenteil. Diese weitgehende Gestaltungsfreiheit zur Zahlung des Sicherungsbeitrags reicht aber nicht so weit, dass den Tarifparteien vollständige Dispositionsbefugnis bis zur Möglichkeit der Rückzahlung zustünde, etwa, wenn sich das Kapital so gut entwickelt hat, dass der Sicherungsbeitrag für die Sicherung der Zielrente nicht benötigt wird. Mit der Zahlung ist der Sicherungsbeitrag nämlich dem für die Berechtigten reservierten Sicherungsvermögen i.S.v. § 125 VAG bzw. § 239 VAG zugewiesen.

c) Arbeitgeberzuschuss bei Entgeltumwandlung (§ 23 Abs. 2 BetrAVG)

Unklar ist, ob sich der in § 23 Abs. 2 BetrAVG im Bereich der Entgeltumwand- 91
lung vorgesehene Arbeitgeberzuschuss für die ersparten Sozialversicherungsbeiträge für die Bildung von Puffern eignet. Für den Sicherungsbeitrag sieht der Gesetzgeber nämlich in § 35 Abs. 3 PFAV *ausdrücklich* vor, dass er als kollektiver Puffer verwendet werden kann, zum Arbeitgeberzuschuss hingegen fehlt eine solche Aussage. Allerdings kann daraus nicht der Umkehrschluss gezogen werden, dass deshalb der Arbeitgeberzuschuss für die ersparten Sozialversicherungsbeiträge *nicht* zur Pufferbildung herangezogen werden dürfe. Der Sicherungsbeitrag des § 23 Abs. 1 BetrAVG ist nämlich primär als kollektiv zu bildendes Kapital vorgesehen.[102] Daher bedurfte es zur Vermeidung von Ausle-

99 S. Höfer/de Groot/Küpper/Reich/*Höfer*, a.a.O., § 23 Rn. 5.
100 BT-Drucks. 18/11286, S. 46.
101 Ebenso Höfer/de Groot/Küpper/Reich/*Höfer*, a.a.O., § 23 Rn. 10.
102 Vgl. C. Rz. 88.

gungszweifeln für den Sicherungsbeitrag der Klarstellung in § 35 Abs. 3 PFAV, dass er auch Teil der Deckungsrückstellung ist. Der Arbeitgeberzuschuss bei der Entgeltumwandlung ist hingegen nichts anderes als ein Beitrag für den jeweiligen Arbeitnehmer. Er unterscheidet sich nicht von anderen arbeitnehmer- oder arbeitgeberfinanzierten Beiträgen. Da diese allesamt auch kollektiv verwendet werden dürfen,[103] besteht keine Veranlassung, den Arbeitgeberzuschuss davon auszunehmen. Freilich ist dies alles den Tarifvertragsparteien überlassen. Sie entscheiden, ob und wie welche Beiträge oder Zuschüsse eingesetzt werden.

d) Kapitaldeckungsgrad (§ 36 PFAV)

92 In der Rentenphase können darüber hinaus durch die Wahl vorsichtiger Rechnungsgrundlagen implizite Puffer aufgebaut werden.[104] Allerdings sind sie begrenzt auf den Kapitaldeckungsgrad von 125%. Wird der Prozentsatz überschritten, dann muss der so entstandene Puffer durch Erhöhung der Rente abgebaut werden.[105]

e) Verwendung der aufgebauten Puffer

93 Zum Einsatz von nicht impliziten Puffern enthält das BRSG keine Regeln. Den einzigen legislatorischen Rahmen setzt hier das Gleichbehandlungsgebot von § 138 Abs. 2 VAG, der unmittelbar nur für Direktversicherungen, durch Verweisung aber auch für Pensionskassen und Pensionsfonds gilt (s. § 237 Abs. 1 und § 234 Abs. 1 jeweils i.V.m. § 212 VAG). Freilich lässt das Gleichbehandlungsgebot gerade bei der reinen Beitragszusage einen weiten Spielraum, da keine Leistungen garantiert werden und damit das § 138 Abs. 2 VAG zugrundeliegende Modell der Äquivalenz von Beitrag und Leistung grundsätzlich nicht übertragen werden kann. Mehrere nicht zwangsläufig in Einklang stehende Gerechtigkeitsüberlegungen müssen bei der Verwendung von Puffern austariert werden.

94 Ein Prinzip beruht etwa auf der Vorstellung, dass die Generation, die einen Puffer aufgebaut hat, davon auch profitieren soll. Das entspricht der grundsätzlichen Vorstellung bei der Zuweisung von Überschüssen bei konventionellen Lebensversicherungen. Es hat zum Anspruch auf Auszahlung der Bewertungsreserven in § 153 Abs. 1 VVG geführt[106] und findet seinen Ausdruck im Gebot der Verursachungsorientiertheit der Überschussbeteiligung in § 153 Abs. 2 und 3

103 Vgl. C. Rz. 86.
104 aba und IVS, a.a.O., S. 53.
105 Vgl. C. Rz. 74.
106 S. Langheid/Wandt/*Heiss*, MüKoVVG, 2. Aufl. 2017, § 153 Rn. 6.

VVG.[107] Gegenläufig hierzu kann sich das Prinzip verhalten, dass Puffer dazu dienen sollen, schlechte Kapitalmarktentwicklungen aufzufangen, und dies unabhängig davon sein kann, wer zur Bildung des Puffers beigetragen hat. So kann beispielsweise bei langer positiver Entwicklung des Kapitals gar keine Notwendigkeit entstehen, dass der in dieser Kapitalmarktphase aufgebaute Puffer für die entsprechende Generation von Verträgen verwendet wird, weil die Zielrenten auch ohne Einsatz der Puffer erreicht werden. Ein weiteres Prinzip beruht auf der Vermeidung von Absenkungen der Renten. Hierfür bedarf es immer eines gewissen Puffers. Sind Puffer vollständig aufgebraucht, lassen sich Absenkungen bei ungünstiger Entwicklung des Kapitals nicht vermeiden. Daher wird eine natürliche Tendenz der durchführenden Einrichtungen bestehen, mit Puffern nicht allzu großzügig umzugehen. Sterblichkeitsentwicklungen können zu ähnlichen Zielkonflikten führen. Verlängert sich die Lebenserwartung so, dass die zugrunde gelegten Sterblichkeiten sich als unzureichend erweisen, wäre es ungerecht im Sinne einer abstrakten Gerechtigkeitsvorstellung, wenn die Renten nicht abgesenkt, sondern durch Puffer aufrechterhalten würden. Die Renten sind dann nämlich für einen längeren Zeitraum als erwartet zu zahlen. Rentenkürzungen würden dann auf eine spätere Generation verschoben und könnten bei abgeschmolzenem Puffer umso höher ausfallen. Die Tarifparteien müssen sich solcher Zielkonflikte jedenfalls bewusst sein. Damit dürften Regeln für die Verwendung von Puffern zu den größten aktuariellen Herausforderungen bei reinen Beitragszusagen gehören, unabhängig davon, ob sie abstrakt bei der Einrichtung der Zusage beschrieben werden oder erst konkret im Einzelfall.

IV. Informationspflichten bei reinen Beitragszusagen

Die Tatsache, dass die Versorgungsanwärter und -empfänger das Veränderungs- 95
risiko der Rechnungsgrundlagen tragen, erfordert nach Auffassung des Verordnungsgebers besondere zusätzliche Informationspflichten. Sie sind in § 41 PFAV geregelt. Dabei unterscheidet die Vorschrift zwischen Informationspflichten gegenüber Versorgungsanwärtern in Abs. 1 und Rentenempfängern in Abs. 2. Beide Absätze stellen einleitend klar, dass die Informationspflichten „über die sonstigen verpflichtenden Informationen hinaus“ zu erfüllen sind. Dabei sieht § 41 PFAV besondere Informationspflichten ausschließlich gegenüber den Versorgungsanwärtern und -empfängern vor, lässt mithin die gegenüber den Vertragspartnern der Einrichtungen bestehenden Informationspflichten unverändert.

107 Näher Rüffer/Halbach/Schimikowski/*Brambach*, VVG, 3. Aufl. 2015, § 153 Rn. 57.

96 Gemeinsam ist beiden Absätzen, dass die Informationen kostenlos zur Verfügung zu stellen sind. Dies ist so zu lesen, dass eine gesonderte Vergütung hierfür von den Adressaten nicht erhoben werden darf. Es bedeutet aber nicht, dass die hierfür anfallenden Kosten nicht in die Verwaltungskosten einkalkuliert werden dürften.[108] Eine weitere Gemeinsamkeit besteht darin, dass die Informationen jeweils „mindestens einmal jährlich" zur Verfügung zu stellen sind. Damit ist zum Ende des jeweiligen Jahres grundsätzlich ausreichend. Keine besonderen Informationspflichten enthält das Gesetz allerdings im unmittelbaren zeitlichen Zusammenhang mit dem Übergang in die Rentenzahlung.[109]

97 In welcher Form die Informationen zu erteilen sind, regelt das Gesetz nicht. Wie bei § 144 VAG[110] besteht demnach Formfreiheit, so dass auch Textform möglich ist. § 41 Abs. 1 und Abs. 2 PFAV verlangen, dass die Informationen zur Verfügung zu stellen sind, im Unterschied beispielsweise zur Anforderung in § 7 Abs. 1 S. 1 VVG, die Informationen „mitzuteilen".[111] Für die Informationen gemäß § 41 PFAV sollte es daher genügen, wenn sie in einem Portal eingestellt werden, jedenfalls wenn dies in der Durchführungsvereinbarung vorgesehen ist.

98 Wie bei den Informationen gemäß § 144 VAG auch,[112] sollten – bei entsprechender Grundlage in der Durchführungsvereinbarung – keine Bedenken dagegen bestehen, dass die Informationen dem Arbeitgeber bzw. ggf. einer gemeinsamen Einrichtung als Versicherungsnehmer überlassen werden, der bzw. die sie dann ihrerseits an die Anwärter weiterzugeben verpflichtet ist.

99 Die Kataloge von § 41 Abs. 1 und 2 PFAV stellen gesetzliche Mindestanforderungen dar.[113] Die Parteien der Durchführungsvereinbarung sind nicht gehindert, weitere Informationspflichten zu vereinbaren, wenn sie dies für notwendig oder tunlich halten.

1. Gegenüber Anwärtern (§ 41 Abs. 1 PFAV)

100 Die Informationspflicht des Versorgungsträgers einer reinen Beitragszusage umfasst gegenüber Anwärtern gemäß § 41 Abs. 1 PFAV einen Katalog von vier

---

108 Ebenso Höfer/de Groot/Küpper/Reich/*Höfer*, a.a.O., § 22 Rz. 30 u. Rz. 40.

109 Vgl. C. Rz. 106.

110 Brand/Baroch Castellvi/*Baroch Castellvi*, a.a.O., § 144 Rn. 6.

111 Zum Unterschied dieser beiden Wortlaute s. Langheid/Wandt/*Armbrüster*, MüKoVVG, 2. Aufl. 2016, § 7 Rn. 89.

112 Höfer/de Groot/Küpper/Reich/*Höfer/Reich*, a.a.O., Kap. 13, Rn. 72.

113 Kisters-Kölkes/Linden/Meissner/*Meissner*, a.a.O., S. 139.

Themen. Dabei stehen leistungsbezogene Informationen im Vordergrund. Zunächst geht es um die Angabe der Höhe des planmäßig zuzurechnenden Versorgungskapitals. Soweit individuell zugeordnetes Kapital vorhanden ist, ist in jedem Fall dessen Höhe anzugeben. Es ist in der Verordnung nicht geregelt, wie über kollektives Kapital zu informieren ist. Ein bloßer Hinweis auf dessen Existenz ohne jede Angabe zur Höhe würde dem Informationsbedürfnis freilich nicht gerecht. Soweit kollektives Vermögen ausschließlich den Anwärtern zugeordnet ist, sollte daher jedenfalls eine rechnerische Zuordnung ähnlich wie bei Bewertungsreserven (vgl. § 153 Abs. 3 S. 1 VVG) zu jedem einzelnen Anwärter möglich sein, so dass der entsprechende Betrag als gesonderter Posten ausgewiesen werden kann. Allerdings wird es dann einer deutlichen und verständlichen Erläuterung bedürfen, dass der angegebene Betrag nicht zum individuellen Vermögen des Anwärters gehört, sondern zur Verwendung bei ungünstigen Entwicklungen vorgesehen ist mit der Möglichkeit, dass der konkrete Anwärter davon nicht profitiert. Schwieriger gestaltet sich die Information bei kollektiven Puffern, die zur Verwendung sowohl für Anwärter als auch für Rentner vorgesehen sind.[114] Hier wird sich eine rechnerische Zuordnung verbieten. Sie wäre willkürlich, weil nicht einmal sicher ist, dass das Kollektiv der Anwärter davon überhaupt profitieren wird. Für eine gewisse Orientierung könnte hier eine Information über das Verhältnis zwischen Anwärter- und Rentnervermögen insgesamt und den Puffer geben, ergänzt um die Hinweise, dass dieses Verhältnis Änderungen unterliegt und die Möglichkeit besteht, dass weder der konkrete Anwärter noch das Kollektiv der Anwärter insgesamt davon profitieren.

Zu informieren ist nach § 41 Abs. 1 Nr. 1 PFAV des Weiteren über die Höhe **101**
der lebenslangen Zahlung, die sich aus dem Versorgungskapital ohne weitere Beitragszahlung ergäbe. Zugrunde zu legen ist demnach eine beitragsfreie Rente. Keine Aussage trifft der Gesetzgeber zur Frage, wie diese sog. Zielrente ermittelt werden soll.[115] Wie die tatsächliche Rente wird auch die Zielrente nach versicherungsmathematischen Grundsätzen zu ermitteln sein. Es werden ebenfalls vorsichtige Rechnungsgrundlagen anzusetzen sein. Z.T. wird vorgeschlagen, drei mit unterschiedlichen Zinssätzen berechnete Beträge darzustellen.[116] Dem dürften trotz des Singulars „Höhe der lebenslangen Zahlung“ in § 41 Abs. 1 Nr. 1 PFAV rechtliche Bedenken nicht entgegenstehen. Bei der Zielrente handelt es sich ohnehin nur um eine Orientierungsgröße, die durch drei Szenarien sogar besser veranschaulicht werden kann als durch einen Betrag. Offen ist das für den Renteneintritt zugrunde zu legende Alter. Hier bietet sich das in der für den

114 Vgl. C. Rz. 93.
115 Ebenso Höfer/de Groot/Küpper/Reich/*Höfer*, a.a.O., § 22 Rn. 32.
116 Ebenda, Rn. 31.

jeweiligen Arbeitnehmer nach den getroffenen Vereinbarungen vorgesehene Renteneintrittsalter an. Nicht eindeutig ist der Wortlaut zur Frage, ob die Angabe sich auf die Altersrente beschränken darf oder auch, soweit vorgesehen, Invaliden- oder Hinterbliebenenrenten erfasst sind. Aus dem Singular „lebenslange Zahlung" und „Rentenbeginn" wird man ableiten können, dass eine Rente anzugeben ist. Im Regelfall wird dies die im Vordergrund stehende Altersrente sein. Darüber hinaus ist auch hier zu klären, wie mit kollektivem Vermögen umzugehen ist. Daraus eine konkrete mögliche Rente auszuwerfen erscheint problematisch, weil völlig ungesichert ist, ob für den konkreten Anwärter kollektives Kapital überhaupt zur Verwendung gelangt. Hier wird der Hinweis erforderlich sein, aber auch genügen müssen, dass zur Stabilisierung in einer ungünstigen Kapitalmarktsituation ein kollektiver Puffer möglicherweise herangezogen werden kann. Darüber hinaus verlangt § 41 Abs. 1 Nr. 1 PFAV einen Hinweis darauf, dass die angegebenen Beträge nicht garantiert sind und sich verringern oder erhöhen können. Dies ist dabei sowohl auf die Höhe des Kapitals wie die der beitragsfreien Rente zu beziehen. Es ist ein zentrales Element der Information. Dem Wortlaut „mit dem ausdrücklichen Hinweis, dass" kann man dabei entnehmen, dass die wörtliche Übernahme dieser Formulierung einerseits notwendig, andererseits auch ausreichend ist.

102 § 41 Abs. 1 Nr. 2 PFAV verlangt beitragsbezogene Informationen. Es ist die Höhe der bisher insgesamt und der während des letzten Jahres gezahlten Beiträge anzugeben. Dem Wortlaut nach erfasst dies alle individuell und kollektiv zuzuordnenden Beiträge. Werden dabei aber nicht individualisierte Sicherungsbeiträge nach § 23 Abs. 1 BetrAVG oder andere rein kollektive Zahlungen vom Arbeitgeber geleistet, die nur willkürlich auf den einzelnen Arbeitnehmer heruntergebrochen werden könnten, dann wird deren individuelle Zuordnung eher in die Irre führen als informieren. Es erscheint dann allenfalls die Information sinnvoll, dass ein nicht individualisierter Betrag in anzugebender Höhe für das gesamte Kollektiv geleistet worden ist. Die Angaben ermöglichen dem Arbeitnehmer auch die Kontrolle darüber, ob der Arbeitgeber seiner Verpflichtung aus der Zusage zur Beitragszahlung nachgekommen ist.

103 § 41 Abs. 1 Nr. 3 PFAV verlangt renditebezogene Angaben. Die Angaben sind dabei auf das gesamte Sicherungsvermögen, nicht auf die arbeitnehmerbezogenen Beiträge zu beziehen, und zwar mindestens für die letzten fünf Jahre. Das gesamte Sicherungsvermögen setzt sich aus dem der Anwärter und dem der Rentner zusammen. Es wird nicht zu beanstanden sein, wenn für beide Gruppen gesondert und nur über das der jeweiligen Gruppe zugeordnete Sicherungsvermögen informiert wird. Da zwischen Anwärter- und Rentnervermögen nämlich unterschiedliche Kapitalanlagestrategien mit unterschiedlichen Renditen verfolgt werden können, wäre die Angabe einer Gesamtrendite für beide

Teile des Sicherungsvermögens irreführend, wenn nicht wertlos. Besteht das Sicherungsvermögen noch keine fünf Jahre, können denknotwendigerweise nur Renditen des entsprechenden Zeitraums angegeben werden (vgl. auch Art. 41 Abs. 2 RL (EU) 2016/2341). Besteht das Sicherungsvermögen fünf Jahre oder mehr, ist der Anwärter aber weniger als fünf Jahre Mitglied, muss nach dem insoweit einschränkungslosen Wortlaut ebenfalls die Rendite der letzten fünf Jahre angegeben werden. Puffer sind als Teil des Sicherungsvermögens mit einzubeziehen. Beziehen sie sich auf Anwärter und Rentner, ist jede Zuordnung einer Rendite zu einer der beiden Gruppen willkürlich. Es ist nämlich nicht prognostizierbar, in welchem Umfang der Puffer für welche Gruppe in der Zukunft verwendet werden wird. Daher erscheint es sachgerecht, die Rendite solcher Puffer insgesamt gesondert auszuweisen.

In jedem Fall wird es sich um die Rendite pro Jahr, nicht um die Gesamt- **104**
rendite während der fünf Jahre handeln müssen. Letztere kann freilich ebenfalls angegeben werden. Die Bezugnahme auf das Sicherungsvermögen, das nach § 244c Abs. 1 Nr. 1 lediglich von Pensionsfonds zu bilden ist, kann nicht so verstanden werden, dass Pensionskassen und andere Lebensversicherungsunternehmen keine Angaben zu machen hätten, weil sie nach § 244c Nr. 2 VAG Anlagestöcke bilden müssen. § 41 Abs. 1 Nr. 3 PFAV nimmt nämlich § 244c VAG ohne Einschränkung in Bezug, der seinerseits mit „Sicherungsvermögen" überschrieben ist.[117] Die Rendite auf das Sicherungsvermögen vermittelt dem Anwärter kein zuverlässiges Bild über die Rendite ihm zugeordneter individueller Vermögenswerte. Sie kann sowohl höher als auch niedriger sein als die Rendite des Sicherungsvermögens. Insoweit wäre möglicherweise eine Nachjustierung de lege ferenda angezeigt. Auch hier ist freilich eine freiwillige Angabe der durchführenden Einrichtung zulässig.

§ 41 Abs. 1 Nr. 4 PFAV schließlich verpflichtet zu Informationen über Wahl- **105**
rechte des Anwärters während der Anwartschaftsphase oder bei Rentenbeginn. Dem Gesetzgeber standen dabei gesetzliche und aus den zugrunde liegenden Vereinbarungen bestehende Wahlrechte vor Augen, allerdings ohne deren Inhalte näher zu präzisieren.[118] Bei den gesetzlichen Wahlrechten wird es sich hier insbesondere um die Portabilität nach Beendigung des Arbeitsverhältnisses gemäß § 22 Abs. 3 Nr. 1 BetrAVG oder die Möglichkeiten eines vorzeitigen Renteneintritts handeln. Bei vereinbarten Wahlrechten könnte etwa der Verzicht auf Hinterbliebenen- oder Invaliditätsabsicherung oder die Bestimmung von Bezugsrechten für Hinterbliebene angeführt werden.[119]

117 Im Ergebnis ebenso Höfer/de Groot/Küpper/Reich/*Höfer*, a.a.O., § 22 Rn. 35.
118 BT-Drucks. 18/11286, S. 58.
119 Höfer/de Groot/Küpper/Reich/*Höfer*, a.a.O., § 22 Rn. 16, 37.

2. Gegenüber Leistungsempfängern (§ 41 Abs. 2 PFAV)

106 Bei den speziellen Informationspflichten gegenüber Rentenempfängern nach § 41 Abs. 2 PFAV stehen die Möglichkeit schwankender Renten sowie der zugrundeliegende Anpassungsmechanismus im Mittelpunkt.

107 Nach § 41 Abs. 2 Nr. 1 PFAV ist über die allgemeinen Regelungen zur Anpassung der Höhe der lebenslangen Leistungen zu informieren. Invaliditäts- bzw. Hinterbliebenenleistungen, die auch als abgekürzte, also nicht-lebenslange Leistungen vorgesehen sein können,[120] sind durch das Adjektiv „lebenslang" nicht ausgeschlossen. Für sie besteht dasselbe Informationsbedürfnis wie für Altersrenten. Unter den allgemeinen Regelungen wird man die Regelungen zu verstehen haben, die dem jeweiligen Versorgungssystem zugrunde liegen. Enthält es keine von dem Anpassungsmechanismus des § 38 PFAV abweichenden Regeln, sind diese zu beschreiben. Bestehen Sonderregeln, wie etwa ein schmalerer Korridor beim Kapitaldeckungsgrad, ist darüber zu informieren. Spezielle Regeln, die zum Zug kommen können, wie etwa ein Moratorium in den ersten Jahren nach Renteneintritt, sind nicht Gegenstand der Information. In derselben Weise wie nach § 41 Abs. 1 Nr. 1 PFAV gegenüber Anwärtern ist darauf hinzuweisen, dass die Leistungen nicht garantiert sind und sich während der Rentenzahlungszeit verringern und erhöhen können.[121] Nr. 2 verlangt die Angabe über die Höhe des zuletzt ermittelten Kapitaldeckungsgrades; Nr. 3 eine Einschätzung der durchführenden Einrichtung darüber, ob und ggf. wann mit einer Anpassung zu rechnen ist. Im Hinblick auf das Adjektiv „lebenslangen" gilt dasselbe wie vorstehend ausgeführt. Bei der Frage, ob mit einer Anpassung zu rechnen ist, kann seriöserweise nur ein begrenzter Zeitraum überblickt werden. Ist für den Zeitraum nach Einschätzung der Einrichtung nicht mit einer Anpassung zu rechnen, erscheint es notwendig, dass der Zeitraum angegeben wird und für die Zeit danach mitgeteilt wird, dass eine seriöse Einschätzung nicht möglich ist.

3. Informationspflichten aus anderen Richtlinien, Gesetzen und Verordnungen

108 Neben diesen speziellen Informationspflichten für reine Beitragszusagen bleiben die allgemeinen Informationspflichten aus anderen Regelungskomplexen bestehen. Dies stellt § 41 Abs. 1 PFAV einleitend klar. Dabei handelt es sich aber nicht um ein systematisches Konzept, sondern der Gesetzgeber hat ein ganzes Geflecht

120 Vgl. C. Rz. 32.
121 Vgl. C. Rz. 73.

an Vorschriften geschaffen, dem eine gewisse Zufälligkeit anhaftet und das immer noch nicht zum Abschluss gekommen ist.[122] Teilweise kommt es daher auch zu Überschneidungen.[123] Dabei richten sich die Anforderungen an die Informationspflichten nach unterschiedlichen Kategorien; dies sind insbesondere die Adressaten, die Anbieter- sowie die Vertragskategorie. Die gesetzlichen Grundlagen finden sich im BetrAVG, im VAG, im VVG und in der VVG-InfoV, sowie im AltZertG und in der AltVPIBV. Künftig kommen noch Regelungen aus der bis zum 13.1.2019 umzusetzenden RL (EU) 2016/2341 (sog. EbAV II-RL)[124] hinzu.[125] Nachstehend soll der Versuch einer Systematisierung unternommen werden. Weitere Einzelheiten lassen sich den jeweiligen Veröffentlichungen entnehmen.[126]

a) § 4a BetrAVG

§ 4a BetrAVG bestimmt, dass der Arbeitgeber oder der Versorgungsträger auf Verlangen des Arbeitnehmers oder eines sonstigen Berechtigten mitzuteilen hat, ob und wie eine Anwartschaft auf eine betriebliche Versorgung erworben wird, wie hoch der Anspruch auf betriebliche Altersversorgung aus der bisher erworbenen Anwartschaft ist, wie hoch sie bei Erreichen der in der Versorgungsregelung vorgesehenen Altersgrenze voraussichtlich sein wird, wie sich eine Beendigung des Arbeitsverhältnisses auf die Anwartschaft auswirkt und wie sich die Anwartschaft nach einer Beendigung des Arbeitsverhältnisses entwickeln wird. 109

Diese Regeln gelten in vollem Umfang auch für eine reine Beitragszusage.[127] 110
Dabei werden die in die Zukunft weisenden Angaben mit denselben Vorbehalten zu versehen sein, die § 41 PFAV für solche Angaben verlangt.[128]

b) § 144 VAG

Grundsätzlich ist § 144 VAG die zentrale Vorschrift für Informationspflichten 111
in der betrieblichen Altersversorgung gegenüber Versorgungsanwärtern und

122 Vgl. C. Rz. 130.

123 Weiter hierzu Höfer/de Groot/Küpper/Reich/*Höfer*, a.a.O., § 23 Rn. 73 ff.

124 S. hierzu BR-Drs. 428/18.

125 Keine Rolle spielen hier Informationspflichten aus der VO (EU) 1286/2014 (sog. PRIIP-VO). Aus ihrem Anwendungsbereich sind Verträge der betrieblichen Altersversorgung ausdrücklich ausgenommen (s. Art. 2 Abs. 2 lit. e VO (EU) 1286/2014).

126 Höfer/de Groot/Küpper/Reich/*Höfer*/*Reich*, a.a.O., Kap. 13, Rn. 72; *Reinicke*, NZA 2015, 1153 ff.; *Herdter*, Der Gruppenversicherungsvertrag, 2010, S. 105 ff.

127 Kisters-Kölkes/Linden/Meissner/*Meissner*, a.a.O., S. 88.

128 Vgl. C. Rz. 100.

-empfängern. Deren uneingeschränkte Geltung wird für reine Beitragszusagen jedoch in Zweifel gezogen, wenn der Verordnungsgeber speziell für reine Beitragszusagen eine Rechtsverordnung nach § 244d VAG erlassen hat.[129] Wird eine Rechtsverordnung auf dieser Grundlage erlassen, dann soll nach dieser Auffassung § 144 VAG wohl in keinem Fall anzuwenden sein, da die Verordnungsermächtigung ausweislich § 244d S. 1 Nr. 3 VAG auch die Regelung von Informationspflichten im Falle einer reinen Beitragszusage umfasst. Und genau dies ist mit § 41 PFAV für die *laufenden Informationspflichten* geschehen.

112 Dennoch dürfte ein solches restriktives Verständnis angesichts der tatsächlich neu in die PFAV aufgenommenen Informationspflichten in ihrer gegenwärtigen Fassung zu weit gehen. Denn § 244a Abs. 2 VAG soll für die durchführenden Einrichtungen nur insoweit gelten, wie Teil 4a VAG nichts Abweichendes regelt. Hierbei fällt auf, dass § 144 VAG im Unterschied zur PFAV ausführliche Informationspflichten für die Situation *vor Beginn des Vertrages* enthält.

113 Demnach kann man nicht davon ausgehen, dass § 41 PFAV die Informationspflichten vollständig regelt. Vielmehr wird man § 144 VAG nur teilweise als verdrängt ansehen können. Das Ergebnis lässt sich auch auf den Wortlaut von § 41 Abs. 1 PFAV stützen. Danach gelten die dortigen Informationspflichten über die „sonstigen verpflichtenden Informationen hinaus". Unmittelbar gilt § 144 VAG nur für Lebensversicherungsunternehmen. Durch Verweisung gilt die Vorschrift gemäß § 234 Abs. 1 i.V.m. § 212 Abs. 1 VAG auch für Pensionskassen und gemäß § 237 Abs. 1 S. 1 i.V.m. § 212 Abs. 1 VAG auch für Pensionsfonds. Die Anpassung in § 234 Abs. 3 S. 1 Nr. 7 VAG, wonach § 144 VAG für Versorgungsanwärter und -empfänger auch gilt, wenn sie Versicherungsnehmer (geworden) sind, ist lediglich deklaratorischer Natur, weil die Arbeitnehmer den Status als Versorgungsanwärter bzw. -empfänger dann nicht verlieren.

114 Ähnlich verhält es sich mit § 234 Abs. 3 Nr. 9 VAG, wonach der Arbeitnehmer die Informationen gemäß § 144 VAG erhält. Von besonderer Bedeutung für das Konzept der Zielrente ist in diesem Zusammenhang § 144 Abs. 1 S. 1 Nr. 2 lit. b aa VAG. Danach ist jährlich über die voraussichtliche Höhe der Leistungen zu informieren. Bis zum Rentenübergang bedarf das Verhältnis zu § 41 Abs. 1 Nr. 1 PFAV der Klärung. Danach ist die – mit allen erforderlichen Vorbehalten in Aussicht gestellte – voraussichtliche Rente bei unterstellter Beitragsfreiheit anzugeben.[130] Eine besondere Informationspflicht über die Höhe der Rente zum Zeitpunkt des tatsächlichen Rentenübergangs sieht § 41 PFAV nicht vor. Eine solche Pflicht lässt sich aber ohne Weiteres auf § 144 Abs. 1 S. 1 Nr. 2 lit. b aa VAG stützen. Darüber hinaus würde sich aus dieser Vorschrift eine Verpflich-

129 Kisters-Kölkes u.a., a.a.O., S. 88.
130 Vgl. C. Rz. 100.

tung der durchführenden Einrichtung zur Angabe der voraussichtlichen Rente bei Fortführung der Beitragszahlung ergeben. Es ist fraglich, ob § 41 Abs. 1 Nr. 1 PFAV als spezielle Regelung diese Anforderung verdrängt oder die Information ergänzend zu erteilen ist. Dem Wortlaut nach ist von Ergänzung auszugehen. Die speziellen Informationen nach § 41 PFAV sind nämlich „über die sonstigen verpflichtenden Informationen hinaus" zur Verfügung zu stellen. Man darf sich aber durchaus fragen, ob eine solche Hochrechnung einen sinnvollen Zweck verfolgen kann. Je weiter der Rentenbeginn in der Zukunft liegt, umso weniger aussagekräftig ist nämlich die Angabe der voraussichtlichen Rente bei Fortführung der Beitragszahlung, weil sie von mehreren gänzlich Unbekannten abhängt, nämlich der tatsächlichen Fortführung der Beitragszahlung selbst, der Entwicklung des Kapitals und von den in der Zukunft zugrunde gelegten Rechnungsgrundlagen. Der Wert einer solchen Angabe ist daher sehr gering. De lege lata ist aber angesichts des nicht auslegungsfähigen Wortlauts an der Information festzuhalten.

c) VVG und VVG-InfoV

Im Hinblick auf die Informationspflichten ergibt sich für Pensionskassen und andere Lebensversicherungsunternehmen aus der Geltung des VVG, dass sie keine Modellrechnung nach §154 VVG vor Abschluss des Vertrages erstellen müssen. Eine solche Modellrechnung muss nach §154 Abs. 1 S. 1 VVG vorgelegt werden, wenn bezifferte Angaben über die vertraglich garantierten Leistungen hinaus gemacht werden. Wegen des Garantieverbots bei reinen Beitragszusagen (§§ 244b Abs. 1 Nr. 1 VAG, 22 Abs. 1 S. 2 BetrAVG), gibt es keinen Raum für die Darstellung von Leistungen, die über die garantierten Leistungen hinausgehen.[131] 115

Weitere Informationspflichten ergeben sich aus § 155 VVG. Nach der bis zum 30. Juni 2018 geltenden Fassung musste der Versicherer bei Versicherungen mit Überschussbeteiligung jährlich in Textform über die Entwicklung der Ansprüche des Versicherungsnehmers unter Einbeziehung der Überschussbeteiligung informieren. Dabei hatte er außerdem auf Abweichungen der tatsächlichen Entwicklung von den anfänglichen Angaben hinzuweisen. Nach der ab dem 1. Juli 2018 geltenden Fassung[132] hat der Versicherer bei den betroffenen Lebensversicherungsverträgen gemäß § 155 Abs. 1 S. 3 Nrn. 1-5 VVG noch wesentlich mehr anzugeben: 116

131 Ebenso aba und IVS, a.a.O., S. 85.

132 Vgl. Gesetz zur Umsetzung der Richtlinie (EU) 2016/97 des Europäischen Parlaments und des Rates vom 20. Januar 2016 über Versicherungsvertrieb* und zur Änderung weiterer Gesetze vom 20. Juli 2017, BGBl. 2017 I S. 2789 (2802).

- die vereinbarte Leistung bei Eintritt eines Versicherungsfalles zuzüglich Überschussbeteiligung zu dem in der Standmitteilung bezeichneten maßgeblichen Zeitpunkt;
- die vereinbarte Leistung zuzüglich garantierter Überschussbeteiligung bei Ablauf des Vertrags oder bei Rentenbeginn unter der Voraussetzung einer unveränderten Vertragsfortführung;
- die vereinbarte Leistung zuzüglich garantierter Überschussbeteiligung zum Ablauf des Vertrags oder zum Rentenbeginn unter der Voraussetzung einer prämienfreien Versicherung;
- den Auszahlungsbetrag bei Kündigung des Versicherungsnehmers;
- die Summe der gezahlten Prämien bei Verträgen, die ab dem 1. Juli 2018 abgeschlossen werden; im Übrigen kann über die Summe der gezahlten Prämien in Textform Auskunft verlangt werden.

117 Unabhängig davon, welche Angaben auf reine Beitragszusagen zutreffen können, ist jedoch fraglich, ob § 155 VVG bei diesen überhaupt anwendbar ist, denn die Vorschrift geht von einer Lebensversicherung aus, wie sie den §§ 150 ff. VVG zugrunde liegt, also eine Lebensversicherung mit fest definierter Leistung. Es erscheint offensichtlich, dass die reine Beitragszusage hier nicht im Fokus stand, § 155 VVG somit die reinen Beitragszusagen nicht erfassen sollte.[133] Hierfür sprechen auch die nachstehenden Argumente:

118 Beide Gesetzgebungsverfahren, nämlich zum einen für das Betriebsrentenstärkungsgesetz, durch das die reine Beitragszusage eingeführt wurde, und zum anderen für das Gesetz zur Umsetzung der genannten EU-Richtlinie, die auch § 155 VVG änderte, haben zeitlich parallel stattgefunden. So beruht die Änderung von § 155 VVG auf einem Gesetz vom 20. Juli 2017,[134] die Einführung der reinen Beitragszusage auf dem Betriebsrentenstärkungsgesetz vom 17. August 2017.[135] Es ist unwahrscheinlich, dass die Überschneidung angesichts der ähnlichen Regelungsgegenstände einfach „übersehen“ wurde.

119 Dies umso mehr, als § 41 Abs. 1 Nr. 2 PFAV den Versorgungsträger zur Information über die bislang eingezahlten Beiträge verpflichtet – was § 155 Abs. 1 S. 3 Nr. 5 VVG n.F. ebenfalls verlangt. Wäre der Gesetzgeber davon ausgegangen, dass § 155 VVG auch für Verträge gilt, mit denen eine reine Beitragszusage durchgeführt wird, dann hätte er dies ohne Weiteres regeln können, indem er die entsprechende Anwendung auf Pensionsfonds angeordnet hätte. Die Wiederholung der inhaltsgleichen Anordnung in der PFAV wäre unterblieben.

133 A.A. aba und IVS, a.a.O., S. 86.

134 BGBl 2017, I S. 2789.

135 BGBl 2017, I S. 3214.

Eine weitere Informationspflicht ergibt sich aus § 166 Abs. 4 VVG. Danach hat bei einer im Rahmen der betrieblichen Altersversorgung abgeschlossenen Lebensversicherung der Versicherer den Arbeitnehmer über den Beitragsverzug des Arbeitgebers zu informieren. Nach dem Wortlaut gilt die Vorschrift auch für reine Beitragszusagen. Dies gilt auch für den damit verfolgten Zweck.[136] Der Wortlaut von § 166 Abs. 4 VVG greift jedoch dann nicht mehr, wenn der Versicherungsnehmer eine gemeinsame Einrichtung ist, wie § 23 Abs. 4 BetrAVG es zulässt, wenn die reine Beitragszusage über eine Direktversicherung, d.h. über einen anderen Lebensversicherer als eine Pensionskasse (vgl. § 1 Abs. 2 Nr. 2a BetrAVG), durchgeführt wird. Die gemeinsame Einrichtung ist nämlich nicht der Arbeitgeber der versicherten Person. Allerdings lässt sich die Verpflichtung zur Information des Arbeitnehmers dennoch ohne Weiteres begründen. Nach § 21 Abs. 4 BetrAVG tritt die gemeinsame Einrichtung nämlich lediglich „an die Stelle des Arbeitgebers". Für Zwecke des § 166 Abs. 4 VVG ist dies sinngemäß identisch zu beurteilen. Die gemeinsame Einrichtung tritt nach dieser Formulierung ebenfalls an die Stelle des Arbeitgebers, so dass der Versicherer beim Zahlungsverzug der gemeinsamen Einrichtung zur Information gegenüber der versicherten Person verpflichtet ist. 120

Eine wichtige Besonderheit ist bei Pensionsfonds zu beachten. Denn für sie gilt das VVG nach der Auffassung des Gesetzgebers nicht. Er begründet dies damit, dass es sich bei Pensionsfonds nicht um Versicherungsunternehmen handele.[137] Dies erstreckt sich dann auch auf die auf dem VVG beruhende VVG-InfoV. Davon ausgehend unterliegen Pensionsfonds nicht den Informationspflichten aus dem VVG und der VVG-InfoV, und zwar auch nicht, soweit sie reine Beitragszusagen durchführen. 121

Man könnte diese Sichtweise für die reine Beitragszusage hinterfragen, denn aus § 244b Abs. 2 VAG lässt sich ableiten, dass der Gesetzgeber die reine Beitragszusage als fondsgebundene Versicherung betrachtet. Nach der Vorschrift bedürfen Pensionskassen und andere Lebensversicherungsunternehmen für die Durchführung reiner Beitragszusagen der Erlaubnis für das Betreiben der Sparte „Fondsgebundene Lebensversicherung". Aber mit dieser Regelung hat der Gesetzgeber das Ergebnis zusätzlich zementiert. Pensionsfonds bedürfen der Erlaubnis für diese Sparte danach nämlich gerade nicht. Soweit sie reine Beitragszusagen durchführen, ist die Erlaubnis nach Anlage 2 Nr. 24 zum VAG für das Betreiben von Pensionsfondsgeschäften ausreichend. 122

---

136 Ebenso aba und IVS, a.a.O., S. 86, ohne allerdings zu berücksichtigen, dass das VVG für Pensionsfonds nicht gilt.

137 S. BT-Drucks. 16/3945, S. 116 linke Spalte u. S. 121 rechte Spalte; zum Meinungsstand in der Literatur hierzu s. Brand/Baroch Castellvi/*Baroch Castellvi*, a.a.O., vor §§ 236 ff. Rn. 4.

123 Da reine Beitragszusagen nach dem Willen des Gesetzgebers unabhängig davon, ob sie von einem Lebensversicherungsunternehmen (Direktversicherung), einer Pensionskasse oder einem Pensionsfonds durchgeführt werden, so weit wie möglich den gleichen Rahmenbedingungen unterliegen sollen, verwundert dieses Ergebnis. Denn für die beiden erstgenannten gilt das VVG, für den Pensionsfonds hingegen nicht.[138] Hier besteht eine gewisse Inkonsistenz, die möglicherweise erst dann beseitigt wird, wenn eines Tages die Gesamtheit der Regelungen für den Pensionsfonds außerhalb des Versicherungsaufsichts- und -vertragsrechts erfolgen sollte. Aber auch ohne die Information nach § 166 Abs. 4 VVG kann der Arbeitnehmer im Falle einer Pensionsfondsversorgung aus der jährlichen Information über die für ihn gezahlten Beiträge gemäß § 41 Abs. 1 Nr. 2 PFAV feststellen, ob der Arbeitgeber seiner arbeitsrechtlichen Zusage nachgekommen ist und die Beiträge auch tatsächlich gezahlt hat.

124 In einem vom OLG Düsseldorf entschiedenen Fall hat das Gericht bei einer Direktversicherung mit unwiderruflichem Bezugsrecht eine Verpflichtung des Versicherers zur Information des Arbeitnehmers über einen Beitragsverzug des Arbeitgebers bejaht. Der erkennende Senat sah besondere Schutz- und Obhutspflichten des Versicherers gegenüber dem Arbeitnehmer.[139] Diese Entscheidung dürfte für die spätere Schaffung von § 166 Abs. 4 VVG durch das am 1.1.2008 in Kraft getretene Versicherungsvertragsgesetz Pate gestanden haben, wenngleich die Gesetzesbegründung darauf nicht ausdrücklich rekurriert.[140] Gerade aber weil der Gesetzgeber mit der Reform des VVG im Jahr 2008 diese Regelung geschaffen hat und dabei in der Gesetzesbegründung zugleich mehrfach zum Ausdruck gebracht hat, dass das VVG für Pensionsfonds nicht gelte,[141] scheidet eine analoge Anwendung von § 166 Abs. 4 VVG auf Pensionsfonds aus. Denn eine Gesetzesanalogie setzt eine *planwidrige* Gesetzeslücke voraus. Die Gesestzesmaterialen zum VVG legen indes nahe, dass hier gerade *keine* planwidrige Lücke vorliegt, sondern eine Ausdehnung der Vorschrift auf den Pensionsfonds in Ansehung der Thematik unterblieb.

125 Es ist daher bei Verwendung eines Pensionsfonds für das tarifvertragliche Versorgungsmodell sinnvoll, wenn die Tarifparteien eine dem § 166 Abs. 4 VVG entsprechende Regelung im Tarifvertrag vorsehen.

126 Die Informationspflichten aus der VVG-InfoV gelten auch für Verträge der betrieblichen Altersversorgung, mit Ausnahme von Pensionsfonds.[142] Sie beste-

---

138 A.A. Kisters-Kölkes/Linden/Meissner/*Meissner*, a.a.O., S. 141.

139 OLG Düsseldorf, Urt. v. 17.12.2002 Az. 4 U 78/02, r+s 2005, 74.

140 BT-Drucks. 16/3945, S. 101.

141 S. BT-Drucks. 16/3945, S. 116 linke Spalte und S. 121 rechte Spalte.

142 Vgl. *Reinicke*, NZA 2015, 1153 (1154).

hen grundsätzlich gegenüber dem Versicherungsnehmer.[143] Dies ergibt sich aus dem Wortlaut von § 7 Abs. 1 S. 1 VVG sowie systematisch aus der Gegenüberstellung zu § 144 VAG, der Informationspflichten auch bei Beginn des Versorgungsverhältnisses gegenüber Versorgungsanwärtern regelt. Von einer planwidrigen Gesetzeslücke, die eine analoge Anwendung der Informationspflichten gegenüber den Arbeitnehmern rechtfertigen könnte, kann daher auch an dieser Stelle nicht ausgegangen werden.[144] Tritt gem. § 21 Abs. 4 BetrAVG eine gemeinsame Einrichtung als Versicherungsnehmer an die Stelle des Arbeitgebers, sind die Informationspflichten daher ihr gegenüber zu erfüllen.

Nichtsdestotrotz besteht ein Informationsbedürfnis auch des Arbeitnehmers. **127**
Und es bleibt wegen der Vorgaben in § 144 VAG auch nicht vollständig unbefriedigt. Diese Vorgaben überschneiden sich in weiten Teilen mit denen der VVG-InfoV. Dennoch existiert insbesondere bei der Entgeltumwandlung, bei der der Arbeitnehmer auf die Auszahlung von Gehalt verzichtet, ein Bedürfnis nach möglichst umfassender Information. Er hat dann umso mehr ein Interesse daran zu erfahren, was mit seinem Gehaltsbestandteil geschieht. Allerdings verpflichtet § 144 VAG anders als § 2 Abs. 1 Nr. 1 und 2 VVG-InfoV nicht zur Offenlegung von Kosten.[145]

Rechtssystematisch ist die Aufklärungs- und Informationspflicht nach der **128**
VVG-InfoV im Rechtsverhältnis zwischen Arbeitgeber und Arbeitnehmer angesiedelt. Es hängt demnach, wie in allen Fällen, in denen Versicherungsnehmer und versicherte Person verschieden sind, vom Grundverhältnis zwischen diesen beiden ab, in welchem Umfang die Informationen, die dem Versicherungsnehmer gegenüber abzugeben sind, an die versicherte Person weiterzureichen sind.[146] Arbeitgeber sind daher gut beraten, die Arbeitnehmer über die Kosten der reinen Beitragszusage zu informieren, soweit sie sich auf Beiträge oder Erträge auswirken.

---

143 *Reinicke*, a.a.O., S. 1159; ebenso generell für den Fall, dass Versicherungsnehmer und versicherte Person nicht identisch sind *Herdter*, Der Gruppenversicherungsvertrag, 2010, S. 100 f. und speziell für die betriebliche Altersversorgung S. 109.

144 Zutreffend *Reinicke*, a.a.O., S. 1155.

145 Für Versorgungssysteme, bei denen keine Höhe der Leistungen vorgeschrieben ist, also etwa auch die reine Beitragszusage, gebietet IORP II ab dem 13.1.2019 eine Information der Versorgungsanwärter und -empfänger über die Struktur der Kosten (s. Art. 37 Abs. 1 lit. h RL (EU) 2016/2341).

146 Ähnliche Konstellationen ergeben sich etwa bei Gruppenversicherungsverträgen in der Restschuldversicherung oder in der Kreditkartenversicherung, wenn die Bank Versicherungsnehmer ist, s. hierzu *Schimikowski*, FS Wälder, 2009, 51, 60 f. sowie die gesetzliche Neuregelung in § 7d VVG der allerdings im Hinblick auf die Adressaten der Informationspflichten differenziert; zur Überlagerung durch aufsichtsrechtlich begründete Informationspflichten durch das Rundschreiben 3/94 s. *Herdter*, Der Gruppenversicherungsvertrag, 2010, S. 117 ff.

d) AltZertG, AltVPIBV[147]

129 Für Riester-Verträge zur betrieblichen Altersversorgung stellt sich die Frage, ob auf sie die besonderen Informationspflichten des AltZertG und der AltvPIBV[148] anzuwenden sind. Dies ist nicht der Fall. Die AltVPIBV dient nach § 6 S. 1 AltZertG der Konkretisierung des in § 7 Abs. 1 AltZertG vorgesehenen Produktinformationsblatts für zertifizierte Altersvorsorgeverträge. § 7 AltZertG selbst sieht für zertifizierte Altersvorsorgeverträge darüber hinaus weitere Informationspflichten vor. Riesterverträge zur betrieblichen Altersversorgung bedürfen jedoch nicht der Zertifizierung nach dem AltZertG,[149] so dass die speziellen Informationspflichten für zertifizierte Riester-Verträge für sie nicht gelten.

e) EbAV-II Richtlinie (RL (EU) 2016/2341)

130 Die bis spätestens zum 19.1.2019 in deutsches Recht zu transformierende sog. EbAV II-Richtlinie sieht in den Art. 38ff. Informationspflichten für Einrichtungen der betrieblichen Altersversorgung vor. Sie entsprechen teilweise bereits bestehenden Informationspflichten aus anderen Regelungen, schaffen aber auch zusätzliche, neue Anforderungen. Hierdurch wird für die Praxis eine weitere Komplexität geschaffen, weil diese Informationspflichten bezogen auf die reine Beitragszusage lediglich für Pensionsfonds und Pensionskassen, nicht für andere Lebensversicherungsunternehmen gelten. Es bleibt abzuwarten, ob der deutsche Gesetzgeber sie – gerade wegen der reinen Beitragszusage – auch auf letztere erstreckt.[150] Europarechtlich bestünden hiergegen keine Bedenken, weil Art. 4 Abs. 1 S. 1 RL (EU) 2016/2341 ausdrücklich auch die Erstreckung auf der RL 2009/138/EG (Solvency II-RL) unterliegende Unternehmen, mithin also andere Lebensversicherer als Pensionskassen, zulässt. Dabei verlangt Art. 4 UAbs. 1 S. 2 RL (EU) 2016/2341, dass in diesem Fall ein separater Abrechnungsverband für die entsprechenden Verträge geschaffen wird. Damit wäre die Umsetzung der Informationspflichten für die reine Beitragszusage, soweit sie von anderen Lebensversicherungsunternehmen als Pensionskassen durchgeführt werden, ohne Weiteres möglich, würde allerdings die Unübersichtlichkeit der Informationspflichten in der betrieblichen Altersversorgung weiter erhöhen.

---

147 Altersvorsorgeverträge-Zertifizierungsgesetz (AltZertG) vom 26. Juni 2001 (BGBl. I S. 1310, 1322), zuletzt geändert durch Artikel 2 Absatz 8 des Gesetzes vom 1. April 2015 (BGBl. I S. 434) und Altersvorsorge-ProduktInformationsblattverordnung vom 27. Juli 2015 (BGBl. I S. 1413), zuletzt geändert durch Artikel 12 der Verordnung vom 12. Juli 2017 (BGBl. I S. 2360).

148 Altersvorsorge-Produktinformationsblattverordnung, a.a.O.

149 S.o. A. Rz. 126.

150 Der gegenwärtige Entwurf sieht eine Vereinheitlichung vor, s. BR-Drs. 428/18, S. 5.

V. Versicherungsaufsicht und reine Beitragszusagen

1. Allgemeine Aufsichtsbefugnisse

Alle drei als durchführende Einrichtung zugelassenen Unternehmensarten – Pensionsfonds, Pensionskasse und andere Lebensversicherungsunternehmen – unterliegen, soweit sie ihren Sitz in Deutschland haben, in ihrer gesamten Geschäftstätigkeit dem VAG und damit der Beaufsichtigung durch die Bundesanstalt für Finanzdienstleistungsaufsicht. Für Pensionsfonds ergibt sich dies aus § 1 Abs. 1 Nr. 5 VAG und für Pensionskassen und andere LVU aus § 1 Abs. 1 Nr. 1 i.V.m. § 7 Nr. 33 VAG. Damit sind sie alle den allgemeinen Aufsichtsbefugnissen des VAG unterworfen. Darüber hinaus sieht das VAG für jede der drei Unternehmensarten Sonderregeln vor, für Pensionsfonds in den §§ 236ff. VAG, für Pensionskassen in den §§ 232ff. VAG und für andere Lebensversicherungsunternehmen in den §§ 138ff. VAG. Dabei gelten die §§ 138ff. VAG durch Verweisung jedenfalls in weiten Teilen unverändert auch für Pensionsfonds und Pensionskassen (s. § 237 Abs. 1 S. 1 i.V.m. § 212 bzw. § 234 i.V.m. § 212 VAG). 131

2. Spezifische Regelungen für reine Beitragszusagen

§ 42 PFAV sieht spezifische Informationspflichten gegenüber der Aufsichtsbehörde vor, wenn eine Einrichtung reine Beitragszusagen durchführt. Wie bei allen anderen Berichts- oder Informationspflichten erhält die Aufsicht dadurch zum einen Anspruch auf diese Informationen zum anderen die Möglichkeit, sie auszuwerten. Werden die Pflichten nicht erfüllt, so kann die Aufsichtsbehörde sie mit den allgemeinen Mitteln durchsetzen. Die Nichterfüllung stellt einen Missstand nach § 298 Abs. 1 S. 2 VAG dar, der die Aufsichtsbehörde nach § 298 Abs. 1 S. 1 VAG zur Anordnung der geeigneten und erforderlichen Maßnahmen zur Beseitigung berechtigt. In der Regel wird das eine Anordnung zur Bereitstellung der Informationen sein. Bei hartnäckiger Weigerung sind gegen die Verantwortlichen auch Maßnahmen gemäß § 303 VAG – Verwarnung, ggf. Abberufung – möglich. Für die Erteilung der Informationen gilt die allgemeine Vorschrift des § 43 Abs. 2 VAG. Danach müssen die Informationen „vollständig, aktuell und genau sein“. Insoweit ergibt sich demnach bei den nach § 42 PFAV beizubringenden Informationen keine strukturelle Änderung gegenüber bisherigen Informationspflichten. 132

Allerdings spiegelt sich beim *Inhalt* der Informationen der Paradigmenwechsel durch die reine Beitragszusage wider. Die vereinfachte Kontrolle der Aufsichtsbehörde über die Leistungsseite durch institutionalisierte produktbe- 133 zogene Informationspflichten aus § 42 PFAV gegenüber der Aufsichtsbehörde lässt sich nämlich auch als Kompensation des entfallenden arbeitsrechtlichen Schutzes durch die Subsidiärhaftung des Arbeitgebers interpretieren.

a) Vorlagepflichten

134 § 42 Abs. 1 PFAV normiert Informationspflichten der durchführenden Einrichtung bei *Einrichtung* einer reinen Beitragszusage, § 42 Abs. 2 PFAV enthält Informationspflichten während der *Laufzeit*. „Bei Einrichtung" bedeutet nach § 42 Abs. 1 PFAV die Vorlage der Vereinbarung zur Durchführung der reinen Beitragszusage unverzüglich nach Abschluss. Es findet demnach keine Vorabkontrolle statt. Vielmehr dürfen die entsprechenden Vereinbarungen abgeschlossen werden, ohne dass die Aufsichtsbehörde darüber informiert werden muss. Allerdings erscheint es jedenfalls in der Anfangsphase der Einrichtung von reinen Beitragszusagen zweckmäßig, vor deren Abschluss das Gespräch mit der Aufsichtsbehörde zu suchen. Werden ohne dieses Gespräch Verträge abgeschlossen, besteht die Gefahr, dass die Aufsichtsbehörde nach deren Abschluss Korrekturen verlangt, weil sie bestimmte Teile der Vereinbarungen für aufsichtsrechtswidrig hält. Hierzu ist sie im Rahmen der ihr zugewiesenen Aufsichtsbefugnisse grundsätzlich berechtigt.[151] Bei bereits abgeschlossenen Vereinbarungen wäre das misslich und durchaus geeignet, den Erfolg des betroffenen Systems zu gefährden. Daher empfiehlt es sich umso mehr, vor Abschluss einer Vereinbarung die Aufsichtsbehörde zu konsultieren.[152]

135 Sachlich erstreckt sich die Informationspflicht nach § 42 Abs. 1 PFAV auf drei Gegenstände. Gemäß Nr. 1 ist zunächst „die Vereinbarung" vorzulegen. Nach dem Wortlaut bleibt offen, welche Vereinbarung dies konkret ist. Aus der Gegenüberstellung zu § 42 Abs. 1 Nr. 2 PFAV, der den Tarifvertrag in Bezug nimmt, lässt sich jedenfalls ableiten, dass es sich nicht um die tarifvertragliche Vereinbarung handelt. Erfasst ist vielmehr die Durchführungsvereinbarung für die reine Beitragszusage. Je nach rechtlicher Strukturierung des Sozialpartnermodells kann es sich hierbei um mehrere Vereinbarungen handeln.[153] Dem Zweck nach sind all die Vereinbarungen vorzulegen, die die reine Beitragszusage ausgestalten. Der Singular „Vereinbarung" in § 42 Abs. 1 Nr. 1 PFAV ist demnach in der Weise zu verstehen, dass damit alle das jeweilige Sozialpartnermodell konstituierenden Vereinbarungen gemeint sind.

---

151 C. Rz. 131.

152 Ebenso aba und IVS, a.a.O., S. 82.

153 Vgl. A. Rz. 148.

Nach § 42 Abs. 1 Nr. 2 PFAV ist der Tarifvertrag nach § 1 Abs. 2 Nr. 2a BetrAVG vorzulegen, der der jeweiligen reinen Beitragszusage zugrunde liegt. Diese Vorschrift ermöglicht zwei Modelle, nämlich zum einen, dass eine reine Beitragszusage „durch Tarifvertrag", zum anderen, dass sie „auf Grund eines Tarifvertrages in einer Betriebs- oder Dienstvereinbarung" eingerichtet wird. Der eindeutige Wortlaut von § 42 Abs. 1 Nr. 2 PFAV erfasst für beide Varianten lediglich die Vorlage des Tarifvertrages. Für die zweite Variante lässt sich ggf. aber auch eine (Muster-)Betriebs- oder Dienstvereinbarung nach dem Zweck der Regelung ohne Weiteres unter die Vorlagepflicht nach § 42 Abs. 1 Nr. 1 PFAV fassen. 136

Nach § 42 Abs. 1 Nr. 3 PFAV ist weiter das Ergebnis der Prüfung der durchführenden Einrichtung nach § 39 Abs. 2 S. 2 PFAV vorzulegen, ob nämlich die Durchführung von reinen Beitragszusagen „in der vorgesehenen Form mit den bestehenden aufsichtsrechtlichen Regelungen vereinbar ist". Diese Vorlagepflicht betrifft eine zunächst unternehmensinterne Bewertung. Grundsätzlich ist es Aufgabe der Aufsichtsbehörde, sich aus den nach § 42 Abs. 1 Nr. 1 und 2 PFAV vorzulegenden Vereinbarungen ein eigenes Bild darüber zu machen, ob diese mit den aufsichtsrechtlichen Vorgaben der reinen Beitragszusage vereinbar sind. Insofern stellt sich die Vorlage dieser unternehmensinternen Bewertung zum einen als Vergewisserung der Aufsichtsbehörde darüber dar, dass eine solche Bewertung stattgefunden hat. Darüber hinaus dient sie aber auch als Grundlage für die inhaltliche Prüfung der Aufsichtsbehörde, ob die darin angestellten Bewertungen aufsichtsrechtlich zumindest vertretbar erscheinen. Dies erleichtert der Aufsichtsbehörde letztlich die Prüfung, indem die Überlegungen der durchführenden Einrichtung bei der Beurteilung der Konformität der konkreten Durchführungsvereinbarung(en) berücksichtigt werden können. 137

- Dies führt unmittelbar zur Frage nach dem Prüfungsumfang der Aufsichtsbehörde. Dabei ist zunächst festzuhalten, dass hierzu auf keinen Fall Zweckmäßigkeitserwägungen gehören, da dies einer Marktaufsicht gleichkäme. 138
- Der Wortlaut des § 42 Abs. 1 Nr. 3 PFAV begrenzt den aufsichtsrechtlichen Prüfungsumfang auf die Vereinbarkeit „mit den bestehenden aufsichtsrechtlichen Regelungen". Andere Rechtsgebiete, namentlich also Arbeits- und Sozialrecht, sind somit nicht in die aufsichtsbehördliche Prüfung einzubeziehen. 139
- Zwar könnte man aus den §§ 234 Abs. 3 S. 1 Nr. 11 oder 243 Abs. 6 VAG herleiten, dass auch arbeits- und sozialrechtliche Regelungen von einer Prüfung erfasst werden sollen. Allerdings beziehen sich diese Vorschriften ausschließlich auf in Deutschland ansässige Pensionskassen (§ 234 VAG) bzw. auf Einrichtungen der betrieblichen Altersversorgung mit Sitz in einem an- 140

deren Mitglieds- oder Vertragsstaat (§ 243 VAG). Eine entsprechende Anwendung auf Pensionsfons und/oder Direktversicherungen verbietet sich, denn es ist nicht ersichtlich, dass die für eine analoge Anwendung erforderliche planwidrige Regelungslücke im Gesetz vorliegt. Allenfalls ließe sich eine Überprüfung der arbeits- und sozialrechtlichen Rechtmäßigkeit auf die allgemeine Rechtsaufsicht nach § 294 Abs. 3 VAG stützen. Aber auch das verbietet sich wegen der differenzierten Regelung in § 294 VAG. Auch hier kann nicht von einer planwidrigen Regelungslücke ausgegangen werden. Im Ergebnis fällt somit eine umfassende Prüfung der arbeits- und sozialrechtlichen Regelungen eines Sozialpartnermodells durch die Versicherungsaufsicht nicht in deren Kompetenz.

141 Die Grenzen sind bei der reinen Beitragszusage freilich jedenfalls fließender als bei den anderen Zusageformen. Im Aufsichtsrecht sind nämlich zur Ausfüllung des durch das Fehlen der (arbeitsrechtlichen) Subsidiärhaftung des Arbeitgebers entstandenen Vakuums Gegenstände geregelt, die sachlich bislang eher der arbeitsrechtlichen Ebene zuzuordnen gewesen wären. Würden sie jetzt aber dort verortet und nicht im Aufsichtsrecht, entstünde ein Kontrolldefizit. Namentlich gilt dies etwa für die Ermittlung der anfänglichen Renten und den Mechanismus der Rentenanpassungen.[154] Aus der Zuordnung dieser Regelungsgegenstände zum Aufsichtsrecht ergibt sich freilich, dass sie in die Prüfungsbefugnis der Aufsichtsbehörde fallen.

142 Die Notwendigkeit zur Abgrenzung besteht aber, soweit aufsichtsrechtliche Gegenstände im BetrAVG geregelt sind. Grundsätzlich ist alles, was im Betriebsrentenrecht geregelt ist, dem Arbeitsrecht zuzuordnen. Allerdings enthält das Betriebsrentenrecht für die reine Beitragszusage auch Gegenstände, die bislang sachlich eher dem Versicherungsvertrags- und -aufsichtsrecht zuzuordnen gewesen wären. Dies gilt etwa für die Beteiligung an der Durchführung und Steuerung der reinen Beitragszusage gemäß § 21 Abs. 1 BetrAVG, soweit sich dies auf eine wie auch immer geartete Einflussnahme auf die Tätigkeit der durchführenden Einrichtung bezieht. Insoweit können Berührungspunkte zum Aufsichtsrecht bestehen, etwa, wenn die Beteiligung durch einen Aufsichtsratssitz verwirklicht wird[155] oder durch Teilnahme an einem Kapitalanlageausschuss. In diesen Fällen gelten ohnehin unmittelbar die aufsichtsrechtlichen Vorgaben für die Qualifikation von Aufsichtsräten[156] oder ggf. der Ausgliederung nach § 32 VAG.

---

154 Vgl. *Wenning*, BaFinJournal 7/2017, 19, 21.

155 Näher *Bürkle*, BB 2017, 713, 715 f.; s. auch Teil A. Rz. 88.

156 *Ebenda*, S. 716.

Grundsätzlich nicht Gegenstand der Beaufsichtigung durch die Aufsichtsbehörde ist aber etwa die Frage, ob die im konkreten Fall vereinbarte Beteiligung an der Durchführung und Steuerung den Vorstellungen des Gesetzgebers entspricht. Dies fällt, da es um die Auslegung einer betriebsrentenrechtlichen Vorschrift geht, in die Zuständigkeit der Arbeitsgerichte. Erst wenn in dieser Hinsicht zu einem konkreten Sachverhalt eine arbeitsgerichtliche Klärung vorliegt und ein konkretes Modell gegen eine solche Entscheidung verstößt, fällt dies über die Rechtsaufsicht nach § 294 Abs. 2 S. 1 VAG wieder in den Zuständigkeitsbereich der Aufsichtsbehörde. 143

Eine Grenzziehung erscheint auch beim Sicherungsbeitrag nach § 23 Abs. 1 BetrAVG notwendig. Der Sicherungsbeitrag „soll" im Tarifvertrag vereinbart werden. In welcher Weise dieses „sollen" auszulegen ist, bezieht sich ausschließlich auf die arbeitsrechtliche Ebene.[157] Die Aufsichtsbehörde könnte daher eine Durchführungsvereinbarung nicht deswegen untersagen, weil der ihr zugrundeliegende Tarifvertrag keinen Sicherungsbeitrag vorsieht. Wird hingegen ein Sicherungsbeitrag vereinbart, und werden die entsprechenden Beträge dem Anlagestock bzw. Sicherungsvermögen zugeführt, so gelten hierfür die aufsichtsrechtlichen Vorgaben der PFAV. Die Verwendung dieser Mittel unterliegt der Aufsicht durch die Aufsichtsbehörde. Etwas anderes gilt z.B. im Falle von Vereinbarungen im Tarifvertrag, die den Sicherungsbeitrag als solchen betreffen, wie etwa im Zeitablauf unterschiedliche Höhen, ein temporäres Aussetzen in Abhängigkeit vom Kapitaldeckungsgrad („contribution holidays") oder Fragen der Entwicklung des Anwärtervermögens. Sie betreffen den autonomen Regelungsbereich der Tarifparteien, fallen somit in die arbeitsrechtliche Ebene und unterliegen damit nicht der Aufsicht durch die Aufsichtsbehörde. 144

b) Verfahren

Zum weiteren Verfahren nach Vorlage der Unterlagen treffen weder VAG noch PFAV eine Regelung. Eine ausdrückliche Genehmigung nach Vorlage der Unterlagen gemäß § 42 Abs. 1 PFAV ist nicht vorgesehen. Ebenso wenig eine Genehmigungsfiktion nach Ablauf einer bestimmten Frist. Sie lässt sich auch aus anderen Vorschriften nicht ableiten. Vielmehr sind die Verträge mit der Unterzeichnung wirksam und wie abgeschlossen durchzuführen. Ist die Aufsichtsbehörde der Auffassung, dass Elemente daraus nicht mit dem VAG oder anderen Rechtsvorschriften in Einklang stehen, ist sie berechtigt, gegenüber den durchführenden Einrichtungen im Rahmen ihres Zuständigkeitsbereichs[158] von den 145

157 Vgl. A. Rz. 132.
158 Hierzu näher Brand/Baroch Castellvi/*Brand*, a.a.O., § 294 Rn. 21 ff.

allgemeinen Aufsichtsbefugnissen der §§ 298 ff. VAG Gebrauch zu machen.[159] Dies schließt die Anordnung von Änderungen an den Vereinbarungen ein. Daher empfiehlt es sich, dort Klauseln aufzunehmen, die einer solchen eventualiter zu erwartenden Anordnung Rechnung tragen.

c) Spätere Änderungen

146 Zur Behandlung von späteren Änderungen enthalten VAG und PFAV ebenfalls keine Regelung. Bei Verträgen der reinen Beitragszusage, die grundsätzlich unbefristet, quasi auf eine „ewige Fortführung“ angelegt sind, wird es nach der Erfahrung nicht ausbleiben, dass während der Laufzeit immer wieder Anpassungen durch veränderte Umstände notwendig werden. Hierbei sind drei Möglichkeiten der aufsichtsrechtlichen Behandlung von Änderungen denkbar:

– Die Änderungen bedürfen keiner Vorlage, weil das Schweigen des Gesetzes hierzu als „beredt“ betrachtet wird, was bedeutet, dass man davon ausgeht, dass die Regelung umfassend ist und den Gegenstand abschließend erfasst,
– die Änderungen müssen in jedem Fall vorgelegt werden oder
– sie müssen nur vorgelegt werden, wenn sie aufsichtsrechtliche Relevanz haben.

147 Die erste Variante dürfte in jedem Fall ausscheiden. Umgehungen wären allzu leicht möglich. Nach einer oder mehreren Änderungen könnten die Vereinbarungen ihren ursprünglichen Charakter verlieren. Die Aufsichtsbehörde könnte zwar jederzeit die Vorlage verlangen, aber die Struktur der „Bringschuld“ der durchführenden Einrichtungen, die in § 42 Abs. 1 PFAV zum Ausdruck kommt, würde in ihr Gegenteil verkehrt.

148 Die zweite Variante – Vorlage jeder Änderung – ist aus Sicht der durchführenden Einrichtungen rechtssicher, aus Sicht der Aufsichtsbehörde möglicherweise unerwünscht, weil sie u.U. mit gänzlich irrelevanten Sachverhalten überhäuft würde.

149 Die dritte Variante dürfte aus Sicht beider Beteiligten wünschenswert sein, sie ist aber wegen der Abgrenzungsschwierigkeiten hochgradig rechtsunsicher. Richtig sein dürfte daher, im Zweifel von der Pflicht zur Vorlage auszugehen. In jedem Fall obliegt es der durchführenden Einrichtung, auch Änderungen auf ihre Vereinbarkeit mit dem Aufsichtsrecht hin zu überprüfen.[160]

159 Vgl. vorstehend C. Rz. 131.
160 S. aba und IVS, a.a.O., S. 93.

d) Laufende Berichtspflichten

§ 42 Abs. 2 S. 1 PFAV normiert laufende Berichtspflichten der durchführenden 150
Einrichtung gegenüber der Aufsichtsbehörde während der Durchführung einer reinen Beitragszusage. Die Informationen sind dabei jeweils spätestens sieben Monate nach Ende eines Geschäftsjahres vorzulegen. Dies korrespondiert bei Pensionskassen und Pensionsfonds mit der Frist für die Vorlage des versicherungsmathematischen Gutachtens nach § 17 BerVersV bzw. § 10 Abs. 1 Nr. 4 PFAV, in das die Informationen aufzunehmen sind. Für Direktversicherungen bestehen demgegenüber keine vergleichbaren formalen Vorgaben.

Nach § 42 Abs. 2 S. 1 Nr. 1 PFAV ist über die Höhe des Kapitaldeckungsgra- 151
des und der maßgebenden Obergrenze zu informieren. Verwaltet eine durchführende Einrichtung mehrere Rentnerbestände, ist der Kapitaldeckungsgrad eines jeden von ihnen separat mitzuteilen.[161] Keine Aussage trifft das Gesetz darüber, auf welchen Zeitpunkt die Information zu beziehen ist. Sinnvoll erscheint die jeweils letzte Feststellung des Kapitaldeckungsgrades unabhängig vom konkreten Zeitpunkt. Allerdings erlaubt eine solche punktuelle Information der Aufsichtsbehörde nicht, sich ein Bild über die Entwicklung des Kapitaldeckungsgrades zu machen, insbesondere darüber, ob dessen Grenzen jederzeit eingehalten worden sind. Die Aufsichtsbehörde ist im Rahmen ihrer allgemeinen Befugnisse nach § 298 Abs. 1 VAG nicht gehindert, die entsprechenden Informationen anzufordern.[162]

Für die Parallelvorschrift des § 31 PFAV bei nicht versicherungsförmiger 152
Durchführung einer Beitragszusage mit Mindestleistung nach § 236 Abs. 2a VAG hat die Aufsichtsbehörde unter dem 29.11.2017 eine Konkretisierung des Inhaltes der Berichtspflicht auch über den Kapitaldeckungsgrad zur Konsultation gestellt.[163] Danach soll angegeben werden, ob der Kapitaldeckungsgrad sich im abgelaufenen Geschäftsjahr durchgehend innerhalb des Korridors befunden hat und, falls nicht, sollen Zeitpunkte der Über- bzw. Unterschreitung genannt werden. Man wird erwarten dürfen, dass die Aufsichtsbehörde in ähnlicher Weise auch zu der hier vorliegenden Informationspflicht Aussagen treffen wird, und zwar mit Geltung auch für Pensionskassen und andere Lebensversicherungsunternehmen. Was unter der „maßgebenden Obergrenze" i.S.v. § 42 Abs. 2 S. 1 Nr. 1 PFAV zu verstehen ist, bedarf der Auslegung. Aus dem systematischen Zusammenhang muss es sich um die Obergrenze des Kapitaldeckungsgrades handeln. Sie ist in § 36 Abs. 2 PFAV gesetzlich bei 125% festgeschrieben. Deren Mit-

161 Ebenda, S. 83.

162 Vgl. zu Auskunftsrechten allgemein Brand/Baroch Castellvi/*Brand*, a.a.O., § 298 Rn. 11.

163 S. Entwurf für die Überarbeitung des Rundschreibens 8/2009 (VA), Geschäftszeichen VA 16-Fr 1903-Pfo-2017/0001, abrufbar unter www.bafin.de.

teilung erscheint überflüssig. Relevant werden kann die Anforderung nur bei einer vertraglich vereinbarten abweichenden Obergrenze.[164] Von ihr hat die Aufsichtsbehörde freilich bereits wegen des vorzulegenden Tarifvertrages und der Durchführungsvereinbarung(en) Kenntnis. Damit erscheint diese Anforderung als bloße tatsächliche Erleichterung ihrer Überwachungspflichten.

153 Nach § 42 Abs. 2 S. 1 Nr. 2 PFAV sind „die Annahmen und Methoden zur Festlegung der anfänglichen Höhe der lebenslangen Zahlung" vorzulegen. Diese Darlegungspflicht rekurriert auf § 37 PFAV. Mit den Annahmen dürften wohl die Rechnungsgrundlagen gemeint sein.[165] Mit den Methoden dürften die aktuariellen Methoden gemeint sein, nach denen die Höhe des Versorgungskapitals ermittelt wird und insbesondere auch – ggf. – kollektives Kapital dem Versorgungskapital bei Rentenübergang zugeordnet wird, darüber hinaus der Einsatz von Puffern und die Rechenmethoden, mit denen die Rechnungsgrundlagen auf das Versorgungskapital angewendet werden. Dabei bezieht sich dies nach dem Wortlaut auf die „lebenslange(n) Zahlung". Für befristete Zahlungen, die nach der hier vertretenen Auffassung bei Invaliden- und Waisenrenten zulässig sind[166], wären demnach keine Angaben erforderlich. Das erscheint wenig sachgerecht, so dass die Regelung hierauf entsprechend anzuwenden ist. Auch hier bestimmt die Vorschrift keinen Zeitpunkt, auf den die Informationen zu beziehen sind. Den gesetzlichen Anforderungen aus der Vorschrift dürfte Genüge getan sein mit den Annahmen und Methoden zum Ende des Geschäftsjahres oder einem zwischen diesem und der Mitteilung liegenden Zeitpunkt. Allerdings ist die Aufsichtsbehörde auch hier berechtigt, die Informationen zu anderen Zeitpunkten zu verlangen.

154 Nach § 42 Abs. 2 S. 1 Nr. 3 PFAV sind des Weiteren „das Ausmaß der Anpassungen der lebenslangen Zahlungen" mitzuteilen. Zum Ausmaß der Anpassungen dürften wohl in erster Linie prozentuale Angaben sinnvoll sein. Angaben in absoluter Höhe der Anpassungen sind nur dann aussagekräftig, wenn auch die Renten vor und nach der Anpassung in absoluten Zahlen angegeben werden. Das neutral wirkende Wort „Anpassungen" verlangt freilich Angaben sowohl zu Erhöhungen als auch zu Absenkungen. Dabei sind alle Veränderungen im Berichtszeitraum anzugeben. Gegenstand sind nach dem Wortlaut lediglich die „lebenslangen Zahlungen". Wie bei § 42 Abs. 2 S. 1 Nr. 2 PFAV wird man allerdings befristete Invaliditäts- und Waisenrenten mit einbeziehen müssen.[167] Mitzuteilen sind neben dem Ausmaß der Anpassungen auch die ihnen zugrundeliegenden Annahmen und Methoden. Annahmen dürften hier ebenfalls die

164 Vgl. C. Rz. 92; ebenso aba und IVS, a.a.O., S. 83.
165 aba und IVS, a.a.O., S. 83.
166 Vgl. C. Rz. 32.
167 aba und IVS, a.a.O., S. 83.

Rechnungsgrundlagen sein. Unter den Methoden wird man die rechnerische Herleitung zu verstehen haben, mit Hilfe derer die erforderlichen bzw. freiwilligen Anpassungen ermittelt wurden.[168]

§ 42 Abs. 2 S. 2 PFAV bestimmt für Pensionsfonds und Pensionskassen das Dokument, in dem die Informationen nach § 42 Abs. 2 S. 1 PFAV aufzunehmen sind. In beiden Fällen ist es das versicherungsmathematische Gutachten nach § 10 Abs. 1 Nr. 4 PFAV für Pensionsfonds bzw. § 17 Versicherungsberichterstattungs-Verordnung (BerVersV) für Pensionskassen.[169] Für andere Lebensversicherungsunternehmen bestimmt die PFAV keinen bestimmten Ort für die Zusammenfassung der Informationen, so dass sie in dieser Hinsicht jedenfalls so lange keiner Vorgabe unterliegen, wie die Aufsichtsbehörde hierzu nichts verlautbart. 155

VI. Unterschiede zwischen den durchführenden Einrichtungen

Der Gesetzgeber hat die Durchführung reiner Beitragszusagen nach § 1 Abs. 2 156
Nr. 2a BetrAVG Pensionsfonds, Pensionskassen und Direktversicherungen[170] – exklusiv zugewiesen und dies mit der Stärkung des Wettbewerbsmoments begründet.[171] Echter Wettbewerb zwischen diesen drei Kategorien von Versorgungsträgern setzt gleiche rechtliche Rahmenbedingungen voraus. Konsequenterweise hat der Gesetzgeber für Zwecke der reinen Beitragszusage mit §§ 33, 34 PFAV die Kapitalanlagevorschriften für Pensionsfonds auch auf Pensionskassen und andere Lebensversicherungsunternehmen erstreckt. Auch im Übrigen hat er sich um ein einheitliches Regelungsgeflecht bemüht, indem er in das VAG einen neuen Teil 4a eingefügt hat, der den aufsichtsrechtlichen Rahmen der reinen Beitragszusage absteckt und für die drei Kategorien von Versorgungsträgern in gleicher Weise gilt. Im Laufe des Gesetzgebungsverfahrens hat auch die

168 Ebenda, S. 84.

169 S. R 2/2018 „Hinweise für die Aufstellung versicherungsmathematischer Gutachten bei Pensionskassen", und R 3/2018 „Hinweise für die Aufstellung versicherungsmathematischer Gutachten bei Pensionsfonds", beide vom 25.1.2018, abrufbar unter www.bafin.de; die reine Beitragszusage ist dort jedoch noch nicht verarbeitet.

170 Im Grunde ist diese Formulierung im BetrAVG nicht ganz stringent. Denn eine „Direktversicherung" ist nach der Legaldefinition in § 1b Abs. 2 BetrAVG eine ganz bestimmte Art von Lebensversicherungsvertrag. Die Aufzählung in § 1 Abs. 2 Nr. 2a BetrAVG meint indes offensichtlich den dahinterstehenden Träger, das Lebensversicherungsunternehmen. Präziser ist insofern die Parallelvorschrift des § 244a Abs. 1 VAG, das statt von „Pensionsfonds, Pensionskassen und Direktversicherungen" zutreffend von „Pensionsfonds, Pensionskassen **und anderen Lebensversicherungsunternehmen**" spricht (Hvhbg. dch. d. Verf.).

171 BT-Drucks. 18/11286, S. 53.

Aufsichtsbehörde einen funktionierenden Wettbewerb der Anbieter als Voraussetzung dafür herausgestellt, dass kostengünstige Versorgungen bereitgestellt werden können, und ist dabei zu der Einschätzung gelangt, dass der Gesetzentwurf dies gewährleiste, „weil für Pensionskassen, Pensionsfonds und Direktversicherungen ein einheitlicher Rahmen zur Durchführung reiner Beitragszusagen abgesteckt werde".[172] Im Kern ist diese Sicht zutreffend. Dennoch ergeben sich in Teilbereichen zwischen den drei Trägertypen unterschiedliche Detailregelungen, die allerdings – das sei vorweggeschickt – kaum wettbewerbsverzerrende Folgen zeigen dürften. Die Zukunft wird zeigen, ob bei den verbliebenen Divergenzen Angleichungen sinnvoll wären.

1. Gemeinsame Einrichtung als Versicherungsnehmer

157 Im Wesentlichen beruhen die Unterschiede auf bestehenden differierenden Rahmenbedingungen für die durchführenden Einrichtungen außerhalb des Betriebsrentenrechts. Ein markanter Unterschied ist jedoch im BRSG selbst angelegt. Nach § 21 Abs. 4 BetrAVG kann bei einer Direktversicherung – das ist ein anderes Lebensversicherungsunternehmen als eine Pensionskasse, vgl. § 1 Abs. 2 Nr. 2a BetrAVG – als durchführender Einrichtung eine gemeinsame Einrichtung nach § 4 TVG an Stelle des Arbeitgebers Versicherungsnehmer sein. Pensionsfonds und Pensionskassen sind nach dem Wortlaut von dieser Möglichkeit ausgeschlossen. Aus der Gesetzesbegründung ist nicht erkennbar, was den Gesetzgeber zu dieser Privilegierung von Direktversicherungen bewogen hat. Es findet sich lediglich der Hinweis darauf, dass es im Übrigen dabei bleibe, „dass auch im Rahmen einer reinen Beitragszusage der Arbeitgeber Versicherungsnehmer einer Direktversicherung wird".[173] Es ist kein sachlicher Grund erkennbar, weshalb diese Verwaltungsvereinfachung nur Direktversicherungen vorbehalten bleiben soll.

158 Für Pensionsfonds lässt sich vom Wortlaut ausgehend freilich argumentieren, dass auf sie die Regelung *entsprechend* („analog") angewendet werden könnte. Ihre Vertragspartner sind nämlich allein deshalb nicht Versicherungsnehmer, weil Pensionsfonds keine Versicherungsunternehmen sind. Dies ergibt sich aus § 236 Abs. 4 VAG. Danach bedürfen Pensionsfonds zwar zum Geschäftsbetrieb der Erlaubnis der Aufsichtsbehörde. Würde der Gesetzgeber sie jedoch als Versicherungsunternehmen betrachten, ergäbe sich diese Anforderung bereits aus § 8 Abs. 1 VAG.[174] Allerdings setzt eine analoge Anwendung der

172 BT-Drucks. 18/12612, S. 23.

173 BT-Drucks. 18/11286, S. 45.

174 Brand/Baroch Castellvi/*Baroch Castellvi*, a.a.O., §§ 236 ff. Rn. 34.

Vorschrift zugunsten von Pensionsfonds eine *planwidrige* Lücke im Gesetz voraus. Da der Gesetzgeber in der Begründung allerdings „Versicherungsnehmer" erwähnt, zu Vertragspartnern von Pensionsfonds hingegen keine Aussage trifft, liegt der Schluss nahe, dass er bei der Abfassung von § 21 Abs. 4 BetrAVG Pensionsfonds schlicht übersehen hat. Die Ungleichbehandlung bezöge sich dann ausschließlich auf Pensionskassen. De lege ferenda wäre es nach hier vertretener Ansicht daher angezeigt, insoweit einen Gleichlauf zwischen den Versorgungsträgern herzustellen bzw. im Hinblick auf Pensionsfonds von der hier vertretenen Auffassung ausgehend eine Klarstellung zu treffen.

2. Anwendbarkeit des VVG

Ein weiterer Unterschied zwischen den drei zugelassenen Trägertypen besteht im Hinblick auf die Anwendbarkeit des VVG. Es gilt fraglos für andere Lebensversicherungsunternehmen, weil sie Versicherungsgeschäft im Sinne des VVG betreiben. Es gilt gleichermaßen für Pensionskassen. Das ergibt sich aus § 211 VVG. Es gilt demgegenüber nach eigener Einschätzung des Gesetzgebers[175] und nach der hM[176] nicht für Pensionsfonds. Auf die Durchführung von reinen Beitragszusagen wirkt sich dies in zweierlei Hinsicht aus. Zum einen sind Pensionsfonds anders als die beiden anderen Arten von Versorgungsträgern nicht verpflichtet, nach § 166 Abs. 4 VVG Arbeitnehmer vom Verzug des Arbeitgebers mit Beiträgen zu unterrichten.[177] Auch die vorvertraglichen Informationspflichten der VVG-InfoV gelten für Pensionsfonds nicht. Allerdings kommt es für Versorgungsberechtigte eines Pensionsfonds insoweit nicht zu Informationsdefiziten, als § 144 Abs. 1 VAG die Informationspflichten der VVG-InfoV aufgreift bzw. repliziert. Der wesentliche Unterschied besteht darin, dass nach § 2 Abs. 1 Nr. 1 und 2 VVG-InfoV die Kosten offengelegt werden müssen, nach § 144 Abs. 1 VAG hingegen nicht. Allerdings wird sich bei der reinen Beitragszusage eine Übervorteilung des Arbeitnehmers durch Pensionsfonds wegen dieses Informationsdefizits in Grenzen halten, weil die Tarifparteien als professionelle Vertragspartner die Möglichkeit haben und auch nutzen werden, die Kosten in einem engen Rahmen zu halten. 159

Ein weiterer Unterschied könnte sich mit der Umsetzung der RL (EU) 2016/ 160
2341 (EbAV II-RL) anbahnen. Diese gilt nur für Einrichtungen der betrieblichen Altersversorgung. Zu ihnen gehören Pensionskassen und Pensionsfonds, nicht

175 BT-Drucks. 16/3945, S. 116 linke Spalte und S. 121 rechte Spalte.

176 S. Brand/Baroch Castellvi/*Baroch Castellvi*, a.a.O., vor §§ 236 ff. Rn. 4 mit Darstellung des Meinungsstandes.

177 Vgl. o. C. Rz. 120.

aber andere Lebensversicherungsunternehmen. Im Zusammenhang mit der reinen Beitragszusage relevant sind hier vor allem die Informationspflichten, denen EbAVs aus der Richtlinie unterliegen.[178] Allerdings ist nach derzeitigem Stand der Umsetzung eine Vereinheitlichung vorgesehen, indem in § 144 VAG n.F. auf die Informationspflichten für Pensionskassen verwiesen werden soll.[179]

3. Zugehörigkeit zum Sicherungsfonds (§§ 221ff. VAG)

161 Unterschiede zwischen den durchführenden Einrichtungen bestehen auch im Hinblick auf die Zugehörigkeit zum Sicherungsfonds. Während andere Lebensversicherungsunternehmen nach § 221 Abs. 1 VAG Pflichtmitglieder sind, können Pensionskassen nach § 222 Abs. 2 VAG freiwilliges Mitglied werden. Pensionsfonds können auch letzteres nicht. Allerdings ist fraglich, welche Relevanz die Mitgliedschaft des Trägers im Sicherungsfonds tatsächlich besitzt. Denn das Wesentliche beim Sicherungsfonds ist die Absicherung der garantierten Versicherungsleistungen. Sie sind bei reinen Beitragszusagen aber gerade verboten.[180] Damit reduziert sich die Relevanz des Sicherungsfonds auf die sog. „operationellen Risiken", also Risiken aus dem organisatorischen Apparat, also aus dem Verwaltungsbetrieb des Versicherers. Es erscheint sehr schwer vorstellbar, dass sich bei einem Versicherer diese Risiken – die es zweifellos gibt – dergestalt verdichten, dass daraus ein Sicherungsfall für den Sicherungsfonds entsteht.[181]

VII. Schutz des Versorgungsvermögens

1. Regelungen zur Kapitalanlage

a) Allgemeine Vorschriften

162 Für Pensionsfonds, Pensionskassen und andere Lebensversicherer gelten grundsätzlich unterschiedliche Regelungen zur Kapitalanlage; für Pensionsfonds sind dies die §§ 16 bis 20 PFAV, für Pensionskassen die Regelungen der AnlV, jeweils konkretisiert durch das Kapitalanlagerundschreiben der Aufsichtsbehörde vom 12.12.2017,[182] und für andere Lebensversicherungsunterneh-

178 Vgl. o. C. Rz. 130.
179 S. BT-Drs. 428/18, S. 5.
180 Vgl. o. A. Rz. 73 sowie Rz. 37.
181 S.u. C. Rz. 193.
182 Rundschreiben 11/2017 (VA) abrufbar unter www.bafin.de.

men (bzw. Direktversicherungen) die §§ 124ff. VAG. Um gleiche Wettbewerbsverhältnisse für die durchführenden Einrichtungen von reinen Beitragszusagen zu schaffen, hat der Gesetzgeber allerdings die Regelungen zur Kapitalanlage für die reine Beitragszusage harmonisiert. § 34 S. 1 i.V.m. § 33 PFAV bestimmt, dass für die Anlage von Beiträgen für eine reine Beitragszusage die §§ 16 bis 20 PFAV für Pensionsfonds, Pensionskassen und Direktversicherungen (Lebensversicherer) entsprechend gelten.

Dies ist begrifflich zu eng formuliert, weil es nicht nur um die Anlage der Beiträge, sondern des gesamten mit den Beiträgen erwirtschafteten Kapitals geht. Die Vorschriften gelten also auch, wenn u.U. eines Tages gar keine Beiträge mehr gezahlt werden. Gegenüber anderen Lebensversicherungsunternehmen könnte man darin einen Verstoß gegen das Gebot der Vollharmonisierung von Solvency II erblicken.[183] Es untersagt Abweichungen von den Richtlinienvorgaben. Die quantitativen Vorgaben der PFAV könnte man als solche Abweichung verstehen. Eine Rechtfertigung hierfür kann nur darin gefunden werden, dass man diese Vorgaben als Konkretisierung des Prinzips der unternehmerischen Vorsicht nach Art. 132 Abs. 1 RL 2009/138/EG auffasst. 163

b) Gesonderter Anlagestock/Sicherungsvermögen

Die unter einer reinen Beitragszusage verwalteten Kapitalien sind nach § 244c VAG bei Pensionsfonds in einem gesonderten Sicherungsvermögen und bei Pensionskassen und anderen LVU in einem gesonderten Anlagestock gemäß § 125 Abs. 5 VAG einzurichten und zu führen. Dies gilt nach § 244c VAG „unter Berücksichtigung der jeweiligen Tarifverträge“. Daraus ergeben sich zwei Folgerungen. Die durchführenden Einrichtungen dürfen Kapitalien für reine Beitragszusagen nicht in ihrem übrigen Sicherungsvermögen (s. § 125 VAG für andere LVU, §§ 234, 212 Abs. 1, 125 VAG und für Pensionsfonds § 239 Abs. 1 S. 1 VAG) anlegen und führen. Eine Vermischung von Kapital mit dem anderer Versicherungsnehmer ist dadurch ausgeschlossen. Das ist deshalb zwingend, weil die Arbeitnehmer das Kapitalanlagerisiko tragen, und es entspricht dem Modell der fondsgebundenen Lebensversicherung, für die nach § 125 Abs. 5 VAG ebenfalls ein Anlagestock als Abteilung des Sicherungsvermögens zu bilden ist. Diese Abschottung ist auch unabdingbar, damit sich die Sozialpartner an der Durchführung und Steuerung der reinen Beitragszusage beteiligen können, wie von § 21 Abs. 1 BetrAVG verlangt.[184] Zweite Folgerung ist, dass die Tarifverträge Gestaltungen im Zusammenhang mit der Einrichtung von Anlagestöcken bzw. 164

183 Ausf. hierzu Brand/Baroch Castellvi/*Baroch Castellvi*, a.a.O., Einführung Rn. 40ff.
184 S. auch Kisters-Kölkes/Linden/Meissner/*Meissner*, a.a.O., S. 125.

Sicherungsvermögen vorgeben können. Dies bezieht sich vornehmlich darauf, dass mehrere beteiligte Tarifparteien vereinbaren können, dass für ihre Arbeitnehmer ein einheitlicher Anlagestock bzw. ein einheitliches Sicherungsvermögen geschaffen werden soll. Vereinbaren etwa Arbeitgeber(verband) und Gewerkschaft einer konkreten Branche eine reine Beitragszusage, und wird hierfür ein Anlagestock eingerichtet, so können Arbeitgeber(verband) und Gewerkschaft einer anderen Branche sich diesem Anlagestock „anschließen". Dies ist freilich nur dann möglich, wenn Arbeitgeber(verband) und Gewerkschaft, auf deren Vereinbarung der Anlagestock zurückgeht, sowie durchführende Einrichtung dem zustimmen. Auf diese Weise können größere Kollektive zusammengefasst werden. Dies ermöglicht zum einen das Ausnutzen von Skaleneffekten, zum anderen einen effektiveren Risikoausgleich im Kollektiv.

165 Für Pensionskassen und andere LVU ist damit die Notwendigkeit verbunden, für die unter einer reinen Beitragszusage verwalteten Kapitalien einen gesonderten Anlagestock zu bilden, und zwar nicht für sämtliche Arbeitnehmer mit reiner Beitragszusage, sondern jeweils einen eigenen Anlagestock für die Arbeitnehmer, die von den Tarifparteien zu einem Kollektiv zusammengefasst werden. Andernfalls käme es zur Vermischung von Kapitalien verschiedener Kollektive, denen auf oder aufgrund unterschiedlicher Tarifverträge reine Beitragszusagen erteilt worden sind. Daher kann es bei der Durchführung von reinen Beitragszusagen durchaus zur Bildung mehrerer Anlagestöcke innerhalb desselben Rechtsträgers kommen. Für Pensionsfonds gilt dasselbe mit dem lediglich terminologischen Unterschied, dass sie nach § 239 Abs. 1 S. 1 VAG „Sicherungsvermögen" zu bilden haben. So wird sichergestellt, dass das aus den Beiträgen – einschließlich der Sicherungsbeiträge – des jeweiligen Arbeitnehmerkollektivs entstehende Vermögen ausschließlich für dieses Kollektiv reserviert bleibt und nicht mit Vermögensmassen anderer Kollektive vermischt wird.[185] Auf diese Weise bildet jedes Kollektiv eine Schicksalsgemeinschaft, die die mit der reinen Beitragszusage verbundenen Risiken teilt. Dies gilt auch für den Fall einer Schieflage der durchführenden Einrichtung.

166 Für diesen Fall bestimmt § 315 Abs. 1 S. 1 Nr. 1 VAG bei Direktversicherungen für die Werte des Sicherungsvermögens, wie es in § 125 Abs. 2 VAG dem Umfang nach beschrieben ist, den Vorrang der Forderungen der Versicherten oder Begünstigten vor denen anderer Gläubiger. Der für eine reine Beitragszusage nach § 244c Nr. 2 VAG zu bildende gesonderte Anlagestock stellt nach § 125 Abs. 5 VAG eine eigene Abteilung des Sicherungsvermögens des Lebensversicherers dar. Nach § 125 Abs. 6 S. 2 VAG gilt für jede selbständige Abteilung des

185 S. *Wenning*, BaFinJournal 7/2017, S. 19 (20); zur Zusammenfassung mehrerer Kollektive s. vorhergehenden Abschnitt.

Sicherungsvermögens dasselbe, was für das Sicherungsvermögen und die Ansprüche daran vorgeschrieben ist, entsprechend. Dadurch ist im Ergebnis sichergestellt, dass im Fall der Insolvenz eines Lebensversicherers – soweit ein solcher Fall rechtlich überhaupt vorkommen kann[186] – die für das Kollektiv einer reinen Beitragszusage reservierte Vermögensmasse diese Bestimmung nicht verliert.

Für Pensionskassen gelten diese Vorschriften über §§ 234 Abs. 1, 212 VAG entsprechend. Für Pensionsfonds gilt über §§ 237 Abs. 1, 212 VAG die Regelung des § 315 VAG ebenfalls entsprechend. Gleiches gilt für § 125 VAG. Allerdings gelten nach § 237 Abs. 1 S. 2 VAG für Pensionsfonds die Absätze 5 und 6 von § 125 VAG nicht, mithin nicht die Regeln über den Anlagestock. Ein materieller Unterschied zu Pensionskassen und anderen Lebensversicherern ergibt sich dennoch nicht. Nach § 244c Nr. 1 VAG haben Pensionsfonds für reine Beitragszusagen ein gesondertes Sicherungsvermögen einzurichten. Der besondere Schutz des Sicherungsvermögens in der Insolvenz wird daher bereits durch § 315 Abs. 1 Nr. 1 und § 126 Abs. 4 S. 1 VAG gewährleistet.[187] Die Absätze 5 und 6 von § 126 VAG sind deshalb von der entsprechenden Anwendung ausgenommen, weil der Pensionsfonds Anlagestöcke als gesonderte Abteilungen des Sicherungsvermögens nicht kennt. 167

c) Anlage in Rückdeckungsversicherungen

Eine Besonderheit der Kapitalanlagevorschriften für Pensionsfonds enthält § 17 Abs. 1 Nr. 5 PFAV. Danach dürfen Pensionsfonds auch in Lebensversicherungsverträgen anlegen. Für eine reine Beitragszusage ermöglicht dies den Pensionsfonds sogar, auf Wunsch für jeden einzelnen Arbeitnehmer eine Rückdeckungsversicherung bei einem Lebensversicherer abzuschließen.[188] Dies kann bereits bei Beginn der Zusage durch eine aufgeschobene Rentenversicherung gegen Einmalbeitrag oder auch erst zum Zeitpunkt des Rentenübergangs mit einer sofort beginnenden Rentenversicherung gegen Einmalbeitrag geschehen. Der Lebensversicherer würde dann dem Pensionsfonds eine garantierte Rente zusagen, die sich durch Überschüsse erhöhen kann. Im Verhältnis zum Arbeitnehmer würde diese Zusage wegen des Garantieverbots aus § 244b Abs. 1 Nr. 1 VAG, § 22 Abs. 1 S. 2 BetrAVG nicht weitergegeben werden dürfen. Sie müsste vielmehr als nicht garantierte Zielrente dargestellt werden.[189] 168

186 Vgl. C. Rz. 183.
187 S. hierzu auch BT-Drucks. 14/5150, S. 45.
188 aba und IVS, a.a.O., S. 54.
189 Ebenda, S. 89.

169 Der Pensionsfonds wäre durch die eine angemessene Streuung sicherstellende Regelung des § 19 Abs. 1 S. 1 PFAV dabei nicht darauf beschränkt, nur 5% seines Sicherungsvermögens bei demselben Rückdeckungsversicherer zu platzieren. Nach § 16 Abs. 5 PFAV gilt nämlich die Anlage in Versicherungsverträgen bei einem Lebensversicherer als angemessen gestreut, wenn die Anlagen des Versicherers selbst ausreichend gemischt und gestreut sind.[190] Davon kann man bei einem Lebensversicherer, der den Vorgaben von § 124 VAG unterliegt, wegen des Gebots angemessener Mischung und Streuung in § 124 Abs. 1 S. 1 Nr. 7 VAG ausgehen.

170 Durch die Verweisung auf §§ 16 bis 20 PFAV in § 34 S. 2 PFAV ist diese Möglichkeit der Kapitalanlage auch Pensionskassen und anderen Lebensversicherern eröffnet, soweit sie reine Beitragszusagen durchführen. Es gelten dieselben Regeln, wie oben für den Pensionsfonds skizziert. Für sie stellt sich aber die zusätzliche Frage, ob sie hierfür auf einen anderen Lebensversicherer ausweichen müssen oder das eigene Sicherungsvermögen für konventionelle Lebensversicherungen, also solche mit Garantien, nutzen können. Bei einer sofort beginnenden Rentenversicherung würde dann technisch das dem betreffenden Arbeitnehmer bei Rentenbeginn zugeordnete Versorgungskapital i.S.d. § 37 Abs. 1 S. 1 PFAV vom betreffenden Anlagestock in das konventionelle Sicherungsvermögen überführt. Daraus würde dann die vorgesehene garantierte Rente, ggf. zuzüglich anfallender Überschüsse, gezahlt. Im Anlagestock der reinen Beitragszusage würde die Lebensversicherung als Vermögensgegenstand geführt. Rechtlich würde es sich um ein Geschäft handeln, bei dem dieselbe Partei auf beiden Seiten des Vertrages stünde. Ein Schuldverhältnis setzt aber die Beteiligung von (mindestens) zwei unterschiedlichen Personen voraus.[191] Entsteht nach Abschluss eines Vertrages Identität von Gläubiger und Schuldner, so führt dies als sog. Konfusion grundsätzlich zum Erlöschen der Forderung. Folglich kann eine Forderung grundsätzlich gar nicht zur Entstehung gelangen, wenn bei Beginn des Vertrages dieselbe Partei auf beiden Seiten steht. Allerdings existieren zahlreiche Ausnahmen vom Grundsatz des Erlöschens durch Konfusion, die immer durch ein berechtigtes Interesse gekennzeichnet sind.[192]

171 Für Lebensversicherungsnehmen wird ein solches Interesse an einer Ausnahme vom Grundsatz des Verbots der (anfänglichen) Konfusion in der Litera-

190 S. Rundschreiben 11/2017 (VA) unter C.4., abrufbar unter www.bafin.de; aba und IVS, a.a.O., S. 54.

191 MüKoBGB/*Fetzer*, 7. Aufl. 2016, Vor § 362 Rn. 4; Dauner-Lieb/Langen/*Krebs*, BGB, 3. Aufl. 2016, § 241 Rn. 6.

192 BGH, Urt. v. 9.6.2010, Az. VIII ZR 189/09, NJW-RR 2010, 1237 Tz. 18; Urt v. 14.6.1985, Az. IV ZR 212/94, NJW 1995, 2287 (2288); ausf. MüKoBGB/*Fetzer*, 7. Aufl. 2016, vor § 362 Rn. 4.

tur anerkannt, wenn sie als Arbeitgeber Direktversicherungen für ihre Arbeitnehmer abschließen. Das berechtigte Interesse wird dabei u.a. darin gesehen, dass bei dem Abschluss der Direktversicherung beim Lebensversicherer als Arbeitgeber die günstigen Konditionen des sog. Haustarifs gewährt werden können.[193] Andernfalls wäre ein Lebensversicherer gezwungen, die Direktversicherung bei einem Wettbewerber abzuschließen. Hier liegt eine vergleichbare Interessenlage vor. Die Pensionskasse oder der (andere) Lebensversicherer wären gezwungen, sich für die Rückdeckungsversicherung einen Wettbewerber zu suchen. Daher ist nach hier vertretener Ansicht die Anlage in Rückdeckungsversicherungen im eigenen Sicherungsvermögen außerhalb des Anlagestocks der reinen Beitragszusage zulässig.[194]

Mitunter wird die Anlage im eigenen Sicherungsvermögen unter Verweis 172
auf ein unzulässiges Insichgeschäft gemäß § 181 BGB für unzulässig gehalten.[195] Die Qualifizierung dieses Sachverhalts als Insichgeschäft ist jedoch nicht zutreffend. Denn ein Insichgeschäft zeichnet sich dadurch aus, dass zwei Parteien am Vertrag beteiligt sind, für die aber dieselbe Person handelt. Bei lediglich einseitigen Rechtsgeschäften liegt ein Insichgeschäft vor, wenn dieselbe Person auf zwei Seiten beteiligt ist, beispielsweise als Erklärender und Erklärungsempfänger.[196] Das ist bei der hier diskutierten Gestaltung gerade nicht der Fall. Es handelt sich strukturell um ein Schuldverhältnis, bei dem auf jeder Seite des Vertrages dieselbe Partei steht. Zutreffender erscheint daher die Qualifizierung als Fall der anfänglichen Konfusion.[197]

In der so begründeten Unzulässigkeit der Anlage in Rückdeckungsversiche- 173
rungen im eigenen Sicherungsvermögen wird eine Benachteiligung von Direktversicherungen und Pensionskassen gesehen und de lege ferenda deren Beseitigung gefordert.[198] Eine solche Benachteiligung liegt jedoch gegenüber dem Pensionsfonds überhaupt nicht vor. Denn Pensionsfonds müssen sich bei der Anlage in Rückdeckungsversicherungen – ebenso wie Pensionskassen und Direktversicherungen – eines anderen Rechtsträgers bedienen. Es bleibt daher unklar, wo der Vorteil für Pensionsfonds eigentlich liegen soll. Möglicherweise liegt dieser Einordnung die Tatsache zugrunde, dass Pensionsfonds häufig Teil

---

193 *Reinhard*, VersR 1999, 1196 ff., die dogmatische Figur der Konfusion dabei grundsätzlich in Frage stellend.

194 Brand/Baroch Castellvi/*Baroch Castellvi*, a.a.O., § 244d Rn. 11; a.A. *Grote*, BetrAV 2017, 382 (383) dies als unzulässiges Insichgeschäft qualifizierend, ohne Ausnahmen von dem Grundsatz der Konfusion zu diskutieren.

195 *Grote*, a.a.O., S. 383; ihm folgend Kisters-Kölkes/Linden/Meissner/*Meissner*, a.a.O., S. 121

196 S. dieses Beispiel bei Schulze/*Dörner*, BGB, 9. Aufl. 2017, § 181 Rn. 5.

197 Zum Begriff s. *Reinhard*, a.a.O.

198 *Grote*, a.a.O.; Kisters-Kölkes u.a., a.a.O.

einer Finanzgruppe sind, zu der auch ein Lebensversicherer gehört. Dann müssen die Rückdeckungsversicherungen nicht konzernfremd abgeschlossen werden. Bei Direktversicherungen wäre konzerninterner „Einkauf" von Rückdeckungsversicherungen nur dann möglich, wenn *zwei* Lebensversicherer in derselben Gruppe existieren, man also beim *anderen* Lebensversicherer das gewünschte Anlageprodukt kaufen kann. Aber zum einen müssen Abschlüsse innerhalb einer Gruppe aus steuerlichen und aufsichtsrechtlichen Gründen dem Fremdvergleich standhalten.[199] Zum anderen ist es nicht Aufgabe der Regelungen zur betrieblichen Altersversorgung, Voraussetzungen zu schaffen, damit sich die Gewinnsteuerung in einem Konzern möglichst einfach optimieren lässt.

174 Bei der Nutzung von Rückdeckungsversicherungen für reine Beitragszusagen ergibt sich jedoch eine spezifische Fragestellung aus der Zielsetzung reiner Beitragszusagen. Wesentliche Motivation für die Schaffung der reinen Beitragszusage ist der fragwürdige Nutzen von Garantien in einer Niedrigzinsphase. Sie ermöglichen nach Auffassung des Gesetzgebers teilweise nicht einmal die Chance auf einen Inflationsausgleich, jedenfalls in einer länger andauernden Niedrig- oder gar Nullzinsphase.[200] Der Verzicht auf Garantien geht danach einher mit der Chance auf eine höhere Rendite. Sie würde nicht genutzt, wenn Lebensversicherungen wegen der inhärenten Garantien die Zielrente absichern würden. Dies würde im Kern die anvisierten Chancen auf höhere Erträge zunichte machen. Unter diesem Blickwinkel könnte man sogar generell in der Ansparphase den Einsatz von Rückdeckungsversicherungen für unsinnig, evtl. sogar für unzulässig halten. Für die Rentenphase erscheint dies weniger eindeutig. Denn dort geht es auch darum, eine allzu hohe Volatilität und dabei insbesondere Absenkungen der Renten zu vermeiden.[201] Dieses Risiko kann durch Rückdeckungsversicherungen reduziert oder sogar gänzlich ausgeschlossen werden. Allerdings würden auch hier die Ertragschancen, die sich aus einer Anlage in ertragreicheren Vermögenswerten ergäbe, nicht genutzt.[202] Insofern besteht ein Konflikt zwischen den Zielsetzungen der reinen Beitragszusage. Tendenziell ist nach hier vertretener Ansicht der Einsatz von Rückdeckungsversicherungen in der Rentenphase jedenfalls eher gerechtfertigt als in der Ansparphase.

175 Letztlich führt die Kapitalanlage in Lebensversicherungen unter einem ganz fundamentalen Blickwinkel zu einem unerwünschten Ergebnis, wie folgende

---

199 Dies postuliert – zutreffend – auch *Grote* bei Abschluss „mit" dem eigenen Sicherungsvermögen, *Grote*, BetrAV 2017, 382 (384).

200 BT-Drucks. 18/11286, S. 32.

201 Ebenda.

202 Zurückhaltend aba und IVS, a.a.O., S. 91.

Überlegung zeigt. Die Beiträge sowie die Erträge einer reinen Beitragszusage sind nach § 244c VAG in einem gesonderten Anlagestock bzw. Sicherungsvermögen zu führen. Dem liegt die Überlegung zugrunde, dass Beiträge und Erträge für das jeweilige Kollektiv der reinen Beitragszusage reserviert bleiben sollen. Bei einer Anlage in Lebensversicherungen wird dieser Grundsatz jedoch durchbrochen. Es kommt nämlich zwangsläufig auf indirektem Wege über die Rückdeckungsversicherung zu einer rein tatsächlichen Vermischung mit dem bereits vorhandenen Kollektiv des Lebensversicherers, in dessen Sicherungsvermögen die Gelder aus den reinen Beitragszusagen angelegt werden.

Hier gilt, dass der Lebensversicherer nach § 138 Abs. 1 S. 1 VAG verpflichtet 176
ist, für seine Zusagen *vorsichtige Rechnungsgrundlagen* zu verwenden, um seine Verpflichtungen jederzeit erfüllen zu können. Dadurch können Überschüsse entstehen, die nach den Regeln der Mindest-Zuführungsverordnung (MindZV) an die Versicherungsnehmer zurückzugeben sind. Hat aber der Lebensversicherer einen Bestand mit vielen hohen Zinszusagen, die er aus den Erträgen der Kapitalanlagen nicht mehr in jedem Fall bedienen kann, wird er zunächst versuchen, die Garantien aus den Zinsüberschüssen von Verträgen mit niedrigeren Zinszusagen zu bedienen. Dies ist derzeit gängige Praxis.[203]

Die hinter der Bildung von eigenen Sicherungsvermögen bzw. Anlage- 177
stöcken für die Kollektive der reinen Beitragszusage stehende Idee der Schicksalsgemeinschaft ausschließlich dieser Kollektive ist bei der Anlage in Rückdeckungsversicherungen nicht mehr gewährleistet. Vor diesem Hintergrund erscheint die Kapitalanlage in Lebensversicherungen insgesamt als problematisch. Nach hier vertretener Auffassung kann die Kapitalanlage in Rückdeckungsversicherungen – anders als zur Absicherung biometrischer Risiken – weder im eigenen noch im fremden Sicherungsvermögen als sinnvoll betrachtet werden. Mehr noch: Wegen der klar erkennbaren nachteiligen Folgen für die Begünstigten des betroffenen Sozialpartnermodells müssen die handelnden Personen auch die Aspekte der persönlichen Verantwortlichkeit deutlich abwägen.[204]

Gänzlich anders stellt sich die Situation bei der Rückdeckung von Invalidi- 178
täts- und/oder Hinterbliebenenrentenrisiken dar.[205] Bei diesen Leistungsarten steht nicht ein systematischer Ansparvorgang im Vordergrund mit dem Ziel, ein möglichst hohes Verrentungskapital zu schaffen. Vielmehr geht es um das Zusammenfassen von Risiken, die sich sinnvoll auch über Rückdeckungsversicherungen abdecken lassen.[206] Auch hier gilt freilich das Garantieverbot. Es dürfen

203 Brand/Baroch Castellvi/*Baroch Castellvi*, a.a.O., § 138 Rn. 22 m.w.N.

204 So aber für das eigene Sicherungsvermögen Kisters-Kölkes u.a., a.a.O., S. 124.

205 Ähnlich aba und IVS, a.a.O., S. 91.

206 S. auch Kisters-Kölkes/Linden/Meissner/*Meissner*, a.a.O., S. 121.

also garantierte Leistungen aus der Rückdeckungsversicherung nicht als Zusage der durchführenden Einrichtung gegenüber dem Arbeitnehmer weitergereicht werden.

2. Eigenkapitalanforderungen

179 Im Hinblick auf die Eigenkapitalanforderungen sind die rechtlichen Grundlagen für die durchführenden Einrichtungen unterschiedlich. Lediglich die Systematik bei Unterschreiten von Solvablitäts- bzw. Mindestkapitalanforderung ist bei allen drei durchführenden Einrichtungen identisch. Die Folgen einer festgestellten Nichtbedeckung der Solvabilitätskapitalanforderung ergeben sich aus § 134 VAG mit identischen Modifikationen für Pensionsfonds und Pensionskassen gemäß § 237 Abs. 3 Nr. 5 bzw. § 234 Abs. 3 S. 1 Nr. 4 VAG. Kernelement ist dabei die Pflicht zur Vorlage eines Sanierungsplans gemäß § 134 Abs. 2 VAG, mit dem Ziel, innerhalb von sechs Monaten nach Feststellung der Nichtbedeckung der Solvabilitätskapitalanforderung die Bedeckung wiederherzustellen (s. § 134 Abs. 3 VAG).[207] Die Rechtsfolgen eines festgestellten Unterschreitens der Mindestkapitalanforderung bestimmt § 135 VAG. Es ist nach dessen Abs. 2 ein kurzfristiger Finanzierungsplan mit dem Ziel vorzulegen, die Bedeckung der Mindestkapitalanforderung wiederherzustellen. Ist die Aufsichtsbehörde der Auffassung, dass dies nicht gelingen wird, hat sie nach § 304 Abs. 1 S. 1 Nr. 2 VAG, für Pensionsfonds i.V.m. §§ 237 Abs. 1, 212 VAG, für Pensionskassen i.V.m. §§ 234 Abs. 1, 212 VAG, die Erlaubnis zu widerrufen. Zentrale Folge ist nach § 304 Abs. 5 VAG, dass nach dem Widerruf neue Verträge nicht mehr abgeschlossen werden dürfen.

a) Lebensversicherung (Direktversicherung)

180 Am komplexesten sind die Eigenkapitalanforderungen bei Lebensversicherern. Sie unterliegen den Eigenkapitalanforderungen nach §§ 89 ff. VAG und damit dem Regime von Solvency II.[208] Danach ist das Solvabilitätskapital einheitlich für das Gesamtunternehmen zu bestimmen. Es findet keine scharfe Trennung danach statt, ob der Versicherungsnehmer oder das Versicherungsunternehmen das Kapitalanlagerisiko trägt. Vielmehr fließen alle Risikopositionen des Unter-

---

207 Für Pensionskassen gilt in dieser Hinsicht eine Sonderregelung.

208 Ökonomisch zutreffend, aber begrifflich noch etwas unscharf daher die Aussage, die reine Beitragszusage unterliege nicht den strengen Vorgaben von Solvency II (so *Hanau/Arteaga*, Gutachten, S. 42; *Schipp*, ArbRB 2016, 380 (381). Solvency II knüpft nicht an Produkte, sondern an das Gesamtunternehmen an.

nehmens in die sog. Standardformel bzw. das interne Modell nach § 96 Abs. 1 VAG ein. Gegenstand der Risikopositionen sind nach § 104 VAG im Rahmen des Marktrisikomoduls auch die Kapitalanlagerisiken des Unternehmens. Sie entfallen hier und dürften damit bei der Berechnung der Solvabilitätskapitalanforderung keine Rolle spielen. Bei anderen Risikopositionen, wie etwa den operationellen Risiken, ist die reine Beitragszusage mit einzustellen.[209] Auch die Mindestkapitalanforderung ist bei den anderen Lebensversicherungsunternehmen – mit Ausnahme der absoluten Untergrenze in Höhe von € 3,7 Mio gemäß § 1 Abs. 2 Nr. 3 KapAusstVO – keine starre Größe, sondern Ergebnis einer Formel mit Variablen (s. Art. 251 DVO (EU) 2015/35).[210]

b) Pensionskasse

Für Pensionskassen ergibt sich die Solvabilitätskapitalanforderung aus § 17 181
Abs. 1 i.V.m. §§ 9 bis 11, 14 und 16 KapAusstV.[211] Reine Beitragszusagen, die wegen § 244b i.V.m. Anlage 1 Nr. 21 VAG als fondsgebundene Versicherungen gelten, unterliegen danach den Anforderungen von § 10 Abs. 2 und 3 KapAusstV. Sie entsprechen inhaltlich den Vorgaben für Pensionsfonds.[212] Im Hinblick auf die Mindestkapitalanforderung ergibt sich Gleichlauf mit Pensionsfonds aus § 18 Abs. 1 und 2 KapAusstV.

c) Pensionsfonds

Für Pensionsfonds gelten die §§ 238 VG i.V.m. 25ff. PFAV. Dabei hat § 238 VAG 182
eher programmatischen Charakter.[213] Die Details finden sich in den §§ 25ff. PFAV. Für reine Beitragszusagen ist im Hinblick auf die Solvabilitätskapitalanforderung § 25 Abs. 1 Nr. 2 und 3 PFAV maßgeblich, da dort der Pensionsfonds kein Kapitalanlagerisiko trägt. Die Anforderung ist dabei auf jeden einzelnen Pensionsplan bezogen. Es wird unterschieden zwischen Pensionsplänen, bei denen die Verwaltungskosten für mehr als bzw. für höchstens fünf Jahre garantiert werden. Für den ersten Fall bestimmt § 25 Abs. 1 Nr. 2 PFAV 1% der Deckungsrückstellung und der um die Kostenanteile verminderten Beitragsüberträge als Solvabilitätskapitalanforderung.[214] Sind die Verwaltungskosten

209 S. aba und IVS, a.a.O., S. 55.
210 Näher Brand/Baroch Castellvi/*Axer*, a.a.O., § 123 Rn. 8.
211 BGBl. 2016, I S. 795.
212 aba und IVS, a.a.O, S. 55; dazu auch nachstehender Abschnitt.
213 Brand/Baroch Castellvi/*Baroch Castellvi*, a.a.O., § 238 Rn. 1.
214 S. aba und IVS, a.a.O., S. 54f.

höchstens fünf Jahre garantiert, bestimmt § 25 Abs. 1 Nr. 3 PFAV 25% der Nettoverwaltungsaufwendungen im letzten Geschäftsjahr als Solvabilitätskapitalanforderung. Dies entspricht der Solvabilitätskapitalanforderung an Lebensversicherungsunternehmen bis zum 1.1.2016 unter dem Regime von Solvency I nach § 4 Abs. 2 Kapitalausstattungs-VO. Die Mindestkapitalanforderung beträgt bei Pensionsfonds nach § 26 PFAV ein Drittel der Solvabilitätskapitalanforderung, mindestens aber 3 Millionen Euro, für Pensionsfondsvereine auf Gegenseitigkeit verringert sich der Betrag jeweils um ein Drittel.

3. Schieflage und Insolvenz

183 Wegen der fehlenden subsidiären Einstandspflicht des Arbeitgebers ist es bei reinen Beitragszusagen von zentraler Bedeutung, sich Klarheit darüber zu verschaffen, was geschieht, wenn eine durchführende Einrichtung in eine „wirtschaftliche Schieflage" gerät, bzw. in der Terminologie des Versicherungaufsichtsrechts, wenn ein sog. „Missstand" i.S.v. § 298 Abs. 1 VAG vorliegt. „Missstände" sind grundsätzlich alle Mängel, eines Versicherungsunternehmens, die den Aufsichtszielen des § 294 Absatz 2 widersprechen. Hierzu zählen nach § 294 Abs. 4 VAG insbesondere alle Beeinträchtigungen der dauernden Erfüllbarkeit der Verpflichtungen, eine unzureichende Solvabilität oder ungenügende langfristige Risikotragfähigkeit, eine unzureichende Bildung ausreichender versicherungstechnischer Rückstellungen, die Anlage in ungeeigneten Vermögenswerten, eine unzureichende Geschäftsorganisation oder die Nichtbeachtung sonstiger kaufmännischer oder finanzieller Grundlagen des Geschäftsbetriebs. Die unterschiedlichen Arten von Versorgungsträgern sind dabei getrennt zu betrachten.

a) Lebensversicherung (Direktversicherungen)

184 Direktversicherungen sind nach § 221 Abs. 1 VAG Pflichtmitglied im Sicherungsfonds für die Lebensversicherer (s. § 223 Abs. 1 S. 1 VAG). Wird ein Unternehmen notleidend, so wird dessen Bestand nach § 222 Abs. 2 VAG auf Anordnung der Aufsichtsbehörde auf den Sicherungsfonds übertragen. Dessen Ziel ist nach § 223 Abs. 2 S. 1 VAG die Fortführung der Verträge. Garantierte Leistungen können dabei nach § 222 Abs. 5 S. 1 VAG um bis zu 5% herabgesetzt werden. Mit der Übertragung des Bestandes auf den Sicherungsfonds gehen auch die unter einer reinen Beitragszusage abgeschlossenen Verträge mit dem ihnen zugeordneten Sicherungsvermögen vollständig über. Wegen der unveränderten Fortführung der Verträge bleibt auch das Sicherungsvermögen für die Anwärter und Leistungsempfänger der reinen Beitragszusage reserviert.

Das Recht zur Herabsetzung der garantierten Leistungen bezieht sich nicht 185
auf die reine Beitragszusage, weil sie von vornherein keine garantierte Leistung enthält. Insoweit ändert sich also für sie durch eine Übertragung auf den Sicherungsfonds rein formal nichts. Es wird lediglich die Vertragspartei ausgetauscht. Dennoch besteht nach einer Übertragung eine weitere Phase der Unsicherheit. Aufgabe des Sicherungsfonds ist es nämlich auch, die Verträge nach Möglichkeit auf ein gesundes Unternehmen zu übertragen (s. § 222 Abs. 6 S. 1 VAG). Darum wird er sich in aller Regel auch bemühen, weil abnehmende Bestände überproportional hohe Kosten verursachen.[215]

Fraglich ist allerdings, ob der Sicherungsfonds neue Anwärter aufnehmen 186
darf. Sein Zweck erstreckt sich auf die Weiterführung der zum Wirksamwerden der Übertragung bestehenden Verträge des betroffenen Unternehmens (s. § 223 Abs. 2 S. 2 VAG). Der Abschluss neuer ist nicht Weiterführung bestehender Verträge. Dennoch könnte sich bei reinen Beitragszusagen eine andere Betrachtung ergeben. Der zwischen der durchführenden Einrichtung und dem Arbeitgeber einer reinen Beitragszusage abgeschlossene Vertrag wird in aller Regel die Zuführung neuer Arbeitnehmer nach bestimmten Regeln vorsehen, und zwar ohne Ablehnungsrecht der durchführenden Einrichtung. Die Zuführung neuer Arbeitnehmer stellt sich dann nicht als Neugeschäft, sondern als Durchführung des bestehenden Vertrages dar. Allerdings widerspricht dies der Zielsetzung des Sicherungsfonds. Er ist nicht auf einen dauerhaften laufenden Geschäftsbetrieb wie ein „lebendes" Unternehmen angelegt. Vielmehr ist er darauf angelegt, dass die übernommenen Verträge nur vorübergehend in seinem Bestand bleiben, sei es bis zur Übertragung auf ein anderes Unternehmen (s. § 222 Abs. 6 VAG), sei es bis zur Abwicklung des letzten der übernommenen Verträge eines Bestandes. Daher dürfte die Fortführung der reinen Beitragszusage durch den Sicherungsfonds auf die Abwicklung der bis zum Wirksamwerden der Bestandsübertragung abgeschlossenen Verträge bzw. einbezogenen Anwärter und Leistungsempfänger beschränkt bleiben. Für sie ergibt sich durch die Übertragung auf den Sicherungsfonds grundsätzlich keine Verschlechterung ihrer Situation. Lediglich durch tendenziell steigende Verwaltungskosten könnte sich langfristig eine Verschlechterung ergeben. Da der Sicherungsfonds auf Abwicklung angelegt ist, schmilzt der Bestand an Verträgen aus einer Bestandsübertragung kontinuierlich. Wenn es nicht gelingt, die Kosten parallel zu dem Abbau des Bestandes zu senken, dann erhöhen sie sich im Lauf der Zeit überproportional. Was für den Bestand des Sicherungsfonds insgesamt gilt, gilt entsprechend auch für den Bestand der reinen Beitragszusage. Er nimmt stetig ab, wenn keine

215 S. nachfolgenden Abschnitt.

neuen Arbeitnehmer aufgenommen werden (dürfen). Die Verwaltungskosten dieses Bestands erhöhen sich dann auch überproportional wegen des immer weiter schrumpfenden Versichertenkollektivs.

187 Die Übertragung eines Bestandes auf und die Abwicklung der Verträge durch den Sicherungsfonds stellt kein Insolvenzverfahren dar. Der Sicherungsfonds dient vielmehr dazu zu vermeiden, dass ein betroffener Bestand in den Strudel der Insolvenz eines Lebens- oder Krankenversicherers gerät. Dies ergibt sich aus dem Zusammenwirken von § 314 Abs. 1 S. 1 mit § 222 Abs. 2 VAG. § 314 Abs. 1 S. 1 VAG setzt voraus, dass der Versicherer dauerhaft nicht mehr in der Lage ist, seine Verpflichtungen zu erfüllen, und beschreibt den Insolvenzgrund der Überschuldung.[216] § 222 Abs. 2 VAG gebietet in dem Fall die Übertragung des Bestandes auf den Sicherungsfonds, „sofern andere Maßnahmen zur Wahrung der Belange der Versicherten nicht ausreichend sind". Die Insolvenz als Alternative wird nie eine ausreichende andere Maßnahme darstellen können. Der Bestand wird nach der Übertragung im Sicherungsfonds geordnet abgewickelt. Es erscheint daher fraglich, ob ein Unternehmen, das Mitglied eines Sicherungsfonds ist, überhaupt in die Insolvenz geschickt werden kann. Nach § 316 Abs. 1 S. 1 Nr. 1 VAG würden dann nämlich die Lebensversicherungsverträge erlöschen. Die Übertragung des Bestandes ist unter den Voraussetzungen von § 222 Abs. 2 VAG eine gebundene Entscheidung. Bliebe als Alternative nur die Stellung eines Insolvenzantrags durch die Aufsichtsbehörde – der bei Versicherungsunternehmen nach § 312 Abs. 1 VAG das sog. Antragsmonopol zusteht – wäre ein solcher Antrag bei einem Unternehmen, das einem Sicherungsfonds angehört, immer ermessensfehlerhaft, weil dann die Übertragung auf den Sicherungsfonds als gebundene Entscheidung das einzig richtige Behördenhandeln ist. Damit erscheint eine reine Beitragszusage nach hier vertretener Auffassung vor einer Beendigung der Verträge nach § 316 S. 1 Nr. 1 VAG jedenfalls rechtlich hinreichend geschützt. Allerdings gibt es hierzu bislang weder Behördenpraxis noch Judikatur. Tatsächlich reicht der Schutz des Sicherungsfonds freilich nur so weit, wie seine Finanzierungsmöglichkeiten und damit seine Aufnahmefähigkeit reichen.

188 Folgt man der hier vertretenen Auffassung nicht und hält man die Stellung eines Insolvenzantrags über das Vermögen eines Lebensversicherers – für die nach § 312 Abs. 1 VAG ausschließlich die Aufsichtsbehörde zuständig ist – auch vor der Übertragung des Bestandes auf den Sicherungsfonds für möglich, dann würden bei einer Insolvenz auch die Verträge der reinen Beitragszusage nach § 316 S. 1 Nr. 1 VAG enden. Das Sicherungsvermögen wäre nach den Regeln von

216 Brand/Baroch Castellvi/*Baroch Castellvi*, a.a.O., § 314 Rn. 3 m.w.N.

§ 316 S. 2 und 3 VAG zu verteilen. Allerdings ist das Risiko eines solchen Szenarios als gering einzuschätzen – um die Worte zu vermeiden, es sei kaum vorstellbar.

Ein Insolvenzszenario könnte durch eine Übertragung des entsprechenden Teilbestandes nach § 13 Abs. 1 S. 1 VAG auf ein gesundes Unternehmen verhindert werden. Mit einer solchen Übertragung, die nach § 13 Abs. 1 S. 1 VAG der Zustimmung der Aufsichtsbehörde bedarf, gehen die Verträge und die sie bedeckenden Vermögenswerte auf das übernehmende Unternehmen über. Dabei lässt sich der Bestand einer reinen Beitragszusage verhältnismäßig einfach übertragen. Diesem Bestand ist das jeweilige (separate) Sicherungsvermögen vollständig zugeordnet. Es bedarf anders als bei der Übertragung eines Teilbestandes bei einem Bestand an konventionellen Lebensversicherungen keiner Zuordnung von konkreten Vermögenswerten aus dem betroffenen Sicherungsvermögen, bei der sich schwierige Bewertungsfragen stellen könnten. Das Vermögen dieses Bestands ist isoliert, die entsprechenden Vermögenswerte sind ausschließlich diesem Bestand zugeordnet. 189

Auch muss nicht darauf geachtet werden, dass einer der beiden Teilbestände (verbleibender Teilbestand vs. zu übertragener Teilbestand) übervorteilt wird, weil ihm im Verhältnis zu den abzugrenzenden Verpflichtungen wertmäßig ein zu hoher oder zu geringer Anteil am Sicherungsvermögen bei der Übertragung zugeordnet wird. Es besteht auch keine Gefahr, dass eine Vermischung mit dem bestehenden Bestand des übernehmenden Versicherers zur Übervorteilung oder Benachteiligung eines der Teilbestände führt.[217] Die reine Beitragszusage stellt in dieser Hinsicht ein geschlossenes System von Verpflichtungen und der sie jeweils bedeckenden Vermögenswerte dar. Auch Fragen der Überschussbeteiligung spielen hier keine Rolle.[218] Und da sich die Versorgungsverpflichtungen über die Mechanik des Kapitaldeckungsgrades immer den Vermögenswerten angleichen, übernimmt das den Bestand übernehmende Unternehmen auch keine zusätzlichen finanziellen Risiken. Wegen der relativen Unkompliziertheit und Risikofreiheit der Übertragung des Bestandes einer reinen Beitragszusage wird es daher vornehmstes Ziel der Aufsichtsbehörde sein *müssen*, vor der Stellung eines Insolvenzantrags über das Vermögen eines Lebensversicherers alles zu tun, um vorher den Bestand von reinen Beitragszusagen zu übertragen. 190

217 Näher Brand/Baroch Castellvi/*Diehl*/*Seemayer*, a.a.O., § 13 Rn. 58 ff.

218 S. hierzu und zur Bestandsübertragung bei einer reinen Beitragszusage aba und IVS, a.a.O., S. 88.

b) Pensionskasse

191 Für Pensionskassen gelten dieselben Regeln wie für andere Lebensversicherungsunternehmen wie vorstehend beschrieben, wenn sie nach § 221 Abs. 2 S. 1 VAG freiwilliges Mitglied des Sicherungsfonds sind. Ist dies nicht der Fall, scheidet eine Übertragung des Bestandes auf den Sicherungsfonds aus. Es greifen dann die ebenfalls vorstehend beschriebenen Überlegungen zum Bemühen um Übertragung des Bestandes einer reinen Beitragszusage auf einen anderen Träger, bevor die Aufsichtsbehörde einen Insolvenzantrag über das Vermögen der Pensionskasse stellen darf.

c) Pensionsfonds

192 Pensionsfonds sind weder Pflichtmitglied des Sicherungsfonds noch besteht die Möglichkeit einer freiwilligen Mitgliedschaft. Bei ihnen ist eine Insolvenz weniger wahrscheinlich als bei Pensionskassen und anderen Lebensversicherungsunternehmen, weil sie jedenfalls in erheblich geringerem Umfang versicherungsförmige Garantien aussprechen – bzw. bei reinen Beitragszusagen sogar überhaupt keine versicherungsförmigen Garantien aussprechen dürfen. Dennoch ist dieser scheinbare strukturelle Nachteil gegenüber Pensionskassen und anderen Lebensversicherungsunternehmen nur sehr vordergründig vorhanden. Denn genau wie bei Lebensversicherern und Pensionskassen liegt nach §§ 237 Abs. 1, 212 Abs. 1, 312 Abs. 1 VAG das Insolvenzantragsmonopol auch für Pensionsfonds bei der Aufsichtsbehörde. Bevor die Aufsichtsbehörde zu diesem Mittel greift, wird sie wie vorstehend dargestellt alle Bemühungen darauf zu richten haben, die Übertragung des Bestandes einer reinen Beitragszusage auf einen anderen Träger zu erreichen.

VIII. Risikomanagement

1. Erhöhte Anforderungen für reine Beitragszusagen (§ 39 PFAV)

193 Das Risikomanagement hat in § 26 VAG eine ausführliche Regelung erfahren. Sie gilt auch für die Durchführung von reinen Beitragszusagen, weil die durchführenden Einrichtungen dem VAG unterliegen. § 39 PFAV normiert ergänzend spezifische Anforderungen für das Risikomanagement der reinen Beitragszusage. Sie sind in das Risikomanagement des § 26 VAG einzubetten. Das ergibt sich aus der Systematik und zusätzlich aus der Inbezugnahme von § 26 VAG in § 39 Abs. 2 PFAV. Die Perspektive von § 26 VAG ist dabei das Management der Risiken, denen das Unternehmen ausgesetzt ist. Dies wird aus § 26 Abs. 5 S. 1 VAG

deutlich. Danach hat das „Risikomanagementsystem […] sämtliche Risiken des Versicherungsunternehmens zu umfassen".

Bei der reinen Beitragszusage sind die finanziellen Risiken des Unternehmens 194 wegen des Garantieverbots in Verbindung mit der Möglichkeit der Anpassung der Leistungen an das vorhandene Vermögen limitiert. Die Arbeitnehmer tragen das Kapitalanlagerisiko in vollem Umfang, und auch Verschlechterungen der biometrischen Annahmen werden über den Mechanismus der Rentenanpassung in Abhängigkeit vom Kapitaldeckungsgrad an die Arbeitnehmer weitergegeben.[219] In diesem Sinne sind die Arbeitnehmer „Risikoträger" und nicht die durchführende Einrichtung.

Daher sah der Gesetzgeber die Notwendigkeit, das Risikomanagement bei 195 der reinen Beitragszusage in § 39 PFAV mit einer ergänzenden expliziten Regelung zu versehen. Sie nimmt die Risiken für die Anwärter und Leistungsempfänger in den Blick. Dennoch wird man dies nicht als Paradigmenwechsel betrachten müssen. Risikomanagement iSd § 26 VAG, das die Risiken des Unternehmens in den Blick nimmt, ist kein Selbstzweck, sondern final Schutz der Versicherungsnehmer vor einer Insolvenz des Unternehmens und damit dem Verlust ihres Versicherungsschutzes. Schutz der Versicherungsnehmer und der Begünstigten erklärt der Gesetzgeber selbst in § 294 Abs. 1 VAG zum „Hauptziel" der Beaufsichtigung. In diese Zielsetzung ist das Risikomanagement insgesamt eingebunden. Beim Risikomanagement der reinen Beitragszusage geht es ebenfalls um den Schutz der Berechtigten; freilich wegen der besonderen Struktur der reinen Beitragszusage mit etwas verschobenem Schwerpunkt, nämlich nicht primär Verlust der Ansprüche wegen Insolvenz, sondern Schutz vor zu hoher Volatilität und damit Unberechenbarkeit der Altersversorgung.

Den spezifischen Aufgabenbereich des Risikomanagements im Rahmen ei- 196 ner reinen Beitragszusage umreißt § 39 Abs. 1 PFAV. Er erstreckt sich danach auf die Vorgaben des BetrAVG, die zugrundeliegenden Vereinbarungen, insbesondere zur Begrenzung der Volatilität des Versorgungskapitals und der lebenslangen Zahlungen. Dies alles ist im Rahmen des Risikomanagements „zu berücksichtigen". Was in dem Zusammenhang die konkrete Aufgabe des Risikomanagements ist, wird daraus nicht besonders deutlich. Auch die Begründung gibt hier keinen näheren Aufschluss. Es heißt hierzu lediglich, dass angesichts der Tatsache, dass reine Beitragszusagen keine Garantien enthalten, „geeignete andere Regelungen" zur Steuerung der Kapitalanlage zu finden seien.[220] Allerdings kann es nicht Aufgabe des Risikomanagements sein, die Kapitalanlage zu steuern. Dies ist Aufgabe der fachlich hierzu berufenen Bereiche

219 Vgl. C. Rz. 92.

220 BT-Drucks. 18/11286, S. 57.

des Unternehmens, namentlich des Kapitalanlagemanagements, und im Rahmen von § 21 Abs. 1 BetrAVG Aufgabe der Tarifvertragsparteien.[221]

197 Wie die diffuse Vorgabe „berücksichtigen" in diesem Zusammenhang konkret durch das Risikomanagement auszufüllen ist, muss daher durch Auslegung ermittelt werden. Hierzu bietet sich der Rückgriff auf § 26 VAG an. Die organisatorischen Vorgaben zur Einbindung des Risikomanagements bzw. der unabhängigen Risikocontrollingfunktion gemäß § 26 Abs. 1 S. 1, Abs. 8 VAG in das Unternehmen können ohne Weiteres auch auf die Überwachung der reinen Beitragszusage erstreckt werden. Auch die zentralen inhaltlichen Aufgaben des Risikomanagements, wie § 26 Abs. 1 S. 2 VAG sie zusammenfasst, können für die reine Beitragszusage fruchtbar gemacht werden. Es handelt sich dabei um die Identifikation, die Bewertung, die Steuerung und die Überwachung der Risiken.[222]

2. Vorgaben von BetrAVG, Tarifvertrag und weiteren Vereinbarungen

198 § 39 Abs. 1 PFAV schreibt vor, dass im Rahmen des Risikomanagements reiner Beitragszusagen die Vorgaben des Betriebsrentengesetzes sowie die zugrundeliegenden Vereinbarungen, „insbesondere zur Begrenzung der Volatilität des Versorgungskapitals und der lebenslangen Zahlungen" zu berücksichtigen sind. Dieser Wortlaut ist nicht völlig eindeutig. Er kann so verstanden werden

- dass einerseits die Vorgaben des Betriebsrentengesetzes und
- andererseits die der zugrundeliegenden Vereinbarungen zu berücksichtigen sind.

199 Letztere wären dann vor allem so weit zu berücksichtigen, wie sie die Begrenzung der Volatilität des Versorgungskapitals und der lebenslangen Zahlungen zum Gegenstand haben. Oder der Wortlaut wird so verstanden, dass die Vorgaben des Betriebsrentengesetzes und der zugrundeliegenden Vereinbarungen in ihrer Gesamtheit zu berücksichtigen sind, mit dem Ziel, die Volatilität des Versorgungskapitals und der lebenslangen Zahlungen zu begrenzen.

200 Das erste Verständnis wäre gehaltlos. Die Vorgaben des Betriebsrentengesetzes und die zugrundeliegenden Vereinbarungen sind von den Normadressaten bzw. den Vertragsparteien, zu denen auch die durchführenden Einrichtungen ohnehin in jedem Fall gehören, stets zu beachten. Wenn das Risikomanagement

221 Vgl. C. Rz. 162.
222 S. Brand/Baroch Castellvi/*Schaaf*, a.a.O., § 26 Rn. 7 ff.

sie dann lediglich „berücksichtigen" sollte, wäre das unzureichend. Würde man unter „berücksichtigen" eine Überwachung der Einhaltung des BetrAVG und der getroffenen Vereinbarungen verstehen wollen, dann wäre die Abgrenzung zur Compliance-Funktion unklar. Ihr ist diese Aufgabe nämlich durch § 29 Abs. 1 VAG zugewiesen.

Näher liegt daher das zweite Verständnis, dass nämlich Ziel der *Berücksichtigung von BetrAVG und zugrundeliegenden Vereinbarungen* durch das Risiko- 201
management die Begrenzung der Volatilität von Versorgungskapital und -leistungen ist. Was die zugrundeliegenden Vereinbarungen sind, beschreibt § 39 Abs. 2 S. 1 PFAV. Es ist zum einen der Tarifvertrag, mit dem oder aufgrund dessen die reine Beitragszusage eingeführt wird, es ist zum anderen die Vereinbarung zwischen durchführender Einrichtung und Arbeitgeber(verband) bzw. gemeinsamer Einrichtung im Sinne von § 4 TVG. Nicht erwähnt ist die Vereinbarung zwischen Arbeitgeber und Arbeitnehmervertretern, die notwendigerweise bestehen muss, wenn eine reine Beitragszusage aufgrund eines Tarifvertrages eingeführt wird (s. § 1 Abs. 2 Nr. 2a BetrAVG). Dass diese Vereinbarungen nicht erwähnt sind, wird man nicht als beredtes Schweigen verstehen können. Es würde keinerlei Sinn ergeben, diese Vereinbarungen auszunehmen. Man wird sie vielmehr der Erwähnung der Tarifverträge in § 39 Abs. 2 S. 1 PFAV gedanklich hinzufügen müssen.

Im Hinblick auf die lebenslangen Zahlungen wird die Art und Weise der 202
Berücksichtigung durch § 39 Abs. 4 PFAV konkretisiert. Im Hinblick auf die Volatilität des Versorgungskapitals in der Ansparphase fehlt es an einer Konkretisierung. Dies mag daran liegen, dass dort die Volatilität des Versorgungskapitals qualitativ ein anderes Risiko darstellt als die Volatilität der Rentenzahlungen. Volatile Verläufe des Versorgungskapitals in der Ansparphase sind nicht per se problematisch. Das Versorgungskapital der reinen Beitragszusage kann der Arbeitnehmer nicht kündigen. Es ist nicht rückkauffähig. Daher ist es strukturell unerheblich, in welchem Umfang das Versorgungskapital in der Ansparzeit schwankt. Entscheidend ist vielmehr, wie hoch das im Versorgungsfall zu verrentende Guthaben ist. Daher wird sich das Risikomanagement bei der Volatilität des Versorgungskapitals sinnvollerweise darauf richten müssen, ob und wie das Risiko beobachtet, gesteuert und minimiert wird, dass das zur Verrentung zur Verfügung stehende Versorgungskapital des einzelnen Anwärters am Ende der Ansparphase vollständig der Volatilität des Marktes ausgesetzt ist.

Die auf die Volatilität der Rentenzahlungen bezogenen Aufgaben des Risi- 203
komanagements führt § 39 Abs. 4 S. 1 PFAV näher aus. Danach sind „Verfahren zur Messung, Überwachung, Steuerung und Begrenzung der Volatilität der lebenslangen Zahlungen vorzusehen". Dies wird z.T. als gesetzlich beschriebenes

Element der Beteiligung an der Durchführung und Steuerung durch die Sozialpartner i.S.v. § 21 Abs. 1 BetrAVG gedeutet.[223] Das erscheint zweifelhaft. Adressat von § 39 Abs. 4 PFAV ist nämlich die durchführende Einrichtung und dort das Risikomanagement, Adressaten sind nicht die Sozialpartner. Es handelt sich bei „Messung, Überwachung, Steuerung" erkennbar um eine aufeinander aufbauende Begriffsfolge mit sich steigernder Intensität. Messung und Überwachung der Volatilität der lebenslangen Zahlungen dürften dabei keine besonderen Schwierigkeiten bereiten. Messung bedeutet eine rein statistische Erfassung der Vergangenheit und Gegenwart. Die vorzusehenden Verfahren müssen selbstverständlich geeignet sein, ein realistisches Bild zu zeichnen. Sie müssen eine sinnvolle Frequenz aufweisen und einen bzw. mehrere sachgerechte Zeiträume abdecken. Verfahren zur Überwachung gehen einen Schritt weiter. Sie unterscheidet sich von der bloßen Messung durch die Zielgerichtetheit. Sie wird mindestens zwei Elemente enthalten müssen, zum einen die Beobachtung, ob ein definierter Korridor der Volatilität eingehalten wird, zum anderen die in die Zukunft gerichtete Bewertung der voraussichtlichen Entwicklung der Volatilität. Verfahren zur Steuerung der Volatilität bedeutet Verfahren, mit denen es möglich ist, die Volatilität zu erhöhen oder zu begrenzen; das letzte Substantiv beschreibt dann die Begrenzung der Volatilität als Ziel der Steuerung. Verfahren zur Erhöhung sind demnach in der Rentenphase nicht vorzusehen.

204 Die Steuerung selbst ist nicht Aufgabe des Risikomanagements. Zum einen gehört es zur operativen Ebene, die Aufgabe der Unternehmensleitung ist, zum anderen wäre ein Konflikt mit der Beteiligung der Tarifvertragsparteien an der Steuerung gemäß § 21 Abs. 1 BetrAVG vorprogrammiert. § 39 Abs. 4 S. 2 PFAV bestätigt dabei deklaratorisch, dass die Festlegungen der Tarifvertragsparteien zu berücksichtigen sind. Es ergibt sich bereits aus § 39 Abs. 1 PFAV, wonach die zugrundeliegenden Vereinbarungen zu berücksichtigen sind. Im Ergebnis bedeutet es, dass die Aktivitäten des Risikomanagements sich immer innerhalb der in den Vereinbarungen getroffenen Inhalte zu bewegen haben. Nimmt eine konkrete reine Beitragszusage beispielsweise eine gewisse Volatilität bei den Rentenzahlungen hin, dann kann nicht das Risikomanagement der durchführenden Einrichtung darauf hinwirken, dass die Volatilität enger begrenzt werde. Es kann allenfalls darauf hinwirken, dass die durchführende Einrichtung dies gegenüber den Tarifvertragsparteien zu bedenken gibt.

205 Generell fällt an § 39 Abs. 1 und Abs. 4 PFAV die zweimalige Verwendung des etwas diffusen Verbs „berücksichtigen" auf. Das deutet darauf hin, dass der Gesetzgeber einerseits von der Vorstellung beherrscht war, dass eine enge Ein-

---

223 Kisters-Kölkes/Linden/Meissner/*Meissner*, a.a.O., S. 138.

bindung des Risikomanagements in die Durchführung der reinen Beitragszusage mit spezifischen Anforderungen hierfür notwendig ist, er andererseits aber keine besonders konkreten Vorstellungen über Art und Inhalt der Einbindung hatte. Dieser Eindruck wird bestärkt durch die knappe und nicht sehr gehaltvolle Gesetzesbegründung zu § 39 PFAV.[224] Unausgesprochen geht der Gesetzgeber offenbar davon aus, dass sich auf diesem Gebiet erst im Laufe der Zeit eine „best practice“ herausbilden wird, ggf. auch zusammen mit Verlautbarungen der Aufsichtsbehörde.

§ 39 Abs. 3 PFAV stellt einen Zusammenhang zwischen der allgemeinen Ri- 206
sikostrategie des § 26 Abs. 2 VAG und der reinen Beitragszusage her. Die Risikostrategie des § 26 Abs. 2 VAG soll auf die Steuerung des Unternehmens abgestimmt sein und „Art, Umfang und Komplexität“ des Geschäfts und die damit verbundenen Risiken berücksichtigen. § 39 Abs. 3 PFAV verlangt, dass die Risikostrategie „Art, Umfang und Komplexität des Geschäfts der Durchführung reiner Beitragszusagen und der mit diesem Geschäft verbundenen Risiken“ zu berücksichtigen habe, und zwar „ausdrücklich“. Damit ist klar, dass die Risikostrategie die reinen Beitragszusagen einzubeziehen hat und dies erkennbar sein muss. Trivial erscheint demgegenüber die Aussage, dass die Risikostrategie sich am Proportionalitätsgrundsatz zu orientieren habe.

Ein weiteres Element des Risikomanagements reiner Beitragszusagen 207
spricht § 39 Abs. 5 PFAV an. Nach dessen S. 1 soll das Risikomanagement konsistent sein mit den Informationen gegenüber den Beteiligten einer reinen Beitragszusage. Um welche Informationen es sich hierbei insbesondere handelt, beschreibt § 39 Abs. 5 S. 2 PFAV, nämlich jeweils die Erwartung im Hinblick auf die Höhe der lebenslangen Zahlungen, deren Volatilität und die Volatilität des Versorgungskapitals. Konkret bedeutet dies etwa, dass das Risikomanagement konsistent sein soll zu den Informationen gegenüber den Versorgungsanwärtern zur erwarteten Höhe der lebenslangen Zahlungen. So verstanden hätte also das Risikomanagement den Informationen zu folgen. Das erscheint jedenfalls fragwürdig. Sind die Informationen zu optimistisch oder sogar nicht realitätsnah, wäre ein Risikomanagement, das in der Weise fragwürdigen Informationen zu folgen hat, wertlos. Zutreffend erscheint die Betrachtung, dass die Informationen am Ende der Kette der Aktivitäten des Versorgungsträgers bei der Durchführung reiner Beitragszusagen stehen. Zeitlich vorgelagerter Teil dieser Kette ist auch das Risikomanagement, wie § 39 Abs. 1 bis 4 PFAV und § 26 VAG es vorgeben. Diese Betrachtung zugrunde gelegt, haben die Informationen dem Risikomanagement zu folgen. Aber auch damit lässt sich Handfestes konkret noch

224 BT-Drucks. 18/11286, S. 57.

nicht ableiten. Letztlich dürfte es wohl darum gehen, dass die Informationen ein realistisches Bild – auch – im Hinblick auf die spezifischen Risiken einer reinen Beitragszusage zu zeichnen haben und bei der Beurteilung, ob die Risiken realistisch abgebildet sind, dem Risikomanagement eine besondere Rolle zukommt.[225]

208 § 39 Abs. 2 S. 2 PFAV erscheint im Zusammenhang mit den Regelungen zum Risikomanagement als Fremdkörper. Danach hat die durchführende Einrichtung vor dem Abschluss einer reinen Beitragszusage zu prüfen, ob die Durchführung mit den aufsichtsrechtlichen Vorgaben vereinbar ist. Für sich genommen ist diese Vorgabe deklaratorisch. Mit dem Aufsichtsrecht nicht vereinbare reine Beitragszusagen dürfte eine durchführende Einrichtung ohnehin nicht abschließen. Es würde sich um einen Missstand gemäß § 298 Abs. 1 S. 2 i.V.m. § 294 Abs. 2 S. 2 VAG handeln. Aufgrund der Regelung unter der Überschrift „Risikomanagement" erscheint die Vorschrift damit als Zuweisung der Zuständigkeit für diese Überprüfung an das Risikomanagement. Es darf jedoch durchaus hinterfragt werden, ob dies sinnvoll ist. Für eine rechtliche Überprüfung ist sicherlich die Rechtsfunktion der geborene Adressat. Der Vorschrift lässt sich aber dadurch genügen, dass die Rechtsfunktion die Überprüfung auf Veranlassung des Risikomanagements durchführt. Die eigentliche Bedeutung der Vorschrift erschließt sich in der Zusammenschau mit § 42 Abs. 1 Nr. 3 PFAV. Danach ist die durchführende Vereinbarung verpflichtet, das Ergebnis ihrer Prüfung nach § 39 Abs. 2 S. 2 PFAV der Aufsichtsbehörde mitzuteilen. Diese Prüfung verfolgt damit nicht lediglich den internen Zweck der Vermeidung aufsichtswidriger Vereinbarungen, sondern ist zugleich Grundlage für die Berichterstattung gegenüber der Aufsichtsbehörde.

225 Brand/Baroch Castellvi/*Baroch Castellvi*, a.a.O., § 244d Rn. 7.

Stichwortregister

https://doi.org/10.1515/9783110574777-004

www.ingramcontent.com/pod-product-compliance
Lightning Source LLC
LaVergne TN
LVHW010648300926
849161LV00005B/1069